企业工商管理模式的创新策略研究

王　红　王迎洁　王　存　著

H.P.H 哈尔滨出版社
HARBIN PUBLISHING HOUSE

图书在版编目（CIP）数据

企业工商管理模式的创新策略研究 / 王红, 王迎洁, 王存著. -- 哈尔滨 : 哈尔滨出版社, 2022.10
ISBN 978-7-5484-6827-1

Ⅰ. ①企… Ⅱ. ①王… ②王… ③王… Ⅲ. ①企业管理 - 管理模式 - 研究 - 中国 Ⅳ. ①F279.23

中国版本图书馆CIP数据核字(2022)第190201号

书　　名：企业工商管理模式的创新策略研究
QIYE GONGSHANG GUANLI MOSHI DE CHUANGXIN CELÜE YANJIU

作　　者： 王　红　王迎洁　王　存　著
责任编辑： 韩金华
封面设计： 舒小波

出版发行： 哈尔滨出版社（Harbin Publishing House）
社　　址： 哈尔滨市香坊区泰山路82-9号　**邮编：** 150090
经　　销： 全国新华书店
印　　刷： 北京宝莲鸿图科技有限公司
网　　址： www.hrbcbs.com
E-mail： hrbcbs@yeah.net
编辑版权热线：（0451）87900271　87900272
销售热线：（0451）87900201　87900203

开　　本： 787mm × 1092mm　1/16　**印张：** 10　**字数：** 228千字
版　　次： 2022年10月第1版
印　　次： 2022年10月第1次印刷
书　　号： ISBN 978-7-5484-6827-1
定　　价： 68.00元

前　言

在企业当中，工商管理是非常重要的基础工作，它主要是通过相关的技术与方法来针对企业的日常管理活动展开分析，同时通过一定的措施来实现管理变革，能够使企业可以更好地面对今后市场上的竞争。在企业中所进行的工商管理，需要相关工商管理人员进行深入研究，同时还需要根据形势及企业状况来提出科学的方法与措施。为此，企业工商管理人员必须要掌握丰富的理论知识，以保证有充足的专业知识来进行正确的指导，并且还需要积极进行实践。企业工商管理涉及了企业经营管理的全过程，是对企业经营管理、项目管理、财务管理及人力资源管理等的统称，因此，其对于工商管理人员具有严格的要求，不但要求其具备专业知识与技能，还应当准确分析市场形势，把握市场变化，从而根据企业情况来展开全面的分析与研究，这也是加强工商管理工作科学性、有效性的关键所在。良好的工商管理工作，可以及时地找出对企业经营管理造成影响的因素及其中存在的问题，经过数据方面的综合对比，给企业今后经营管理工作的开展及发展战略的规划提供更加可靠的数据支持，促进企业的长远发展。

在企业当中所开展的工商管理工作具有非常重要的意义。在宏观的角度上，企业工商管理对于我国市场经济的发展有着良好的促进作用。企业在进入市场环境以后，就要严格遵守市场规则及相关要求来进行各项工作，并且还应当接受工商管理部门的监督与管理，依照有关程序获取相应的资格证才可以正式运营，因此，加强企业工商管理，能够引导企业对自身的经营管理进行规范，更好地适应市场发展形势。对市场整体经济来说，工商管理能够随时把握企业运营状况，及时地查处所出现的不良行为，同时利用合理的措施来实施整改监督，从而打造出更加健康、稳定的市场发展环境，这对我国经济的平稳发展有很大帮助。在微观的角度上，对企业自身的发展而言，加强工商管理可以引导企业实现对方式的转变与结构的调整，引进更加符合企业发展需要的现代化管理理念与经营管理模式，在竞争愈加激烈的市场中积极转型，找到适合企业长远发展的全新方式，为企业今后的经营管理打下坚实的基础，提高企业竞争优势。工商管理所涉及的方面比较多，基本上是在每一个商业环境下都能看到这种模式的影子，基于此，《企业工商管理模式的创新策略研究》分 6 个章节，以管理与管理学的基础知识回顾为切入点，首先对企业工商管理存在的问题进行分析，然后对企业工商管理未来发展方向及管理模式进行探讨，希望为相关人士带来有价值的参考。

作者
2022.4

目　录

第一章　导论

第一节　研究背景

工商管理在企业中一直是关注的重点，部分学者对其进行了长期的探讨。通过调查可以得知，大部分学者偏向于根据企业目前的情况对工商管理进行分析，以此来提出解决方案。部分学者将工商管理作为了重点，对中小企业进行了研究分析，并且从发展的角度，简单对其进行了分析，提出了企业需要做好对人才的进一步培养，对人性化管理的完善，对管理水平的提升，对管理制度的完善制定，对品牌的进一步建设等工作。

还有学者从现状出发，对工商管理在我国中小企业中的现象，进行了研究分析，将其发展作为了研究重点，并提出了企业需要通过对运行机制的完善、对品牌的重新建立、对人才的进一步培养，来促进工商管理工作在中小企业中的发展。

另外，部分学者对工商管理工作在企业中的现状，进行了重点的研究分析，发现企业对生产经营的管理缺乏适应性，工商管理工作在企业中缺乏清晰的目标，并且企业在意识上缺乏对品牌的关注等，此外，其还提出了改进方案，以此来使工商管理工作在企业中能够得到提升，使企业能够获得高质量的管理，能够将工商管理作为基础，促进企业的良好发展。

此外，有些学者认为，企业需要将工商管理作为重点内容，并提出了它在企业发展中的重要性，将工商管理作为基础，能够实现企业在市场竞争中对自身优势的保持。他们根据企业的现状，对工商管理工作进行了分析，并提出需要做好对管理的加强，对制度的完善，对人才的培养，对品牌的树立等工作。

之后，部分学者继续对工商管理进行研究，根据我国目前的发展，对企业当下的工商管理工作进行了分析，通过对企业工商管理缺陷的探讨，使工商管理工作在我国得到了提升。

近几年，大多数学者从问题的角度，对中小企业中所开展的工商管理工作进行了研究，提出了融资难、缺乏市场竞争、管理水平低等问题，并且提出了需要做好对人才的管理、创新能力的提升等工作，以此来使企业在我国能够得到更好的发展。

第二节　研究综述

一、企业工商管理的研究文献

企业工商管理作为一个比较热门的话题，经常被一些学者讨论。通过文献调查，更多学者喜欢对企业工商管理的现状进行分析，从而提出相应的解决方案。

例如，李晓（2019）通过研究中小企业的工商管理，并对其发展进行简单分析，提出了加强人才培养，完善人性化企业管理建设，提高管理水平，制定完善的管理制度，重视品牌建设等相关解决方案。

许晓晨（2019）对中小企业工商管理现状进行阐述分析，就其发展进行了着重研究，提出了完善运行机制，重品牌建立，加强人才培养等方案。

熊水金（2018）着重对企业工商管理的现状进行研究分析，问题表现为企业经营管理适应性不强，企业工商管理目标不清晰及企业品牌意识重视程度不高等方面，并提出了企业工商管理的改进方案，进而不断提升企业工商管理的质量，为企业的发展奠定良好基础。

赵渭涛（2019）认为工商管理是企业最需重视的一项内容，它是企业发展的关键所在，更是企业市场竞争的基础。他通过对企业工商管理的现状分析提出了加强管理，完善制度，培养人才，树立品牌等相关建议。

陈华和胡源（2018）以企业的工商管理工作为研究对象，结合当下我们国家的企业工商管理的发展现状，从而探讨出目前我们国家企业工商管理需要完善的方面，进而使我国企业得到更好更快的发展，以期实现我国工商管理事业的不断进步。

樊茜平（2019）在中小企业工商管理存在的问题及对策研究中发现了中小企业融资难，缺乏市场竞争压力和管理水平，对自身发展认识不明确等问题，并提出了加强企业人才管理、创新能力培养、拓宽融资渠道等相关意见。

二、企业工商管理学科研究现状评述

（一）战略管理

为有效解决管理实践与理论研究脱节的问题，实践导向型管理研究备受关注且取得阶段性突破。网络关系下合作与竞争的共存给企业战略管理实践带来了挑战，也为网络理论在动态竞合研究领域的拓展提供了契机。同时，动态竞争分析范式强调行业内企业竞争行为的互动性，该范式为企业技术创新这一战略性竞争行为的决策逻辑提供了研究思路。基于此，学者们就管理实践嵌入、竞合战略与动态竞争等研究领域进行了深入探讨。

面对长期动荡且复杂的外部竞争，领先企业通过不断地分析与解决综合性的战略管理难题，逐渐塑造了解决企业成长问题的认知图式和行为逻辑。在融合科学研究范式与行动探索范式的基础上，研究者对海尔与华为两家领先企业管理实践资料进行扎根分析，发现企业以“螺旋式实践嵌入”这一自主管理实践研究的内在机理为核心，在对重大管理实践问题具有正确感知的前提下，依托战略管理团队探索并归纳自主管理的规律性命题与解决方案，而后将其进行实践检验以提升理论框架的信度与效度，并取得利益相关者的认同，进而发展成为具有外部价值溢出效应的企业纲领性管理理论。从人格伦理学的观点出发，研究者通过研究管理实践行为的价值判断关系及内在行为的价值奠基关系，发现管理活动本质上是一种价值行为，“无为而治”的至善管理模式具有可实现性。

研究者基于价值网络理论与竞合战略理论，网络关系强度与企业绩效的影响机理研究发现，强关系网络能够通过促进竞争与合作二维构念下的竞合战略实现企业绩效的提升，且价值网络内部差异性能够有效强化这一影响效应。动态竞争视角下，随着制度环境水平的不断提升，企业技术创新战略倾向呈现先上升后下降的倒U型变动趋势，且金字塔结构下两权分离程度将会弱化这一非线性影响关系。而在互联网经济条件下企业通过跨界实现融合式创新的过程中，企业间的竞争将会转化为开放价值系统之间的竞争，其竞争优势产生的基础也将从产品转化为用户价值。

（二）公司治理

管理层权力配置作为公司内部治理机制特征的重要体现，配置程度差异会在很大程度上影响公司经营行为与决策。而激励机制作为公司治理机制的重要构成，对创新的影响也一直备受学者们关注。同时，以产权联结为纽带，以母子公司为主体的企业集团在经济发展中，为转变经济增长方式、优化产业结构作出了突出贡献，对母子公司的管理在很大程度上决定了集团整体发展态势。基于此，学者们对公司治理机制和集团公司治理等问题进行了深入的研究。

鉴于我国民营上市公司治理和运营的特点，研究显示，随着管理层权力配置程度的降低，民营上市公司短期获利水平的盈利性表现更好，而随着管理层权力配置程度的增加，民营上市公司持续成长空间的扩张性表现更好。同时，管理层权力对公司研发投入及公司成长性均具有正向影响。此外，设计有效的激励契约以引导高管在资源约束条件下进行理性的技术创新战略选择是提高企业创新能力的关键途径之一。授予高管股权激励的中小企业，其自主研发投入水平、突破性创新与渐进性创新水平等均明显高于其他中小企业。股权激励强度越大，中小企业越倾向于选择内部自主研发，而非外部技术引进。高管激励策略对政府补贴与企业绿色创新之间的关系也产生了一定的影响，薪酬激励能够有效提升政府补贴对绿色创新的积极影响，但声誉激励未能提升政府补贴对绿色创新的平滑效应，而薪酬与声誉激励组合的创新补偿效应则依赖于薪酬激励的强弱程度，仅在薪酬激励强度适中的条件下，薪酬与声誉激励才能发挥有效的互补效用，提升高管对政府补贴等创新资源的配置效率，此时政府财税补贴才能够实现对绿色创新的最优驱动作用。

母子公司管理一直是企业集团领域的研究热点。研究发现，母子公司间的一致性对子公司绩效存在促进作用；从集团框架内子公司开放式创新的角度出发，内向型和外向型开放式创新均能提升子公司创新绩效，且二者相互促进。此外，研究也表明，子公司管理者能力对母公司利益侵占行为具有显著的抑制效应。管理者能够通过增加子公司价值创造、提升子公司内部控制质量、改善子公司融资约束状况等路径，抑制母公司利益侵占行为。

第二章　企业工商管理的内涵

第一节　企业工商管理的培养目标

一、工商管理学科定义及学科内涵

（一）学科定义

工商管理学科是一门以社会微观经济组织为研究对象，系统地研究其管理活动的普遍规律和应用方法的学科。具体地说，工商管理学科以企业或经济组织的管理问题为研究对象，以经济学和行为科学为主要理论基础，以统计学、运筹学等数理分析方法和案例分析方法等为主要研究手段，探讨和研究企业或经济组织各项管理行为和管理决策的形成过程、特征和相互关系，以及企业作为一个整体与外部环境之间的相互联系，并从中探索、归纳和总结出旨在获得成效，提高效率的一般理论、规律和方法。

工商管理学科的研究目的是为企业或经济组织的管理决策和管理实践活动提供管理理论指导和科学依据，培养各类专业管理人才，提高企业经营管理效率，推动企业持续发展，从而促进社会经济的发展。

（二）学科内涵

1. 研究对象

工商管理学科的研究对象主要是企业的经营管理活动，活动的效率、效果，以及与此相关的各类问题。这些问题大致包括公司治理、生产运营、物流配送、组织行为与人力资源、财务与会计、市场营销与品牌创建、管理信息系统与互联网技术应用、技术创新管理、战略管理、服务管理等有关管理职能问题;企业产品或服务设计、采购、生产、运营、投资、理财、销售、战略发展等管理决策问题；企业作为一个整体与宏观社会、文化、政治、经济等外部环境之间的关系问题，以及企业创业、成长、危机及衰退等组织演进问题。

2. 学科基础理论

工商管理学科基础理论主要包括经济学理论、管理学理论、行为科学理论、博弈论与决策论等。

首先，企业经营活动和管理决策在很大程度上受到宏观经济的影响，因此，经济学是工商管理学科的基础理论之一。

其次，经营管理活动和决策的主体是人，而人的个体或群体心理行为会影响企业的经营活动和管理决策，因此，行为科学同样成为工商管理学科的基础理论之一。

最后，本学科研究企业各种职能部门经营管理活动和管理决策，而企业在经营管理时会面临复杂的内部代理问题和激烈的外部市场竞争，因此博弈论和决策论近年来也逐步成为工商管理学科的基础理论之一。

由于工商管理学科内容的复杂性、交叉性、综合性和复杂性特征，各类专业还有自己一些独特的专业理论系统，主要包括财务与会计、生产运营管理、物流与供应链管理、组织行为与人力资源、技术管理、市场营销、企业战略管理等相关理论体系。

3. 研究方法

从研究方法看，工商管理学科使用了自然科学、工程技术科学和社会科学研究中的主要方法，包括理论研究方法和应用研究方法。理论研究方法包括统计学、运筹学、数学建模和优化技术等数理分析方法；应用研究方法有案例研究、项目研究、行动研究、模拟研究和实验研究等。

此外，随着自然科学、社会科学和信息技术的发展，工商管理还不断引入其他学科的研究方法，包括心理试验、计算机仿真模拟技术、数据挖掘分析、非线性动力学、小波分析、多元分析技术等。

二、企业工商管理基本概念与主要特征

（一）基本概念

本质上，工商管理是贴合规范对市场经济进行管理的一项工作，具有很强的应用性，但同时工商管理涉及范围非常广泛，因此内部可以划分出多个分类，企业工商管理就是其中一类。企业工商管理主要就是针对企业所在市场，遵从该市场健康发展规范与要求，核查相关企业运作情况，若企业运作中出现了不合规现象，无论其是否对市场健康发展造成了负面影响，都要及时进行处理，要求此类企业整改，杜绝后续影响。同时出于预防及经济发展目的，在企业工商管理中还要对企业运作情况提出正确建议，确保企业能始终保持正确发展道路，这样随着企业本身的发展，其社会作用将推动社会经济发展，贴合正确经济发展秩序，由此可以将企业工商管理定义为一种针对市场企业进行管理，确保企业发展合规、正确，再通过企业促进市场乃至社会经济发展的工作，其重要性不言而喻。

（二）主要特征

企业工商管理主要特征包括综合性、程序化、关联性、权威性，各特征具体内容如下。

1. 综合性

企业工商管理的工作范围是企业的商业活动，任何与企业商业活动有关的事务都处于管理范畴，而企业商业活动多种多样，同时涉及方方面面，如营业执照、市场管理、合同仲裁、依法处罚、监督管理、制度发布等都要由工商管理部门负责。这一条件下，企业工商管理工作就不能单独针对单一事务进行处理，必须全面审查、全部处理，即假设某企业在商业活动中无法出示营业执照，则工商管理除了要处理营业执照相关事务以外，还要判断该企业之前活动是否对市场造成了影响、是否存在违法合同等情况，如果存在则依法处理，可见在企业工商管理中相关事务之间是有密切关联性的。除举例以外，这种关联性在其他事务中同样有所体现。由此可见，企业工商管理具有综合性特征，工作中相关人员的职能必须多元化，这样才能发挥管理作用，促使企业所处市场有序、健康发展。

2. 程序化

在宏观视角上，企业工商管理属于国家经济调控的一个环节，是实现国家经济调控目的的途径，因此企业工商管理要根据国家经济调控需求提出标准管理程序，并依照该程序开展管理工作。同时在微观视角上，工商管理部门的工作目的是保障市场、企业健康发展，因此管理必须符合行事准则，不能随意设定管理条款，更不能出现脱离程序进行管理的行为。可见无论从哪个角度，企业工商管理都具有程序化的特征，所有管理信息都要经过标准程序进行发布，这样才能保障企业工商管理本身的秩序。如在企业工商管理工作中，工作人员必须先对实际情况进行调查，清楚了解情况后再上报，最终依法依规提出管理决策，随后落实下去，若工作人员未经调查就执行管理工作，必然会导致企业不满，也不能保障管理工作的客观性、有效性，因此程序化不但是企业工商管理的特征，也是管理工作中必须遵从的要求。

3. 关联性

企业工商管理本身的职能是对企业进行管理，而不是直接帮助企业实现经济发展目的，或者直接对市场经济进行调控，因此企业工商管理所能发挥的作用属于约束性作用，在这种作用下管理工作成果与经济发展之间只是关联关系，而非一体，这说明企业工商管理具有关联性的特征。同时在其他角度上，因为企业工商管理的综合性特征存在，所以管理工作与企业商业活动的方方面面也有密切关联，它只有在企业商业活动出现不合规现象之后才进行干预，此举起到的作用同样是约束性的，这也证实企业工商管理只能对经济发展起到间接作用，但两者之间有关联关系，工商管理具有关联性的特征。

4. 权威性

权威性是企业工商管理必须具备的特征，否则就很容易出现“不服管”的现象，但权威性并不是让工商管理部门通过权力压制企业发展，而是在规范基础上提出合理建议，若企业不遵从才动用权力，约束企业活动开展，任何超出规范的活动都要被禁止。现代企业工商管理工作在权威性上的表现比较突出，这一点可以从企业服从规范管理的程度上体现，即现代企业一般都重视工商管理规范性要求，会积极配合工商管理工作，这说明企业对工商管理的认可，可体现企业工商管理的权威性。

三、企业工商管理的热点问题

（一）企业战略

企业战略是企业竞争战略、营销战略、发展战略、品牌战略、融资战略、人才开发战略的统称，企业战略是企业对企业发展整体性、长期性、基本性问题的筹谋和计划。企业战略决定了企业的发展前景和最终方向，在市场经济体制确立之前，企业战略在工商管理和工商管理研究中根本不受重视，许多企业在发展中也没有给予企业战略足够的关注。如许多企业在提出发展决策时，都没有针对企业发展战略构建系统化的管理模式，也没有根据企业发展实际提出切实可行的战略目标和任务。在市场经济体制确立之后，企业战略才逐渐进入工商管理的研究范围并最终成为工商管理的重要内容。在跨国经营和多元化发展环境下，许多企业也将管理重心逐渐向企业战略转移，力求能通过企业战略管理来提高自身的竞争力。

（二）企业财务管理和人力资源管理

企业财务管理是企业围绕经营目标对企业资产购置、资本融通、运营资金和利润分配的集中管理。资金和财产是企业生存的根本，企业财务管理是企业经营管理的重心，也是企业所有活动的基础，它贯穿于企业生产经营的全过程，关系到每一个企业成员的切身利益。在市场经济条件下，企业经营管理的所有方面，都要以资金的形式体现出来。

在工商管理中，企业财务管理的重点是，根据财务目标来计算和评价企业财务管理工作，以减轻企业财务管理风险。说到财务管理，就不能不提及人力资源管理。人是企业发展中最重要的因素，也是企业的宝贵财富，企业人力资源管理是企业管理的一个重要分支，重视人的价值，协调好人力资源关系，是企业人力资源管理的重要任务。财务管理中的薪酬设计、工资管理与企业人力资源管理中的激励体系构建等，都是提高员工满意度、优化人力资源配置的有效手段。

（三）企业诚信文化

企业文化是企业在发展中形成的，广受企业成员认同且需要大家共同遵循的文化信念和认知。企业文化是企业经营管理思想、管理制度、管理方式的综合体，企业文化是企业的核心竞争力所在。企业文化是企业的一种管理方式，也是企业对员工进行精神鼓励、思想塑造的有效手段。企业文化是企业的名片，在市场竞争越来越激烈的情况下，企业只有将文化手段、物质手段和精神手段综合起来进行企业管理，才能增强企业内部凝聚力，提高企业经济效益。鉴于企业文化管理的重要性，许多企业出于树立企业形象、提高企业经济效益等方面的考虑，都在企业文化建设上作出了诸多努力并取得了显著成效。工商管理中的企业文化管理及工商管理研究中的企业文化研究，其焦点都在企业文化整合、文化形象、文化建设和文化影响等方面，在企业建设中，文化建设也被视为提高企业竞争力的软实力。

1. 企业信用的概念

（1）信用的基本概念

信用是信任与承诺兑现，是对偿付能力的信任与承诺的兑现及由此产生的社会信心。西方经济学研究视角下的信用主要包括信任与偿付能力，这与债务偿还相关。信用还是借贷活动或价值运动的一种形式，属于信用在具体经济领域中的应用，如银行信用等。最初人们是通过社会伦理道德的角度来认识信用一词的，随着社会的发展，信用被赋予经济范畴、社会道德范畴、法律范畴的内涵。对应的企业信用也同时具有多个层次的含义，企业信用体现在企业生产经营的各个方面。因此，企业信用的基本概念是指企业能够在诚实守信的基础上履行与政府、银行、企业或者个人等一系列主体间的协议和约定的意志和能力。

（2）多重视角下企业信用的内涵

第一，企业信用具有经济范畴方面的内涵，从现代经济学的角度看，信用的经济学含义主要起源于西方资本主义市场经济体制，西方文献中对信用的论述有很多，主要有两种观点，一是信任与偿付能力；二是借贷活动的一种形式。前者是一种实践行为与能力，与债务的偿付相联系，后者属于信用在具体经济领域的应用。

由此可见，企业信用在经济范畴方面的内涵可以理解为企业信贷，是企业的资金借贷和偿付活动，企业要想获得银行等金融公司的融资或贷款，银行等金融结构必会考察企业的信用记录，信用不佳的企业将不会获得银行等金融机构的认可，不佳的企业信用影响了企业的融资，阻碍了企业的生产经营活动，所以企业要重视信用建设。

第二，企业信用具有法制范畴方面的内涵，信用发生在人们的交往活动中，是市场主体之间的一种信任关系。在简单生产方式下，例如中国古代的小农经济和古代欧洲的庄园经济，商品交换次数少且大都在熟人之间进行，交易主体一方若是不遵守交易信用，可能会受到当地所有人的排挤，因此交易信用可通过同一地方的舆论、道德和传统习惯等加以实现。然而，当人们交易频繁且交易的地理范围扩大，市场经济发展到一定程度之后，多种多样的交易方式、交易信息也出现不对称了，那么传统的舆论、习惯和道德机制很难保障交易信用的正常实现。故我们要加强法制建设，以国家强制力来保障，即对市场交易中的规则进行立法并实施。因此，企业信用问题在市场经济高度发达的当代社会就体现为契约和法律问题了。企业信用表现在其生产经营活动中对契约和法律的遵守，企业失信实质上就是违背契约和法律，企业信用通过在经营上的纳税、年检、质量等方面的违规及处罚记录表现出来。

第三，企业信用具有契约范畴层面的内涵，契约诚信即指由契约关系来约束企业的诚实守信行为。企业的契约诚信主要包括：服从企业与政府之间的法律、制度；企业与银行之间的银企信用关系；企业与企业之间的商业信用关系、合作关系；企业与社会、消费者之间的社会责任、信誉关系；企业与内部员工之间的利益关系；企业与投资人、合作者之间的合作关系，等等。在种种关系中，不能简化甚至忽略与其他行为主体之间的“契约”。

第四，企业信用具有管理学范畴层面的内涵，现代管理学中的企业诚信则要求企业在生产、销售、售后服务等企业经营活动的全过程中始终体现出诚信的行为和品德，即表现出诚信品质。它可以通过企业经营管理者的行为表现出来，突出地表现为企业家诚信品质，进而形成企业的诚信品牌。

（3）信用、信任、信誉、信义概念辨析

信用、信任、信誉、信义是一组意思相近但又有差异的概念。同时，在不同文化的语境下，人们对于上述四组概念的表述也是不尽相同的。此前文献中，学者对信用、信任、信誉、信义的概念并不是特别明确，有的时候会出现混淆使用的情况。

第一，信用与信任。信任是建立在个体情感、认知之上的心理状态。而信用通常是一种事实状态。交易双方信任水平的高低反映在对其的信用评价上。

第二，信用与信誉，赞美、称赞。从字面上来理解，信誉是对信用行为的赞美。这意味着，信用是一种行为，而信誉是信用行为的结果。

第三，信用与信义。信义可拆开为“信”和“义”，即信用和道义。在中国传统文化中，“讲信义”被视为是人际交往、治国理政的规范之一。

2. 企业信用的表现形式

企业信用受多种因素的影响，它取决于企业生产经营活动的方方面面，企业每一项活动都与企业信用有关。创造企业品牌的过程其实就是创信用争信誉的过程，经营管理者靠信用管理企业队伍，企业靠信用向银行等金融机构融资贷款，产品靠信誉销售，企业靠信用生存和发展。

企业信用的表现形式是由其内部职工及社会相关利益者和社会公众对企业与社会同类型的群体等几项因素进行比较而得出的。

（1）企业与企业内部员工、股东间的内部行为关系

对内部员工而言，企业信用的好坏主要取决于企业经济效益、社会福利、工作待遇、内部机制、工作环境、对未来的信心及外界的评价、工作压力等。具体表现为工人按企业生产经营要求完成生产过程和目标任务，企业要付给工人相应的劳动报酬，履行企业对员工经济利益、个人发展、工作环境等方面预期的承诺。对企业股东而言，企业信用的好坏主要取决于企业经济效益、企业总资产、股东权益、商业模式、企业未来的战略目标、投资风险控制等。企业对股东的信用更多的表示为企业经营者对股东的信用，企业经营者与股东之间是一种基础性的契约关系，企业经营者是代理人，股东是委托人，企业经营者受股东的委托，代表股东的利益，使用股东的资产，对企业股东而言，企业信用具体表现为企业经营者妥善地经营企业，提供令股东满意的回报、使他们的资产保值增值。

（2）企业与企业、银行及消费者间的外部行为关系

对其他工商企业来讲，企业信用主要取决于企业的资质与资信、偿付能力、市场竞争力、企业知名度、产品对外竞争力等。企业信用的具体表现形式有赊销商品、预付货款、分期付款、延期付款、经销、委托代销、补偿贸易等，归纳起来，主要是赊销和预付两大类。企业赊销是企业买方市场最常见的信用形式，即商品交易发生时，赊购者应按商品价格支付货款，而赊销者允许赊购者在未来一定期限内进行支付，赊销者授予赊购者以信用，而赊购者则按时按约对货款进行偿付。企业预付是企业卖方市场常见的信用形式，具体表现为买方为卖方的商品预付货币，买方授予卖方以信用，卖方在产品生产出来之后，必须保证预付货款企业的需求，按时按约为预付货款的企业提供商品。

对银行等金融机构来讲，企业信用主要取决于企业上下游情况、企业竞争优势、企业资产负债情况、信用意识、团队管理情况、经营状况、企业规模等。企业与银行等金融机构的关系实质上是债权人与债务人关系，企业的发展离不开债权人的资金支持，二者之间表现为一种信用合作关系，具体表现为银行等金融机构将资金借给企业使用，授予企业以信用，企业承担资金使用过程中的各种不确定的风险并按时按约对银行等金融机构进行还本付息。

对消费者来讲，企业信用主要取决于企业提供的产品和服务的质量、品牌形象、企业文化、企业规模和实力、产品价格等。企业与消费者之间的信用关系具体表现为在产品交易过程中，企业就产品质量、售后服务等方面对消费者做出一系列承诺，这些承诺既包括明文规定的契约也包括约定俗成的契约，消费者在消费过程中形成对企业履约情况的主观评价，消费者对企业提供的商品质量和服务感到越满意，对企业的评价就会越高，代表企业在消费者心中的信用就越强。

（3）企业与政府之间的行为关系

政府在企业生产经营活动中的重要作用是不可否认的，政府的作用涉及企业生产经营活动中的各个领域且具有强大的影响力，从政府行为方面来讲，最低层次的企业信用行为要求就是企业对政府法律法规和规章制度的遵守，依法经营；而在较高层次上的表现形式则是政府作为

向纳税人提供公共服务的组织，为企业提供相关发展条件和环境，例如修建完善的基础设施、制定促进企业发展的规章制度等，企业必须按约纳税、维护公共环境、履行对社会的承诺、节约资源、发展慈善事业等，这样才能获得社会的认可和接收，受到政府的保护。此外，对国有和公有企业而言，它们还要承担对国家或公有资产的保值增值责任，保证国家或公有资产的非经营性损失或流失，保障国家或集体的利益。政府是社会经济活动规则的制定者，同时政府可以通过其国家强制力来保障这些规则的实施，保证企业对政府的社会信用。

3. 契约精神与企业信用

信用关系的本质基础在于商品经济的契约性质，我们可以简单地将履行契约与守信等同起来，信用表现为市场经济活动的参与方是否遵守承诺的契约。同样，理解质量信用的深层次内涵也离不开对契约相关理论的分析和研究。契约（合同、合约、协议）存在不同的解释。从哲学上看，契约是一种逻辑抽象，或宗教道德层面的概念；从法律看，契约是产生法律效力的双方或多方当事人的合意；而经济学上的释义最宽泛，将所有的市场交易活动，甚至组织的本质都视为一种契约关系。契约精神与企业信用具有天然的联系，对这两者之间关系的研究，有助于更好地认识和了解企业信用的发展由来及理论根基。

（1）企业信用是契约存在的前提

在商品交易中，交易双方必须满足对方的需求和社会公共意志，交易才能发生，这就是契约或约定，交易的达成需要契约制度的保障，一些道德规范和法律规范都可以作为社会契约对商品交易中的交易主体起到约束作用。交易总是与契约联系在一起的，因此，要想交易发生，光有企业分工合作出现、契约的保障还不行，还需要有企业的信用作为基础。只有双方都确定对方提供的信息是真实的，即确信对方的企业信用，才能达成交易契约，因此，企业信用是契约存在的前提。

（2）契约是企业信用发展的纽带

企业信用是契约的基础，契约是企业信用发展的纽带，企业信用通过契约的履行而延续，企业信用水平决定了契约关系的形成与否。一旦交易一方忠实地履行了契约，另一方就会强化对它的信任，对该企业下一次忠实履行契约的预期加大，交易者之间的信用关系就会得到进一步的发展和强化。在实际经济生活中，交易通常会在同一对交易者之间反复进行，他们在每一次交易中都面临着守约和毁约的抉择，他们每一次的守约行为或违约行为构成信用发展的时间链条。同时，如果两企业之间遵守契约并一直维持着良好的信用关系，社会上的其他企业也会因此提升对其的信用评级，这种行为表现出信用关系的运动形式可以表现为空间上的延续。

（3）信用是“契约自我实施”的重要保障

“契约自我实施”是指契约当事人依靠日常习惯、合作诚意和信誉来执行契约，但并不排斥法院在履约中的强制作用。订立契约的交易双方不仅要考虑当前利益，还要考虑企业未来的利益，当前的行为可能会影响未来其他交易企业对其的信用判断。例如，当今社会，网络信息十分发达，一个企业如果不履行契约，整个行业都会知晓企业的这一行为，其他企业可能根据他的这一行为降低对该企业的信用预期，从而拒绝与该企业在未来进行合作。因此，企业可能会为了自己的信用声誉而自动实施契约，而不借助法律强制力。

四、培训的理论及方法概述

（一）企业培训的理论发展

对企业理论的培训与方法进行阐述，旨在了解当今世界先进的培训理论和方法。

1. 培训理论的发展阶段

自从中国加入 WTO 后，越来越多的企业参与国际竞争，人们开始渐渐认识到未来的竞争主要是人才的竞争，而培训已经成为企业发展的动力源泉，重视培训工作，对培训工作的研究愈来愈多。那么何谓培训呢？

企业人力资源培训，是指企业根据自身生产经营和发展的需要，为提高企业员工的素质和岗位所需要的知识、技能及管理理论、规章制度、法律法规常识等而进行的各种形式的教育与训练活动，从而使企业员工的工作态度、工作行为、价值观念等有所改变，使他们在现在或将来工作岗位上的工作表现达到组织的要求，并发挥最大的潜力以提高工作绩效。

2. 当今世界培训发展趋势

企业员工培训经历了多年，世界培训的趋势主要有以下几个方面：

培训内容：从狭隘单一的职业培训转向丰富多彩的全方位培训。

在传统的培训工作中，培训方式一般是在职培训和脱产培训，这主要是针对一项具体的工作中所需的技能和知识而进行的培训。而在现在乃至未来的培训中，员工不仅要掌握其工作中所需的知识和技能，还要掌握沟通技巧、团队工作技巧等诸多方面的技巧。因为未来的社会是协作性社会，合作才能达到利益的最大化。

培训方法：从单一化、传统化到科学化、多样化。

较之以前的单一的、传统培训方式现在衍生出了更多的培训方法，更加科学化、多样化。

培训工具：从简单的低科技含量到复杂的高科技含量。

现代的互联网上的远程教育还可以把世界各地的员工召集在一起，打破了时空的限制，节省了员工的异地培训的差旅费用、时间，大大地减低了培训成本。近年来发展的机上培训，员工不用再到生产线上进行实地操作，只需把培训软件装入计算机内，即可在计算机上进行模拟操作，出现错误后，也可以机上修改，降低了错误成本，方便了培训工作，又使培训工作上了一个新台阶。

员工态度：从消极对抗到积极参与。

21世纪是知识经济时代，而知识经济最大的特点就是日新月异的知识更新。在这种情况下，工作种类也随知识的更新而更新，企业员工为了避免被淘汰，只有积极提高更新知识和技能以适应社会的发展。在这种社会大背景下，员工的学习积极性和主动性大大提高。

培训对象：重点从非技术人员到管理人员。

培训模式：从单一化到立体化、专业化。

美国大企业现在一般都设有自己的专业培训机构，常见的形式有培训中心、人力资源开发中心、公司大学等。超大型公司的培训机构多以公司大学的形式出现，如：摩托罗拉大学，这些大学都有自己的独立的教学培训设施，员工可以在大学里接受培训，食宿都可在大学里，十分方便。同时，公司也可以委托学校代培或企业与学校联合培训，企业与企业进行联合培训。公司把培训职能进行外包，部分原因是这些机构不仅有足够的师资队伍、充分的信息、专业的培训技巧，而且还可提供更广泛的交流机会。小型公司把培训工作外包出去既可以保证培训的质量，同时因为本企业不再设专职的培训师，也可以减轻企业培训工作方面的负担，降低成本。

（二）企业培训的一般程序

要高效地做好培训项目的规划和实施，需要对下列要素一一进行详细考虑：确定培训需求、设定培训目标、确定培训内容、挑选参训人员、制定最佳课程时间表、选择适当的培训设施、选择合适的培训师、挑选准备相应的视听辅助资料、做好培训项目的协调工作、评估培训项目。在此将分别对企业培训的各个环节进行详细的阐述。

1. 确定培训需求

分析培训项目是否有效，需要看它能否满足参训人员的需求。确定培训需求的方法有很多，下面列出的是一些常用方法：

直接征求参训人员的意见。

征求参训人员主管的意见。

向那些熟悉参训人员工作、了解其工作步骤和程序的其他人员征求意见。例如，向参训人员的下属、同事和客户征求意见。

通过对参训人员的测试确定其培训需求。

通过分析参训人员的绩效评估表界定其培训需求。

2. 设定培训目标

一旦确定了培训需求，就有必要设定培训目标了。可以按照下列次序从以下三个方面设定培训目标：

我们需要获得哪些结果？这些结果可以用产量、质量、营业额、旷工率、员工士气、销售额、利润额和投资回报率等表示。

要实现这些预期结果需要进行哪些工作。

要实现这些预期结果需要具备哪些知识、技能和心态。随后，可以制定出培训项目的大纲内容。这些培训项目，只需扩充相应的知识就足够了；有些培训项目则需要注重新技能的培育及相应技能的提升；还有一些培训项目，则需要适当调整参训人员的心态。比如说，多元化培训项目就是以改变参训人员的心态为目的的。

3. 确定培训内容

在确定培训内容时，培训需求和培训目标是主要的考虑因素。培训人员应该扪心自问：为了满足培训需求、实现培训目标，应该对哪些内容加以讲解呢？对这个问题作出回答，也就确定了培训需要涵盖的相关内容。当然，根据项目培训人员自身的素质和培训预算的具体情况，适当做出一些调整也是必要的。比如说，尽管压力管理方面的培训非常重要，但由于没有合适的师资力量，没有足够的资金聘请合适的培训师，或是无力购买压力管理方面的视听资料和培训教程，那么，压力管理方面的培训也就无法开展。在这种情况下，企业就可以更偏向其他相关的培训内容。

4. 挑选参训人员

当挑择参加培训项目的受训对象时，需要在如下四个方面作出决策：

哪些人能够从培训中受益？

根据法律法规的规定，需要开展哪些培训项目？

培训应该是自愿参加，还是必须参加？

应该根据参训人员在组织中所处的层级分开培训，还是让两个或更多不同层级的人员参加同一个培训项目？

5. 制定最佳课程时间表

最佳课程时间表需要考虑以下三方面的内容：参训人员、他们的主管及最佳的学习条件。在很多情况下，专业培训人员往往只会从自身的喜好和日程安排来确定培训时间安排表。

6. 选择适当的培训设施

培训设施的选择也是一个重要的决策。培训设施应该舒适便利，要尽力避免受到以下负面因素的影响：房间过于狭小；室内家具一点也不舒适；噪声太大或有其他一些分散人们注意力的干扰因素；培训场所位置太远，让人感到不便；室内温度过高或过低，让人感觉太热或太冷。此外，对培训期间的休息和点心之内的事宜也要给以相应的考虑。千万不要对这部分过于轻视，因为这些都是构成参训者对整个培训满意与否的因素。

7. 选择合适的培训师

培训师的选择对培训项目的成功是至关重要的。培训师的资质应该包括如下内容：了解所教授课题的相关知识；具备开展培训的激情和愿望；能够进行有效的沟通和交流；具备激发他人参与培训的技能。同时，培训师还应该具备“学员导向”意识，即有满足学员需求的强烈愿望。

8. 挑选、准备相应的视听辅助资料

借助视听辅助资料，可以实现如下两个目的：一是帮助领导确保员工能够保持浓厚的学习兴趣；二是进行充分沟通。

9. 做好培训项目的协调工作

协调工作包括，与培训师提前充分沟通、培训前提早布置好教室，准备好培训师和学员需要的东西，分发资料等。培训协调工作应同时满足培训师和学员的需求。

10. 评估培训项目

对于评估培训项目，目前国际上流行的方法是四级培训评估模式。所谓四级培训评估模式指的是评估培训项目所采用的一系列方法。这四个评估级别分别是：第一级：反应；第二级：学习；第三级：行为；第四级：结果。在这四个级别的评估中，每个级别都是极为重要的，都会对下一级别具有一定的影响。当我们从一个级别进入另一个级别时，评估程序会变得相对复杂一些，所需的时间也会要多一些，但与此同时，我们却可以获得重要信息。对这四个级别的评估，培训人员不能仅仅凭借自己的理解，想当然地随意跨越、省略某个级别直接跳到某个自以为最重要的级别上。

11. 培训反应的评估

培训反应的评估是衡量参与者与培训项目的学员对培训所作出的反应，也将其称为顾客满意度的测量。以下为培训反应评估的指导原则：

确定自己希望了解的事项。

设计一份能够量化学员反应的表格。

鼓励学员提交书面的意见和建议。

及时得到学员100%的意见反馈。

得到真诚回答。确定大家认可的评估标准。

根据标准衡量培训反应，并采取相应措施。

对培训反应进行恰当的沟通。

12. 培训学习的评估

培训学习的评估是衡量参训学员参加培训项目后，能够在多大程度上实现态度转变、知识扩充或技能提升等相应结果。学习层面的评估是非常重要的，不经过这一环节，学员就不会在行为方面发生转变。有时，学习的目标是增加知识，可以通过笔试对态度方面的学习情况进行测试。技能是学员在学习过程中掌握的第三项内容。在技能学习方面，有必要对学员进行工作绩效方面的测试。培训学习评估的指导原则：

如果可能，借助对照组进行分析。

在培训项目前后对知识、技能、态度进行评估。

通过笔试对学员学习的知识和技能作出测试。

通过绩效测评衡量学员学习的技能。

让学员全部参加测试。

采取适当的措施。

13. 培训行为的评估

培训行为的评估是衡量参训学员参加培训项目后能够在多大程度上实现行为方面的改变。在此罗列出对于培训行为评估的指导原则：

如果可能，借助对照组进行分析。

留出充足的时间，促使行为转变。

如果可能，在培训项目前后都要进行评估。

对下列一类或多类人员进行调查或访谈：参训人员及其直接主管或下属人员，以及经常观察受训人员行为的其他人员。

对所有参训人员进行评估或选择部分人员作为调查样本进行评估。

在适当的时间范围进行多次评估。

比较评估成本和评估收益。

14. 培训结果的评估

培训结果的评估是衡量参训学员参加培训项目后，能够实现的最终结果。对那些旨在实现销售额增长、事故率降低、离职率下降等的培训项目来说，往往都可以通过培训结果的衡量进行相应的评估。在此列出对于培训结果评估的指导原则：

如果可能，借助对照组进行分析。

留出充足的时间，促使培训结果的实现。

如果可能，在培训项目前后都要进行评估。

在合理的时间范围进行多次评估。

比较评估成本和评估收益。

在无法提供培训结果的证据时，应该对培训取得的时间状况表示满意。

（三）企业培训的主要方法

组织培训的方法有多种，如案例研究、研讨会、授课法、游戏小品、录像、计划性指导、角色扮演等，各种培训方法都有其自身的优缺点，为了提高培训质量，达到培训目的，往往需要各种方法配合起来，灵活使用，在培训时可根据培训方式、培训内容、培训目的而选择其一或者多种配合使用。

1. 案例研究

这是一种培训员工进行决策和解决问题能力的方法。其步骤是让受训者阅读一个描述完整的问题，然后要求受训者找出一个适当的解决方法。美国哈佛商学院 MBA 教程使用的就是这种教学方法，要求学员两年内研究完 800 个案例。

2. 授课

授课是传统的教学方法。企业的授课与学校一样，由培训者讲述知识，由受训者理解记忆，中间穿插一些提问，授课的效果完全取决于培训师的演讲水平。

3. 研讨会

市场竞争研讨会是以受训者感兴趣的题目为主，做一些有特色的演讲，并分发一些材料，引导受训者进行讨论。研讨会的效果好坏与培训师的水平有密切的关系，一个好的培训师能起良好的引导作用，而较差的只相当于授课。

4. 游戏小品

游戏小品表面看来与其他游戏小品相差无几，但实际上含有许多与员工工作有密切关系的一类活动。游戏方法受到受训者的欢迎，因为它寓教于乐，对结果的分析涉及工作的延伸，培训的内容与技能很容易掌握。这是一种非常理想的培训方法，但要求游戏小品的设计水平较高。

5. 录像

录像是一种事先制作好的视觉教材，可以购买、租赁或自行录制。其优点是：直观，能观察到许多过程细节；活动的物体容易记忆，容易引起视觉想象；其缺点有：受训者处于消极地位，无机会反馈、强化或实际操作。

6. 计划性指导

计划性指导是指一种以书面材料或电脑屏幕提供阶段性信息的培训方法在每一个阶段学习了书面材料后，受训者必须回答这一阶段的有关问题，对每一回答都提供正确答案作为反馈，受训者只有通过前一阶段的所有问题，才能进入下一阶段的学习。

7. 角色扮演

这种方法往往是在一个模拟真实的情景中，由两个以上的受训者相互作用，使其掌握必要的技能。受训者要扮演的角色常常是工作情境中经常碰到的人，如上司、下属、同事、客户等等，由培训师事后做及时的指导、反馈与强化，使受训者加强理解。

五、企业工商管理的未来发展方向

随着社会经济发展，工商管理部门的任务也日趋加重，工商管理研究的范围也不断扩大。

（一）知识管理的地位不断上升

企业知识管理指企业以现代信息技术为依托，以发展企业知识资源、激发员工学习潜能、知识共享为目标，以知识组织模型构建和管理方法实施等形式而开展的管理活动。在人类进入知识经济时代后，知识在经济管理领域出现的频率越来越高，知识管理在工商管理中的地位也得以提升。通过知识管理提高资源共享水平，赢得竞争优势，以提高组织业绩，也成为企业经济管理关注的重点。工商管理视域的知识管理，以知识资本管理、知识资本共享为焦点，其目的是通过知识管理来扩大企业的市场范围，为企业发展创造更多的机会。工商管理条件下的知识管理，涉及知识服务、知识支持、知识发展、知识机会、知识创造等方面的内容。以知识管理战略为首，通过知识战略提升企业的管理层次，是工商管理努力的新方向。

（二）模糊经营管理模式不断发展

模糊经营管理是相对于科学管理而言的一种管理模式，这种管理模式是在批判吸收科学管理经验的基础上，借鉴传统管理哲学思想、管理方法而形成管理方法，模糊经营管理并不是一种没有界限、不定量、不规范的管理形式，只是这一管理模式的界限不是很清晰，管理定量和技术方法有限规范而已，它的思维方式和管理方式仍旧是非常科学的。近年来，在常规管理外，许多企业的管理范围都朝物流管理、电子营销管理等方向不断延伸，对于许多企业来说，在即时生产中，本着“无库存经营”理念，采用模糊经营管理模式，通过人力资源调配来打造最佳工作群体，实行适合于各部门的管理方法，是企业的必然选择，这必然会促使企业模糊经营管理模式和管理思想不断更新、发展。

（三）学习型企业建设备受关注

学习是个体发展的重要途径，也是推动企业进步的动力源。在工商管理理论中，学习型组织管理理论是一个新生事物，也是管理理论的前沿理论之一。在知识经济时代，通过学习型企业建设打造一支结构合理、素质优良的人力资源队伍，是提高企业核心竞争力的关键。因此可以说，建立学习型企业，是社会经济发展的必然要求，也是提高企业综合竞争力的必然选择，这也是学习型企业建设在当前备受关注的重要原因。工商管理视角的学习型企业建设，主张企业从思想上给予学习型企业建设以高度重视，然后通过学习机制建设为其提供制度保障，通过学习目标确立、学习奖惩机制实施和领导垂范来营造浓郁的学习氛围，进而提高企业人力资源的知识和技能水平，提高企业核心竞争力。

（四）朝着管理国际化方向努力

随着经济全球化水平的不断提高，我国企业与国际企业接触的机会也越来越多，企业与世界接轨的层次也不断提高，这必将引发新的管理革命。提高企业运作管理国际化水平，这不仅是企业努力的新方向，也是工商管理工作的重中之重。管理国际化，要求企业在当前战略管理基础上，及时调整企业经营内容和经营方式，如进一步细化管理内容，发挥现代交通、通信、技术优势，创新管理模式和管理方法，提高企业管理水平。这就要求企业管理者不断提高组织管理的灵活性和敏感度，同时将企业管理放置在国际化管理的大环境中去，将企业管理与国家政治管理、经济管理和文化建设结合起来，与其他企业建立互利共赢的合作关系，通过与其他组织单位、社会机构的合作，通过各种手段筹集更多的资金，获取更多的资源，以优化企业发展环境，增加企业经济效益。

第二节　工商管理培训必要性

一、企业工商管理的效能

（一）帮助国家实现经济调控目标

国家本身的发展涉及多个层面，其中经济发展是重中之重，但经济发展关系到数量庞大的企业，如果要求国家直接对这些企业进行管理是不太现实的，因此必须通过一个渠道对企业进行统筹，而国家只对该渠道负责部门提出宏观要求，而这个部门就是工商管理部门。如依照国家近些年的经济发展战略可知，我国近期对中小企业发展非常关注，由此在宏观上提出了经济政策调控方针，各种优惠政策出台，但同时为了保障中小企业能健康发展，也对市场经济环境提出了调整要求。这时工商管理就要为中小企业提供政策服务，既贴合国家政策核心思想，与地方政府部门进行沟通，让其出台地方优惠政策，且面向中小企业提供政策咨询服务，帮助中小企业合理享受政策，另外也要依照国家经济环境调整要求，对中小企业的发展过程进行规范管理，让中小企业健康成长。当这种现象在全国范围内普及，国家的宏观经济调控目标就得以实现，这里就体现出企业工商管理帮助国家实现经济调控目标的效能。

（二）维护市场经济发展

国家经济本身是由国内所有行业市场组成的，而每个行业市场有自身独特的经济发展规律，并不能完全混为一谈，这时如果任意行业市场在经济发展中出现了问题，就会导致该行业市场经济产能下降，间接影响国家经济发展。针对这一现象，企业工商管理就要对市场经济发展进行维护，根据各行业市场独特的经济发展规律，对市场内相关企业进行管理，不断加强市场监管力度，找到问题症结所在，完善市场经济发展规律，同步开展市场秩序维护工作，市场内所有企业都要贴合完善发展规律开展经济活动，不能出现违规、违法事宜，这样就能起到维护作用。

另外，虽然企业工商管理在市场经济发展维护中不能直接插手干预市场内企业的发展意愿，但如果企业主动提出求助要求或者市场经济发展已达到临界点，企业工商管理部门出于维护目的，需要联合其他部门来予以帮助，如某企业工商管理部门接到了管辖范围内某中小企业的求助申请，企业表示自身资金已无法支撑后续发展，这时工商管理部门依照地方政策，联合当地银行等金融机构为该企业提供资金贷款服务，此举中工商管理部门并没有直接干预企业发展，而是提供了间接性帮助，且目的也是维护市场经济发展。

（三）确保市场经济主体稳定、安全

市场本身架构有多元化特征，其中流动着不同类型的资本，而这些资本相互之间可能存在对冲或其他竞争关系，这导致在长期的竞争中某个资本会充斥市场，其他资本只能瓜分该资本剩余的市场份额，这时整个市场的经济主体就成为了这个在竞争中胜出的资本。值得注意的是，虽然资本竞争中优胜劣汰是无可厚非的，且当某个资本成为市场经济主体，还能对整个市场经济发展起到引领作用，但如果经济主体资本本身存在问题，就很可能会导致市场经济发展不稳定、不安全的现象，具体问题表现为：

某些资本注重竞争，在竞争过程中消耗了大量实力，最终虽然胜出，成为了市场经济主体，却没有余力去承担市场经济发展责任，或者该资本并不想承担这份责任，这就会导致市场经济发展不稳定。

某些资本比较特殊，如国外资本，当此类资本成为市场经济主体，则该市场就被其他国家行业主导，这对于我国本土企业而言是巨大损失，因此市场出现了不安全现象，但我国秉持开放原则，不能完全杜绝国外资本进入本土市场，使得市场经济发展中始终存在此类安全隐患。而面对这些问题，企业工商管理部门就要发挥自己效能，一方面不要过多干预资本之间的竞争，但要观察各资本的潜力，择优而选，为优秀资本（优秀资本不是唯一的）提供合理帮助，推动资本进行竞争，再根据竞争表现判断各资本是否有成为市场经济主体的资质，对此工商部门可以推出公平竞争机制，以便于择优而选，选择最优秀资本为其提供帮助，成为稳定的市场经济主体。而针对国外资本一类的特殊资本，工商管理部门不能完全杜绝其进入国内市场，但必须严格控制其资本注入量，不能让此类资本的市场占比超过本土资本，但考虑到此类资本自身发展，可以让其与本土资本合作，这样就能面面俱到地培养市场经济主体，确保市场经济主体安全。

二、企业工商管理的职能

（一）管理和引导企业

从客观角度来说，在日常运营过程中，企业工商管理的关键性职能是促使发展环境稳定规范，确保各项经营活动顺利开展。工商管理部门需要根据企业日常各方面的运行情况，对企业领导者提出合理化建议、意见，科学制定发展战略，确保企业各方面发展顺应时代发展的客观规律，促使企业更好地应对瞬息万变的社会市场。同时，工商管理部门要全面、深入分析当下市场环境及企业资源特征，以国家政策方向为基点，在科学管理的基础上，有效引导企业，不断促进深化改革内部组织结构，更好地实现自身具有的管理职能、引导职能。在此过程中，工商管理部门要根据企业具体运营情况，科学指导企业进行合理化投资，将多余的流动资金科学投入经济稳定发展的领域，合理拓展自身业务，使其出现在我国协调发展市场中，并借助管理与引导的关系，优化利用自身职能，不断促进企业外向型发展，科学拓展外部市场，优化利用先进的技术，不断获取经济利润，提高自身发展经济效益。工商管理部门要随时动态监督市场中的各类企业，对其进行规范化管理，确保企业严格按照相关资质，合理生产及销售，根据相关法律法规，合理运营。此外，工商管理部门要坚持具体问题具体分析的原则，多角度科学地引导企业，动态控制投放在市场中各类商品的供应量，避免出现供求不平衡的现象。工商管理

部门要以市场经济动态发展为基点，加大对企业资金、技术等方面的扶持力度，以政策为切入点，科学引导企业优化调整自身产业结构，合理扩大生产规模，最大化提高经济效益。针对竞争力不强、产业结构需要升级的企业，工商管理部门需要科学引导，进行合理化的技术改造，使其实现转型升级。

（二）管理和服务企业

在企业工商管理职能方面，还存在管理与服务的关系。工商管理部门要科学地处理二者的关系，高度重视企业发展创新，大力支持企业深化改革，全面、深入了解企业在发展创新道路上遇到的各类问题，充分发挥自身具有的管理与服务职能，科学管理企业的基础上，为企业提供优质服务，帮助企业科学解决运营中出现的问题，确保日常开展的一系列经济活动顺利开展。工商管理部门要随时全方位地了解国家经济发展、社会市场动态发展等情况，利用自身职能，借助自身在信息、政策等多方面的优势，运用发展的眼光，在科学指导、管理企业的基础上，为其提供全程跟踪式服务，加大整改力度，优化利用先进技术，科学重组等，不断提高竞争力。工商管理部门要大力扶持市场中具有一定竞争力与发展活力的企业，结合行业发展要求、企业转型具体情况，为企业提供多样化的服务，不断促进企业的发展。在此过程中，工商管理部门要根据企业的发展规模，进行针对性管理，提供合理化服务。如果企业发展规模较大，工商管理部门要定点扶持，向其提供优质的跟踪服务；如果企业发展规模不大，工商企管理部门要根据存在的具有代表性问题，制定合理化的解决方案，引导企业有效解决相关问题，并为其提供多方面的信息服务，推动中小企业不断向前发展，从而加快社会市场经济发展的步伐，使其更好地朝着多元化方向发展

三、企业工商管理培训的重要作用

对于企业的管理来讲，企业管理工作质量与企业工商管理培训有着重要的关系。在培训工作中不仅能够使企业员工对于金融贸易经济等方面知识有着充分的了解与掌握，同时还能够对工商管理人员的领导能力与管理水平的提升有着十分显著的作用。

（一）工商管理培训的内涵

工商管理培训指利用学习财务、金融、国际商务、营销与经济法等专业知识，从而提高工商管理者在进行工作的时候真正运用有关知识来进行管理活动的水平。由于经济全球化的不断发展，市场经济体制也得到了进一步的改进，企业若要在不断变化的市场中得以扩大规模，同时做到长久地发展，那么就一定要在跟随市场发展步伐的同时注重提高经营管理水平。

（二）培训是现代企业发展的战略需求

1. 现代企业发展的特点

（1）清晰的战略规划

无论处于何种境遇，企业必须要知道自己的目标和方向在哪里，并且这个目标和方向必须是清楚的、明确的，不能有任何歧义。无论对于创业型企业，或者转型的企业，或者已经活得很好的企业，换句话说，企业必须要具有对外部环境灵敏的反应并且与之相适应。目标是跟随“大势”走的，在不同阶段，总会有那么一些先知先觉的企业，能够及时把握住机遇快速崛起。

当然，在企业面临困境过程中的“迷失”最可怕。有的时候一谈起规划，往往就是认为这是一个长期的、空泛的东西，事实上，我们可以将战略规划的概念延伸为阶段性目标。这个目标是企业在一个阶段内所有工作开展的核心。

（2）精炼的管理平台

“回归简单”是管理的终极目标，当企业步入一定体量的阶段，不可避免地会面临“身材臃肿”的风险，精炼并不等同于简单，所谓精炼，更多的是从效率性的角度进行的定义。当年IBM发展面临瓶颈，最大的问题就在于机构臃肿，员工懒惰，效率低下。当然，果断转型也赋予了IBM的新生。体量庞大或许与企业的发展规模有一定的正比关系，但是所谓精炼，有两个基本内涵：一是体量的增长速度必须要滞后于规模的增长速度；二是不能以协同壁垒增加为代价。简单来讲，就是要体现效率。

（3）有效的管理方式

管理技术很重要，虽然管理的艺术成分更大，但技术本身解决的是效率问题。举个例子，一家企业负责员工社保管理的员工离职，后续补上一名新人。这名离职的员工原来工作中有关习惯，就是把所有的社保办理的相关手续、表示表单、甚至联系人等全部都按期规整，新人进来之后上手很快。实际上这就是对管理“技术”的定义和运用。企业应当不断地建立管理标准体系，用标准来促进工作效率的提升。

（4）科学的管理理念

企业经营的核心思想是什么，决定了管理的效率和效果。前一段时间造访一家企业，跟董事长交流过程中，发现董事长非常强势，对待员工一直采取高压手段，甚至一言不合就开始骂人。有这样一个故事：有一回老板火发火打电话给下属，把下属骂急了直接关机了。结果老板气更不打一处出，开始大半夜发短信骂人。即使这样，公司的员工对老板非常信服，一个员工表示，我就喜欢跟这样的老板共事，这样才能成长得更快。在企业中，管理理念决定了企业的管理方式，也决定了业务开展和员工工作的方式。

（5）恰当的员工队伍

企业人力资源队伍建设应当要追求素质合适、梯次配备。员工队伍讲求的是配置，是要通过不同类型、不同能力水平和特征的员工组合来实现公司经营效率效益最大化。素质、境界、能力水平是员工的队伍建设的三个核心关键词。企业完全没有必要追求“优秀”，就如一列火车，必须有车头车尾，如果节节都是车头，是一定会翻车的，而且会给企业增加大量的用人成本。

（6）优秀的企业文化

如果员工队伍建设是“恰当”，那么企业文化必须要做到“优秀”，这是一个企业的基因，“胚子”没长好，再怎么整形也不行。企业文化，反映的是企业精神，是企业的基因。我们耳熟能详的优秀企业，诸如华为的艰苦奋斗，苹果的创新文化，等等，通过文化凝聚人和驱动企业成长与发展，是最重要的持续性的力量。如《亮剑》中谈到的，独立团出来的兵，个个打起仗来不要命——这就是文化的伟大力量。

2. 培训是现代企业发展的战略需求

企业培训是通过提高人员素质、能力、工作绩效和对组织的贡献，而实施的有计划、有系统的培养和训练活动。目标就在于使得员工的知识、技能、工作方法、工作态度及工作的价值观得到改善和提高，从而发挥出最大的潜力提高个人和组织的业绩，推动组织和个人的不断进步，实现组织和个人的双重发展。

企业培训开展的根本目的是挖掘员工潜能，提高人力资源水平，更好地为企业经营服务，为企业创造更多的利润，出发点和归宿是企业的战略实施，是企业的持续发展。因此，对企业而言，企业培训是“投资”，是对未来的一种战略投资。

从组织的角度，企业培训作为福利，仅是管理的一种手段，企业培训开展的目的绝不仅仅就是一种简单的激励。福利和投资的区别在于福利是一次性享受，兼具保健和激励的功能，而投资则要求得到“回报”。

企业培训的投资回报，就是通过提升能力来改善业绩，就是要把培训的成果——人力资本的增量，转化为现实的生产力，转化为推动企业发展的强大动力。

企业培训实施的本质归根结底还是“投资”，是货币（培训费用）转化为资本（人力资本）的过程。这些依附于受训员工的“资本”，只有被再次开发、被有效地激活，才能增值，才能为企业带来更大收益，取得投资的回报，否则，就会变为“沉没资本”或随员工的离职而流失。

目前，不少企业培训工作存有疑虑，处于两难境界。不开展企业培训，显然不适时宜，进行了付出，却往往又得不到应有的回报，甚至为别人做了“嫁衣”。之所以如此，究其原因，可能还是培训体系不健全、不完善，对培训的效果及培训的投资回报缺乏评估，培训的“转化”意识不强，缺乏有效的方法、手段和机制。

企业培训项目成果转化是指受训者将培训中的所学（知识、技能、行为方式、认知策略）有效且持续地运用于工作当中。有关研究表明，一般情况下，线下培训成果的转化率仅为10%~20%，也就是说80%~90%被浪费了，这对任何一个企业来说都是无法容忍的。虽然没有实践上的证据来支持这些结论，对转化率的衡量，也由于“多因多果”的因素，很难得到科学、准确的数据。成果没有转化，意味着投资没有回报，培训没有取得成效。

因此，对企业而言，培训工作面临的最大挑战之一，是要保证员工把他们学到的东西应用于工作中，将培训成果——人力资本，转化为现实的生产力。

企业培训课程成果的转化是培训根本目的之所在，一个项目只有在经过受训者的学习、理解掌握转化为自己的日常行为之后，即养成新的行为习惯，为企业带来业绩的增长，才算真正完成了培训项目，也只有到达这一步，培训才会真正发挥它的作用，显示出对企业发展的重要性。

企业培训成果的转化是一个双向互动的过程，是员工的主观意愿和企业的激励政策和机制的相互促进。在此过程中，企业应该为受训员工提供释放所学知识的“用武之地”，创造体现价值的空间和环境，避免造成这些资本“沉没”。

互联网新科技的应用，让企业培训得到了突破式发展。新型的网络商学院模式，让企业培训不再局限于线下集中式授课。培训从大众模式变成个性化问题解决。面对工作岗位上的难题，员工只需要通过观看视频的方式即可找到解决答案，大大提高了培训的针对性。

3. 培训的战略意义

传统上，人们并不认为对员工的培训可以帮助企业创造价值或赢得竞争优势，然而在今天，这种看法已经发生了根本转变。人们发现，凡重视员工培训与开发工作的企业会比他们的竞争对手表现出更好的经营业绩，更有信心迎接竞争性挑战。顾客需要的是高质量的产品与服务，为此，员工们必须懂得如何调整并不断提高产品与服务质量。

（1）改善管理效率的撒手锏

培训作为一项具有多重作用的管理工具，在企业发展中起到了推波助澜的作用。培训需要不断总结分析，从而为企业培养人才提高员工能力与素质、凝聚人心贡献力量。管理者运用培训的方式向下属传达他的意图，较之通过会议、报告、文件等方式起码有以下两个好处：

一是在培训时，管理者与下属是师生关系，心理关系更加融洽，更容易交流和沟通，传达和接收的效果自然更好，下属贯彻领导意图的自觉性更高。

二是在备课和授课的过程中，管理者可以更系统地整理自己的思想，而且在与学员的交流中，还可以使这些思想更加完善，从而使决策更加科学化。主管对下属、领班对员工基于问题解决方案的培训，最有价值；当员工遇到工作上的困惑或失误差错时乘机进行教育和培训的效果是最好的。员工带着问题和疑惑而来，并且有犯错误后的谦虚谨慎态度在，这时候的培训就是“雪中送炭”及时雨，员工会记忆深刻。这样，一方面可以加强他处理问题的能力，另一方面会促进彼此的交流，改善管理的有效性。

（2）员工保持工作激情的灵丹妙药——培训

随着各行各业的竞争加剧，顾客对产品与服务质量的要求不断提高，对员工的素质要求也更高了，越来越多的企业开始重视员工培训。员工培训的内容不仅仅是技能的培训。同时还要求员工向各个领域渗透，使企业培训进入更深层次。要对员工进行全面的素质、素养和技能的培训，如企业文化培训、企业历史培训、职业道德培训、团队精神培训等。同时，培训内容要有针对性、实用性、前瞻性，要结合企业自身发展的需要来设计合适的培训内容。如果将企业培训仅看成是对员工的一种福利，这种观点也是片面的，因为他们仅把培训当成保健因素而非激励因素。而实际上，培训的激励作用远大于保健功能。以主动心态参与培训的人，在接受新知识、新信息的过程中，往往产生丰富的感悟。这些感悟与工作中的体验相结合，极易产生创新思维的火花，给人以精神上的激励。这使得培训不仅具有拓展知识提高技能的作用，而且具有鼓舞自信心、激发工作热情的功效。经常“充电”能使人保持旺盛的工作激情。另一方面注重个人发展的员工往往把培训看成是企业对他的最高奖赏。尤其是当培训与员工职业生涯设计结合起来的时候更能激发员工的进取热情。许多著名的公司正是迎合了这一心理规律，尽可能地为其员工提供适当的培训，从而有效地提高员工的积极性归属感和忠诚度。不难预见一个较少为员工提供培训的企业，将是缺乏吸引力的；而注重通过培训使员工得到发展的企业必然士气高涨。培训不能是消费型的而是投资型的；培训应该是催化剂、发酵剂、兴奋剂让企业永葆青春和活力，充满希望和激情。

（3）管理者的助跑器和加速器

培训工作首先要获得培训经理或人事经理甚至是公司总裁的帮助和指导，必要时他们也要参加有关培训的报告会，并根据公司战略目标作出指示或建议同时健全与完善培训管理制度。其次培训管理者或组织者应当总结以往的经验和教训，做好今后培训工作的计划、组织与实施。

培训计划应当具有超前性和预见性而不是“救火式”的。因此，培训计划及方案设计的周密程度关系到每项培训的效果。传统的培训过分注重一般员工的培训而忽视管理者的培训。这种观念已不再适应市场经济和知识经济的要求。在企业外部环境日益纷繁复杂的今天，企业的发展能力更多地取决于管理者的素质，因而管理者的学习与培训具有更重要的意义。很显然，管理者所处的层次愈高，其学习与培训愈重要、愈迫切。因为只有高层管理者具备丰富的知识、开阔的视野、超前的眼光和创新的思维才能形成正确的决策和思路，推动各部门工作顺利展开。谁都知道下属培训得再好，产生的优秀想法再多如果得不到上级的采纳，也难以发挥作用，毕竟下级推动上级比上级推动下级要难得多。战略性的错误比战术性的错误后果更严重，战术性的错误比技术性的错误后果更严重。因此决策层的培训优先于一般管理层的培训，一般管理层的培训优先于一般员工的培训。国家首脑百忙之中听取专家讲座、各大企业不惜以高昂代价培训高层管理者，都体现了对管理者培训问题的深刻认识。管理者与时俱进，企业才能不断向前。火车跑得快还要车头带。管理者的培训至关重要。

（4）创新思维改变观念的主动力

培训对于企业来说投资是为了效益回报。而对受训者来说虽得到自身素质的提高，但未必在其他方面获得满意的回报，如果他们得不到，就会有“跳槽”的想法。因而企业应当做好一系列激励工作。

一是培训前的激励：树立培训目标，培训奖励措施，培训后将所学内容传授给别人，即实现角色的转变；

二是培训期间的激励：注意现场气氛的布置，营造一个舒适活跃的环境，在时间安排上，一般学员不喜欢占用工作的时间参加培训（除非是算作加班），其实可根据实际情况灵活安排，比如脱产一周或者每周脱产半天一天，持续一段时间往往效果明显；

三是培训后的激励：实践中适当给予奖励，并与加薪调动、晋升等结合起来。很多知名企业如“康师傅”的员工晋升培训制度，通用电气公司对培训后的员工给予报酬与升迁等方面的激励，都是把培训作为一种长期投资。因此，要用长远的眼光来看待培训问题努力达到企业与员工双赢的目的。培训的目的在于转变观念、拓展知识、提高技能，而在观念、知识、技能三者之中，观念处于主导地位，因而转变观念就成为培训的首要任务。目前，全球政治经济处于转型时期，社会进步呼唤新的观念，各种新观念的光大也进一步推动了全球的现代化进程；同时，各种不合时宜的旧观念还在束缚着人们的思维和行动，成为发展变革的主要障碍。

随着新经济时代的来临，企业发展亟待培养人的开放意识、全球意识、竞争意识、效率意识、学习意识、环保意识和法律意识，这给培训提出了重要的课题。发展中国家要在落后的基础上赶超世界先进水平，必须具有全球眼光和国际战略，瞄准世界上最先进的东西充分发挥后发优势。为了创建国际一流企业，企业必须要求全体员工“多唱国际歌”“多读世界地图”“多看全球气候”。这些都要求加强员工思想观念的培养，把转变观念放在培训工作的第一位，让创新思维和引爆观念成为培训的主动力，培训的价值和意义就凸显出来了。

四、工商管理培训实例研究

(一)SS 公司的工商管理培训情况

SS 公司培训中心成立于 2000 年 5 月，并同时展开工商管理培训。公司培训体系经过近几年的不断改革和发展，已经成为 SS 公司的人才培养基地。目前，随着 SS 公司陆续成立三个子公司，职工培训任务加重，培训中心进行摸索适合 SS 公司建设与发展需要的新的培训体系。自培训中心成立以来，每年承担的培训工作量均在 5000 学时以上；职业技能评判工作平均每年 150 人次；学生毕业率均在 90% 以上。不少学生、学员都能在自己的岗位上创造更多价值，甚至提升自己的职位。

(二)研究 SS 公司工商管理培训体系的必要性

为了更好地进行工商管理培训对于企业管理水平影响的研究，我们需要以 SS 公司的工商管理培训体系为实例，这样也有利于后续分析 SS 公司培训存在的问题。

(三)SS 培训内容及流程

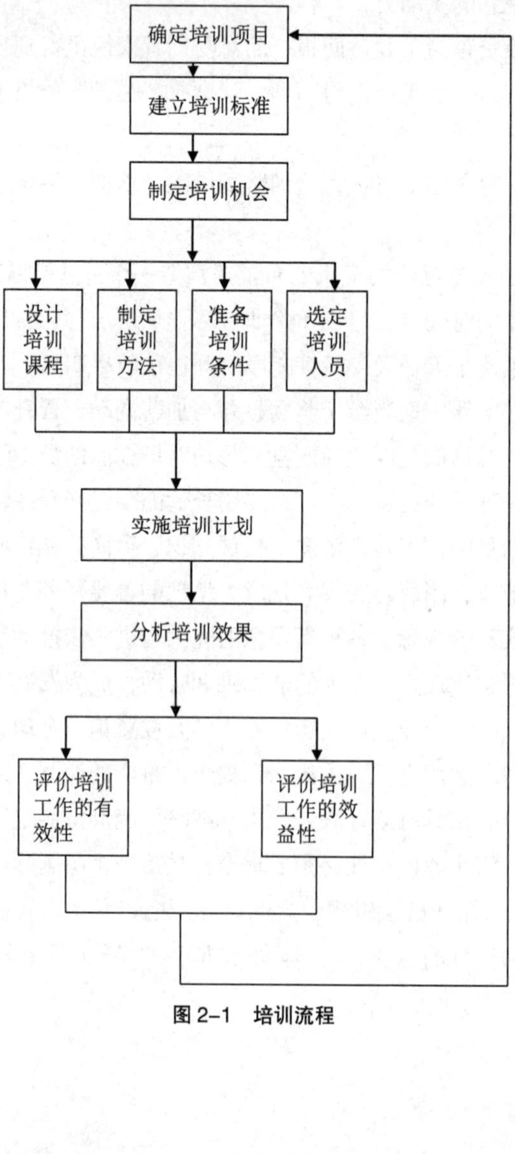

图 2–1　培训流程

例如 SS 公司进行的培训，第一要确定培训的内容，即财务报表分析；第二明晰培训的标准，即需要参加培训人员能够基本具备财务报表的分析能力和方法，并在之后能通过培训测试；第三制订培训计划，设计课程、选定方法、准备设施及指定人员，SS 针对此次培训首先制订出三个课时的培训计划，并针对参与培训人员制定培训内容，通过现场教学及相关实操来进行培训；第四实施培训规划，SS 根据规划完成培训；第五分析培训效果，SS 在培训完成后通过测试来进行；第六对于培训从有效性和经济性两个方面进行总结。

（四）培训研究的分析

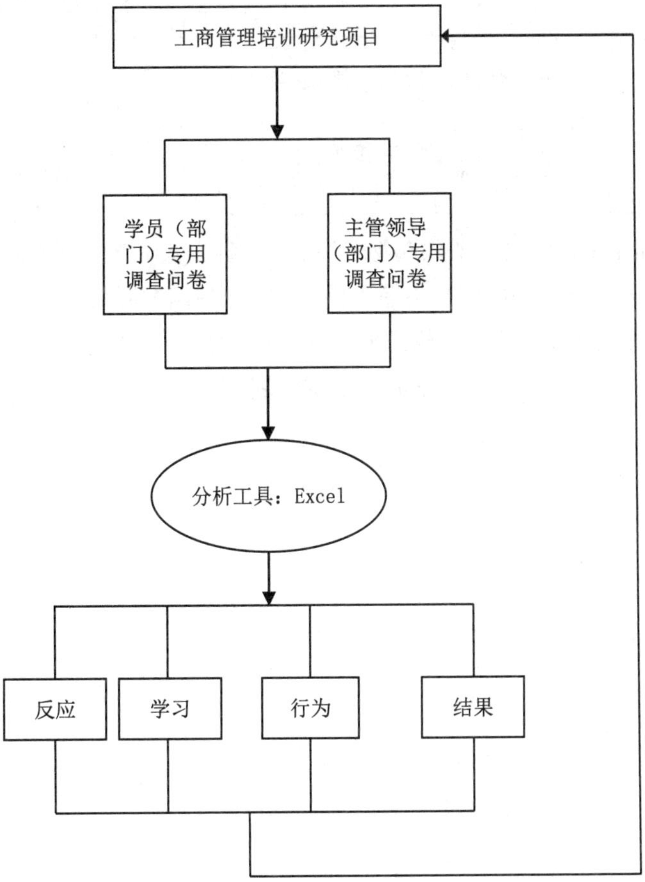

图 2-2　工商管理培训流程图

对于工商管理培训的研究可以按照以上流程图来进行，例如针对 SS 公司财务报表分析的培训，会以调查问卷的形式对学员和主管领导分别进行评估，运用 EXCEL 从反应、学习、行为和结果四个方面进行。

（五）SS 培训的潜在问题

表 2-1　SWOT 分析

SWOT 分析		
/	有害的	有利的
内部因素	劣势：1.培训团队专业度欠缺；2.培训方式缺乏创新	优势：1.培训方式比较科学；2.企业领导足够重视培训
外部因素	危险：1.经济快速发展与企业培训体系缓慢改革的矛盾；2.同行业中其他企业培训体系的快速发展	机遇：1.全球信息化可以给企业培训体系提供有更多借鉴；2.培训行业间良性竞争对培训体系有督促作用

SS 公司培训体系中存在培训团队专业度欠缺及培训方式缺乏创新等问题，但也有较为完善科学的培训体系及重视培训的领导层等优势，在行业高速发展的大环境下，SS 公司需要克服自身培训体系缓慢改革及同行业其他公司培训体系快速发展的挑战，对全球信息化加以利用不断借鉴完善，也可以在同行业良性竞争中完善自身体系。

第三章　企业进行工商管理的价值

第一节　满足时代发展的实际需求

在全球经济一体化的大背景下，各个国家之间的交流和沟通更加频繁、密切，国际市场环境发生了很大的改变，这为企业的发展带来了机遇和挑战，需要企业与时俱进，加强工商管理培训力度，提升管理人员的综合素质，满足现代化社会的发展需求。

一、我国经济社会发展情况

改革开放的持续进行，市场经济的不断变化，我国经济持续高速发展，在这几十年中，不管是发展速度，还是取得的成就都举世瞩目。近年来，社会经济不断增速，我国的经济发展也不断注入活力。

随着供给侧结构性改革的不断深化，其效果显著，运用市场手段，淘汰过剩产能，互联网技术、人工智能、物联网、云计算、大数据等助力企业持续转型，扩大生产，同时经济管理类人才也不断增多。另外，随着互联网的高速发展，市场经济的不断完善，我国自主创业人才越来越多，各类新兴企业不断冒出，社会高速发展。

（一）全年经济社会发展主要目标任务较好完成

2021 年，面对复杂严峻的发展环境，经过全国上下共同努力，我国疫情防控和经济社会发展继续保持全球领先地位，构建新发展格局迈出新步伐，高质量发展取得新成效，全年经济社会发展主要目标任务较好完成，“十四五”实现了良好开局。

从增长看，我国经济增速居世界主要经济体前列。2021 年，我国国内生产总值（GDP）达 114.4 万亿元，同比增长 8.1%，两年平均增长 5.1%；经济总量折合约 17.7 万亿美元，考虑汇率升值因素，增量达到 3 万亿美元，仍是世界经济恢复发展的最大贡献国，占世界经济的比重加速提升，人均 GDP 达到 12551 美元，预计超过全球人均 GDP 水平，与高收入经济体门槛进一步接近。

从需求看，消费和投资稳定恢复，进出口保持快速增长。投资补短板力度持续加大，固定资产投资 54.5 万亿元，同比增长 4.9%，其中，制造业投资、民间投资同比分别增长 13.5% 和 7.0%，高技术产业和社会领域投资分别增长 17.1% 和 10.7%。消费在持续恢复中稳步升级，社会消费品零售总额达 44.1 万亿元，同比增长 12.5%。对外贸易较快增长，全年货物进出口额 39.1 万亿元，同比增长 21.4%；其中，出口 21.7 万亿元、增长 21.2%，进口 17.4 万亿元、增长 21.5%。

从供给看，产业链供应链韧性持续提升。创新驱动发展战略深入实施，国家战略科技力量加快壮大，我国的全球创新指数排名提升至第12位。产业结构持续优化，粮食产量连续7年保持在1.3万亿斤以上，畜牧业生产稳定增长，为经济平稳运行和民生改善奠定了坚实基础；全年规模以上工业增加值同比增长9.6%，其中制造业增加值9.8%，比上年提高1.1个百分点，新产业新业态茁壮成长，高技术制造业增加值同比增长18.2%；先进制造业和现代服务业融合发展，全年服务业增加值增长8.2%，占国内生产总值比重为53.3%，对经济增长贡献率达到54.9%。全面绿色转型加快步伐，加快构建碳达峰碳中和“1+N”政策体系，沙漠、戈壁、荒漠地区大型风电、光伏基地项目规划建设加快推进。

从民生看，人民生活水平稳步提高。就业优先政策继续强化，就业形势总体平稳，城镇新增就业超过1269万人，比上年增加83万人，全年全国城镇调查失业率平均值为5.1%，比上年下降0.5个百分点。促进共同富裕战略部署扎实推进，居民收入稳定增长，人均可支配收入35128元，实际增长8.1%，增速与经济增长保持同步。同时，公共服务补短板强弱项提质量深入推进，社会保障网进一步织牢，重要民生商品调节有序、保障有力。在疫情多点散发的背景下，我国较好保障了居民就业和增收，为激发内需潜力、促进经济恢复发展、保持社会和谐稳定奠定了坚实基础。

从防风险看，防范化解重大风险取得积极进展。压实地方属地责任、部门监管责任和企业主体责任，把握风险处置力度和节奏，有序化解重点领域风险。地方政府隐性债务风险防范化解工作扎实推进，对少数高风险金融机构及时“精准拆弹”，妥善处置个别高负债房地产企业风险。虚拟货币“挖矿”全链条整治工作取得明显成效。反垄断、反不正当竞争、防止资本无序扩张取得重要成效。

总的来看，2021年的形势比预见的复杂、困难比预料的更多，但我们凝心聚力办好自己的事，顶住了压力，防住了风险，经济保持持续恢复发展态势，并以相对较小的政策成本实现了经济较快增长和较低通胀的优化组合，这样的成绩来之不易。虽然当前我国外部环境更趋复杂严峻和不确定，国内发展面临多年未见的需求收缩、供给冲击、预期转弱三重压力，但支撑发展的有利因素和条件仍然不少，我国经济发展韧性强、潜力大、前景广阔、长期向好的特点没有变，完全有基础有条件、有信心有能力保持经济平稳健康可持续发展。

（二）共建“一带一路”不断取得进展

1. 共建“一带一路”朋友圈继续扩大

2021年12月以来，我国分别与圣多美和普林西比、古巴、摩洛哥、尼加拉瓜、叙利亚签署了共建“一带一路”合作文件，国家发改委与老挝计划与投资部签署了关于建立共建“一带一路”合作工作协调机制的谅解备忘录，截至目前，我国已与147个国家、32个国际组织签署200余份共建“一带一路”合作文件。

2. 中欧班列继续保持高位运行

2021年12月份，中欧班列开行1353列，运送13.1万标箱，同比分别增长20%、24%，综合重箱率98.4%，继续保持高位运行，连续20个月单月开行千列以上。2021年全年，中欧班列共开行15183列，运送146.4万标箱，同比分别增长22%、29%，综合重箱率98.1%。截至2021年12月底，中欧班列历年累计开行48814列，运送货物443.2万标箱，累计运送防疫物资 1362 万件，共计 10.5 万吨。

（三）长江经济带对全国经济发展的支撑引领作用进一步凸显

2021 年，长江经济带生态优先、绿色发展成效明显，对全国经济发展的支撑引领作用进一步凸显。

1. 生态环境质量持续改善

长江经济带 2018 年、2019 年、2020 年三年生态环境警示片揭示的 484 个问题，已完成和基本完成整改 437 个，其他 47 个问题也在整改之中，污染治理“4+1”工程大力实施，重点支流保护修复深入推进，山水林田湖草协同治理持续强化，解决了一批生态环境治理难题；十年禁渔效果初步显现，水生生物资源逐步恢复。

2. 绿色高质量发展稳步推进

沿江综合交通运输体系加快构建，黄金水道功能进一步发挥，长三角、长江中游、成渝等城市群地区生产总值和常住人口保持增长，创新驱动发展活力持续加强。绿色发展试点示范形成不少有效经验做法。

3. 体制机制不断完善

长江保护法正式实施，“十四五”长江经济带发展“1+N”规划政策体系基本建立，负面清单管控执行有力，省际协商合作进一步深化。

下一步，坚持问题导向，加强系统治理，狠抓生态环境突出问题整改，深入推进污染治理“4+1”工程，持续巩固长江禁捕成效，畅通黄金水道，大力推动创新驱动发展，推动绿色发展示范和生态产品价值实现机制试点，严格执行负面清单管理制度，建立长江流域协调机制和水生态考核机制。

（四）持续打造市场化法治化国际化便利化的一流营商环境

近年来，国家发改委认真贯彻落实党中央、国务院决策部署，认真履行优化营商环境组组长单位职责，在关键环节和重要领域加快改革步伐，以“6 个一”的成果、3 个“1+N”的举措，引领和推动了全国范围营商环境的持续优化。

所谓“6 个一”成果，就是构建了一套符合国情、标准统一的中国营商环境评价指标体系，形成了一套科学客观、多方参与的评价方法，复制推广了一批改革举措，推出了一批标杆城市，推动出台了一部《优化营商环境条例》，编写发布了《中国营商环境报告》《优化营商环境百问百答》《打造一流营商环境》等一批领导干部读本。

所谓 3 个“1+N”举措，就是以“制度 + 指标 + 报告”的创新形式，为各地优化营商环境工作提供了支撑和标准。制度“1+N”，由国家《优化营商环境条例》与各地出台的配套法规政策构成；指标“1+N”，由中国评价指标体系与地方结合实际增加的 N 项指标构成；报告“1+N”，由中国营商环境报告与地方自评报告构成。经过这几年多批次的评价实践，国家指标体系的科学性、合理性和可操作性得到部门和地方的认同，成为推动各地深化改革的风向标和指挥棒。各地区和参评城市对照《条例》、指标体系和《营商环境报告》，每年制定工作台账，地方优化营商环境的政策措施已经从 1.0 版上升到 5.0 版，实实在在调动和激发了地方改革的积极性和主动性，各地竞相优化营商环境的生动局面加速形成。

营商环境只有更好、没有最好。与国际一流水平相比，我国营商环境仍有差距。2022 年，国家发改委将会同有关部门，从 5 个“着力”入手，持续打造市场化法治化国际化便利化的一流营商环境，为“十四五”时期我国经济发展提供持续动力。

一是着力深化市场化改革，破除隐性壁垒。

修订出台《市场准入负面清单（2022 年版）》，抓好海南自由贸易港建设、放宽市场准入若干特别措施落地实施。纵深推进招标投标全流程电子化，完善电子招标投标制度规则、技术标准和数据规范，清理招标人在招标投标活动中设置的注册资本金、设立分支机构、特定行政区域、行业奖项等不合理投标条件。

二是着力推进法治化建设，强化公正监管。

推进《优化营商环境条例》等进一步落实到位，做好优化营商环境法律法规立改废释工作，建立健全优化营商环境“1+N”法规体系。完善产权保护制度，依法保护各类市场主体产权和合法权益。加大政府有关失信信息共享公示力度，破解“新官不理旧账”问题。健全企业重整期间信用修复机制，建立破产信息共享机制。

三是着力加快国际化进程，打造开放型经济格局。

严格执行外商投资法及配套法规，继续清理与外商投资法不符的法规、规章和规范性文件。完善外商投资准入前国民待遇加负面清单管理制度，保障外资企业依法平等进入已经开放的领域。推动重大外资项目落地实施，及时解决项目存在的问题。

四是着力提升便利化水平，深入推进政务服务优化。

推进实施企业投资项目承诺制，拓展投资项目在线审批监管平台功能，提升服务投资主管和其他部门、地方、投资主体、金融机构等能力，建立企业反映投资审批问题的办理和反馈机制，及时回应解决“堵点”问题，全面优化投资环境。

五是着力发挥评价引领和督促作用，健全长效机制。

持续完善以市场主体和社会公众满意度为导向的中国营商环境评价机制，有序推进中国营商环境评价。梳理总结和复制推广各地区以评促改、以评促优的典型经验做法，鼓励和支持地方在法治框架内积极探索原创性、差异化的优化营商环境具体措施，在全国形成优化营商环境的示范效应。

（五）不断巩固消费对经济发展的基础性作用

新冠肺炎疫情发生以来，各地各部门统筹推进疫情防控和经济社会发展，出台了一系列促进消费的政策措施，效果持续显现，消费市场逐步回暖。2021 年，最终消费支出对经济增长贡献率为 65.4%，拉动 GDP 增长 5.3 个百分点。后续随着疫情得到有效控制和促消费政策效应进一步显现，以及新政策的进一步出台，消费将继续保持恢复性增长。

下一步，国家发改委将深入贯彻落实中央经济工作会议部署要求，在毫不松懈抓好疫情防控的基础上，坚持扩大内需这一战略基点，深化供给侧结构性改革，打通生产、分配、流通、消费各环节，着力挖掘居民消费潜力，推动消费总量扩大和质量改善，增强人民获得感、幸福感、安全感，不断巩固消费对经济发展的基础性作用，为推动高质量发展和创造高品质生活提供有力支撑。

一是提质量，优化消费供给。

把扩大消费同改善人民生活品质结合起来，推动打造内容丰富、品质精良、结构合理的高质量消费供给体系，引导企业增加性价比高的商品和服务供给，充分满足居民个性化、多元化、改善型消费需求。

二是增能力，提升消费意愿。

适时制定出台相关政策措施，不断完善促进共同富裕的制度政策体系，增加居民收入与减负并举，创新就业、收入分配和消费全链条良性循环互促共进机制，以城乡居民收入普遍增长支撑消费持续扩大。

三是拓空间，释放消费潜力。

深入推进线上线下消费融合发展，继续推动新型消费示范城市和领先企业培育建设工作。鼓励绿色消费引领绿色生产。大力提升电商、快递进农村综合水平和农产品流通现代化水平，健全县乡村三级电子商务服务体系和快递物流配送体系，推动农村产品和服务品牌化、标准化、数字化、产业化改造。

四是强监管，优化消费环境。

加强消费信用体系和质量标准体系建设，完善多元化消费维权机制和纠纷解决机制，深入规范市场秩序，强化消费品质量安全监管，营造安全诚信放心消费环境。

（六）推进民营经济发展工作取得新进展

保企业就是保就业、保民生。2021 年，面对新冠肺炎疫情持续反复、大宗商品价格上涨等问题，部分民营企业、中小微企业生产经营受到影响，按照党中央、国务院决策部署，各有关部门陆续出台了助企纾困的系列举措，取得了显著成效。

2021 年，国家发改委依托全国信用信息共享平台，大力推广“信易贷”模式，建成运行了全国中小企业融资综合信用服务平台（即全国融资信用服务平台），充分挖掘信用信息价值，缓解银企信息不对称难题，着力疏解中小企业融资难融资贵的问题。据初步统计，截至 2021 年末，通过各级融资信用服务平台累计发放贷款超过 7 万亿元。同时，积极配合金融管理部门，延长两项直达实体经济的货币政策工具实施期限，新增 3000 亿元支小再贷款额度支持小微企业和个体工商户贷款，持续加大金融对中小微企业的支持力度。

下一步，国家发改委将认真贯彻落实中央经济工作会议部署，加大对民营企业特别是小微企业支持力度，重点在以下四个方面持续发力。

一是解难题。着力解决好民营企业在产权保护、招投标、市场准入、融资支持等领域存在的典型问题。

二是拓空间。完善民营企业参与国家重大战略实施机制，制定支持民营企业参与乡村振兴的政策举措，引导民营企业参与增量国有企业混合所有制改革等。

三是促公平。深入推进实施公平竞争政策，加强反垄断和反不正当竞争，以公正监管保障公平竞争。

四是抓示范。充分发挥示范带动作用，进一步激励地方聚焦民营经济发展中的难题，持续探索创新，持续创造可复制可推广的经验做法，持续带动面上支持民营经济发展工作取得新进展、新突破。

二、工商管理类人才需求分析

21 世纪的经济时代是知识经济当主角的时代，据统计，全国国有企业应该培训的现职和后备管理人员有 80 万人，非国有企业急需工商管理类人才 80 多万人，政府及其他行业需工商管理类人才约 50 万人，合计大约需工商管理类专业人才为 200 万左右。根据教育部规划司统计信息处的资料，目前，普通高等学校合计有管理类学生约 102 万人，而工商管理类学生只有 5 万人左右，所占比重与需求严重失调。我国开设工商管理专业教育起步较晚，每年培养的工商管理专业毕业生才 1 万人左右，远远满足不了社会的需求（据统计，我国目前每年工商管理类人才需求达到 9.5 万人，其中国有企业需求 4 万人，非国有企业 3 万人，政府及其他机构需求 2.5 万人）。因此，中国未来 20 年内，存在工商管理类人才的巨大缺口。

随着知识经济的深入推动，我国市场经济环境十分活跃，各类企业均向国际化管理模式学习，引入先进的管理机制，引入了职业经理人这一概念。职业经理人是工商管理类人才的重要成员，通过专业指导企业运营，合理配置企业资源，优化企业经营模式，使企业在发展的道路上不断壮大。由此可见，我国各类企业对于工商管理类人才需求庞大，同时对于工商管理类人才的职业素养和专业技能要求也不断提高。

我国国土面积十分庞大，国内区域经济发展存在很大差异，在经济发达的大中城市中，工商管理类人才的培养也明显多于其他地方，而培养的工商管理类人才也更愿意留在大中城市，这造成了我国部分经济欠发达城市工商管理类人才严重缺乏，大城市人才溢出的现象。

第二节　满足企业自身的发展需求

实现企业和工作人员的共同成长，能增强企业工作人员的归属感。因此，企业应积极开展工商管理培训活动，增强工作人员的责任感，使其掌握更多的先进技术，提升企业的综合竞争实力。

一、对企业管理理论的发展与演变

随着社会经济的发展，21 世纪经济和文化的一体化是时代的大趋势，可以说，21 世纪是“文化管理”的时代，也是“文化致胜”的时代。企业文化作为一种管理理论和管理方法，受到了越来越多的重视。

（一）基于现代管理方式的企业文化的发展演变

追根溯源，人类早期的管理行为，多产生于生产和军事行动之中。一场稍具规模的生产或军事行动，涉及很多的环节，需要多方面的配合，需要详细的计划和周密的部署，因此，必然涉及一系列管理行为。很多被认为较早涉及管理文化的论述和观点，都散见于人类早期的著作中，比较典型的如我国古代的《孙子兵法》，其中蕴含了丰富的管理思想，现代企业管理常常借用和移植其中的管理理论、组织方法、领导艺术。

到近现代，企业管理的理论和实践不断发展，大致经历了经验型管理、古典管理、行为科学管理、非理性主义管理，再到企业文化管理方式五个阶段。

经验型管理方式顾名思义即凭借管理者（往往也就是企业所有者）的个体智慧和实践经验对企业实施组织管理，其管理思想并不具备理论形态，具有很大的不确定性，但其中的一些经验对后人产生了重要的启迪作用。

古典管理理论主要是以生产为中心，围绕提高劳动生产率和建立比较严密的组织形式而展开的，包括了以泰罗为代表的科学管理学派和以法约尔、韦伯为代表的组织管理学派。泰罗制的前提是把作为管理对象的“人”看作“经济人”，利益驱动是该学派用以提高生产效率的主要途径。由于泰罗制的实施，企业管理开始从经验管理过渡到科学管理阶段。亨利·法约尔着重分析研究高层管理效率和一般管理原则，他第一个明确阐述了“一般管理”理论，并根据自己总结的管理经验，提出了“十四点管理原则”。马克斯·韦伯对近代管理理论的贡献是提出“理想的组织机构模式”。他认为，行政组织体系应当具有准确性、稳定性、纪律性和可靠性，只有这样才具备提高工作效率的条件。古典管理学研究的重点是组织管理的科学性、严密性和纪律性，但缺乏对人的认识和关怀，排斥人的感情因素，导致了整个社会感情匮乏，扼杀了个人的主动性和创造性。

20 世纪 20 年代至 50 年代，行为科学理论逐渐兴盛。行为科学用人类学、社会学、心理学、经济学、管理学的理论和方法，分析研究人的本性与需要、行为与动机，以达到协调人际关系和提高工作效率的目的。其中，人性假设是行为科学管理理论的出发点，激励理论是它的核心内容，群体行为理论是它的重要支柱，领导行为理论是它的重要组成部分。早期的行为科学侧重于“社会人”研究，关心职工的社会性需求的满足。后期侧重于“自我实现人”的研究，关心职工在其工作中能否自我实现，有无成就感和自我满足的目标追求。同古典管理理论注重提高生产率和强调行政组织的作用不同，行为科学重视人的因素，把对人的管理看作是管理的中心，运用多学科从多角度研究人的行为、心理与管理的关系，这是管理思想的重大变革。行为科学理论的发展，推动了管理思想由物到人的进步。20 世纪 80 年代以来，全球经济、政治、文化发生了深刻的变化，人们的生产方式、生活方式、交往方式和思维方式不断更新，这为管理理论的创新提供了强大的动力。非理性主义理论的兴起，正是西方管理学取得的新进展之一。

传统的管理理论认为：组织具有明确的意图和目标，可以清楚地加以确定；管理人员运用精确的分析，特别是定量分析，就可以选定能够达到目标的最佳办法，从而做出合理决策，即一切都是理性化的。非理性主义的管理理念把当代科学理论成果如系统论、控制论、决策理论、模糊理论等应用于管理规划和管理流程中，它认为具有社会性的人类，并不仅仅严格按照事实或逻辑来采取行动，无论在什么地方，完全理性的合乎逻辑支配行为的人几乎找不到。人的动机和意图的确定是一个复杂的过程，很难清晰地推知和直截了当地加以选择。目标的选择涉及人的价值取向，与其说靠清晰的思考，不如说取决于影响个人的各种社会因素和心理因素；而且组织管理的过程，不仅仅是决策制定的过程，还包括了执行过程和创新过程，而后两个过程更是充满了变化和强烈的个人感情色彩，所以，科学的合理的管理模式应当是“非理性”的，“人的问题要求人性的解决”，完全理性，必然把人机器化，进而破坏人生的价值和意义。从认识论的角度来看，传统的理性管理模式是在一定历史条件下，将各要素加以简单化和抽象化后所概括出来的一整套明确的规章制度与工作方法，属于精确性认识；而“非理性”管理理念则是在新的历史条件下，通过实践，突破了传统的理性化认识的局限性和对时代的不适应性，而后总结概括出来的一种“模糊性”认识。古典管理学也重视员工，但其对员工的重视与老板爱护机器在逻辑上是一致的。新型的管理理念则注重人情、人的主观能动性，强调管理的灵活机动性和变通性；不主张用哪一种既定的理论模式去机械地管理变动中的企业和复杂多变的人。管理不是制造一件产品，但管理比制造产品更难;人也远比机器复杂得多，所以管理无法过于“精确”，必须引进“模糊机制”，这便是“非理性”思潮。非理性主义要求实现管理形态的根本性转变，这种转变的本质，是要以人性化替代理性化。所谓人性，既要包容理性因素，又要包容非理性因素，把人的非理性和理性统一起来，这种管理模式就是人性化管理。

美国管理大师彼得·德鲁克曾指出，管理以文化为基础。他在《管理—任务、责任、实践》一书中指出：管理是一种社会职能，因而它既要承担社会责任，又要植根于文化之中。管理虽然是一门学科，一种系统化的并很实用的知识，但同时它也是一种“文化”。管理是一种社会职能并植根于一种文化（一个社会），一种价值传统、习惯和信念之中，根植于政府制度和政治制度之中。管理受到而且应该受到文化的影响，同时管理和管理人员也会影响文化和社会的发展。管理理论发展演变的实质之一，就是管理学对人本身的不断重新认识，在管理学理论体系中人的本体地位不断提高、越来越关注人的情感与精神需求，从而不断提升人的价值。管理理论不断演进更新的过程，就是从把人当作单纯的管理客体到强调管理中人的主体性的过程；就是从片面运用科学原理对工人的操作行为进行控制监督，为追求效率而把人当作机器附属来驱使，到把文化概念应用于企业管理，把具有丰富创造性的人作为管理理论的中心，强调通过保护和倡扬人的主动性和创造性而获取良好的企业经济和社会效益的过程。鉴于此，当今文化被视为企业“软实力”的核心因素，成为企业的核心竞争力。“企业文化”作为一种理论，正是在这样的时代背景下产生的。

（二）现代管理方式下的企业文化内涵

从外延看，企业文化包含有物质文化、行为文化、制度文化、精神文化四个层次。从内涵上看，文化包含两个最基本的元素，即理念和行为方式。企业文化的运作系统，又可划分为企业文化的本质体系和企业文化的现象体系。企业文化的本质体系，包括了企业的经营管理哲学、企业使命、思维方式、核心价值理念、企业精神、企业道德、企业作风、企业美学和管理宗旨等，这是企业文化的灵魂部分。企业文化的本质深藏于现象中，需要通过现象表现出来。企业文化的现象体系，则是企业文化的载体部分，包括了企业环境、企业形象、员工行为、企业组织模式定位、文化设施和文化活动、模范人物故事、企业标识和产品标识、企业内外宣传口号和广告用语等。它们相互作用，共同表现着企业文化的本质。

所以，企业文化是一种现象文化，企业文化本身和企业文化建设过程强调活动显像、氛围和仪式。但是，企业文化其本质是组织文化，它体现出的是组织成员所共有的行为方式，共同的信仰理念及价值追求。企业文化不仅关注企业现象层面的活动，更致力于企业运行中深层次的基础因素的建设，如企业的经营哲学、核心价值观、企业人文精神、战略发展、团队建设、管理规程等。企业文化直接影响和制约着企业的经营状态和效益，进而影响和制约着企业的生存和发展。从这个意义上看，企业文化当然就属于组织文化。企业文化是人本文化。在企业管理体系中，“人本主义”是针对“资本主义”或物本思想提出的。以人为本，首先是一种哲学价值观，它揭示了在这个世界上，什么最根本、什么最重要、什么最值得关注，它是一种从哲学意义上产生的对组织管理本质的新认识。

从实践上看，20 世纪 50 年代以后，随着科学技术的进步，人对企业生产效益的贡献率越来越大，“人本主义”就逐渐地取代了“资本主义”在企业管理思想中所占的主导地位，以人为本的管理方式也就应运而生。人本管理在本质上是以促进人的自身自由、全面发展为根本目的的管理理念与管理模式，其基本思想就是把人作为管理中最基本的要素，以人的全面发展为核心，坚持人的发展是企业发展和社会发展的前提。

在企业的资源系统中最宝贵也是具有决定意义的是人，资金、技术、信息、时间等都要靠人操作支配。但是，并非什么人都宝贵。企业发展需要的是忠诚负责、积极主动、富于创新精神的员工，这样的员工才是名副其实最宝贵的。如何才能培养出这样的员工呢？实践证明，金钱可以换来一时一事的积极，但换不来永久的忠诚；权势可以换来服从和逢迎，但换不来积极主动。培养企业所需要的优秀员工，需要理念灌输，需要制度塑造，需要环境熏陶、习惯养成，这就是需要良好的企业文化滋养。企业发展尤其是长远的稳定的持续发展，需要资金、设备、技术，需要机遇技巧，需要监督控制，组织协调，但这一切都需要有一个环境平台。企业要想成长为顶风抗雨、枝繁叶茂、硕果累累的百年大树，必须植根于丰厚肥沃的土壤，更加凸显出企业文化的内涵。

企业文化的最大特点，就是通过管人来管事务，通过提升人来提升效益，通过改变人的观念来改变人的行为，通过创建优秀的员工队伍来创建优秀的企业，实现企业效能的放大。企业文化具有多方面的功能，全面贯穿于企业运营的全过程。

（三）现代管理方式下的企业文化变革

现代管理不只是一门技术知识，更应是一种理念、文化。企业文化是将文化特点和规律应用于经营管理之中，以人的素质提高作为基本途径，以培育企业经营哲学、价值评判和选择、企业精神等核心理念为主要内容和引导方式的管理理念和管理方式。

现代区域文化管理理论认为，当一定的区域或组织形成某种历史传统、文化观念、共同的价值准则、道德规范以后，在组织目标和个人目标的矛盾中就找到了一个统一的理想的“结合点”。由此，在“区域文化”这个公正无私的“管理者”面前，个人的价值观被潜移默化地引导和同化；被管理者没有来自管理者的压力，却无形地受到区域文化的约束和规范，任何人时时刻刻都必须考虑自己的举止言行、道德品质能否被无形的、却又客观存在着的区域文化所接纳。群体意识、社会舆论、共同的习俗和风尚等精神文化内容，会造成强大的使个体行为从众化的群体心理压力和动力，使组织成员产生心理共鸣，继而达到观念和行为的自我控制。企业文化作为一种“区域文化”，对员工的思想、心理和行为具有引导、激励、凝聚、约束和规范作用，它可以通过组织机构、制度规定、程序和仪式、观念和习俗、人际关系、环境氛围、心理活动等的塑造实现对全体员工的全程引导，从而塑造企业的生存和发展。

1. 企业文化必须成为企业核心竞争力的创建元点

由于各个企业在行业属性、地域背景、历史条件、组织体制、产品结构等方面的差异，企业客观上具有与众不同的个性。企业核心竞争力源于企业在个性基础上形成的比较优势：人无我有，人有我优，人优我新，人新我特。比较优势必须依靠自我创新，创新又来自文化，企业文化素质决定创新能力，创新能力决定比较优势，有了比较优势才能具备核心竞争力。

许多企业的兴衰成败一再证明：文化作为企业的制导系统、经络系统，决定着企业的发展状态；文化的丢失是生存权的丢失，文化的缺憾必然带来企业的畸形。如果企业文化素质不高，没有创新能力，就没有比较优势，也就无法形成核心竞争力。在当今信息社会，由于各种传播手段的发展，企业之间信息传递的障碍越来越少，技术扩散的速度越来越快，同一行业的企业，其技术设备、操作流程、管理方法往往大同小异，企业形成核心竞争力的空间也越来越小。正是这样，企业才十分需要建立起自己的企业文化，因为文化是不可模仿不可复制的，而企业文化本身就孕育着企业的核心竞争能力。在同样的操作流程、同样的管理体制、同样的经营范围下，不同的企业文化，会产生不一样的发展思路、发展观念、发展战略，从而造就出不同的竞争态势。21 世纪，随着知识经济和经济全球化的发展，企业之间的竞争越来越表现为文化的竞争，企业文化对企业生存和发展的作用越来越大，成为企业竞争力的基石和决定企业兴衰的关键因素。

2. 企业文化成为推进现代管理方式变革的“发动机”

现代企业管理强调严格精细管理，强调过程管理、过程控制，要求在管理全过程中，严格程序，扣紧环节，实现规范化操作，标准化管理，精益生产，敏捷生产，清洁生产。实施现代化管理必须依靠高素质的员工队伍，这支队伍必须依靠企业文化的培育。企业文化把文化的特点和规律运用于经营管理之中，把传统的员工管理的经济主导方式、制度主导方式改变为文化主导的方式，着重于文化启发，注重挖掘开发员工内心美好优秀的元素，并使它升华为理性的认知，从而改变员工的工作态度和行为模式，激发员工的自觉性、主动性、创造性。制度是一种外在的具有强制性的刚性约束，文化则是内在的自我认同的弹性约束，能够有力地驱动员工心甘情愿的行为。文化与制度都是规范，文化是引导性规范，启发员工忠于职守、追求卓越；制度则是底线规范，告诫员工什么是不能做的，越线将会受到惩罚。企业文化有机地结合二者的作用，能有效地放大管理的效能，企业文化成为现代管理方式变革的重要推动力量。

3. 企业文化必须为企业发展提供持久充实的动力

企业文化体现着一个企业的价值取向，规定着企业所追求的目标，并能引导全体员工把个人目标和理想与企业目标相统一，从而形成巨大的凝聚力和向心力，激发员工对企业的忠诚心、归属感和主动精神。企业要获得长久稳定的发展，就必须建立起自己的信仰体系，让员工坚定地确认企业的战略目标、经营方针、管理规范等，自觉地把自我价值与企业价值、把个人命运与企业命运紧密联系在一起。做 500 年的企业和做 500 强的企业同等重要。企业文化可以从价值观、企业精神、伦理道德、管理宗旨到规章制度、员工行为、企业形象等方面，以规范严谨的方式，构建自己的体系，营造起企业的精神家园，为企业发展长久战略提供源源不断的内在动力。

4. 企业文化引导着企业“以人为本”的管理方式变革

当今人力资源开发被视为组织投入产出比最大的开发，人力资源被视为企业的核心资源。人力资源包括了体能、智能、技能和文化，要最大限度地发挥员工的体能、智能、技能，首先就要使员工与企业产生文化认同，依靠建立优良的文化体系来引导人力资源开发。一旦员工对企业的目标、愿景、战略、精神、价值观都认同，其职业生涯和企业的发展使命就会自觉结合起来，其个人的价值取向就会和企业价值观的引导统一起来，个人的体能、智能、技能就会最大限度地发挥出来，奉献企业。

“以人为本”的经营管理理念，推进了企业文化建设及现代管理方式的变革。一个企业，如果只注重知识和技术的不断进步，而企业文化建设滞后，就会形成反差，进而会给企业造成深重的创伤。企业有知识有技术，却缺少共同崇尚的价值准则，没有共同奉行的行为规范，知识和技术就无法被有效利用，甚至会反过来成为企业发展的障碍。企业人才流失、技术泄密，反映出企业文化的缺陷。没有共同的追求愿景，没有凝聚人心的事业价值观和企业精神，企业和员工的联系就会简单化为雇佣关系，谁都可以追求利益最大化，员工就会从心理上、行为上斤斤计较，与企业讨价还价甚至对抗。企业文化坚持把个人目标与企业目标同化，把建立共享的价值观当成管理上的首要任务，通过多种途径对员工的理想追求进行引导。这种同化作用，使企业不再是一个单纯因为利益互惠而聚集的群体，而是一个由具有共同的价值观念、理想追求和行为规范的成员凝聚起来的组织。所以建立优秀的企业文化，是打造优秀员工队伍的根本途径。

二、工商管理对企业转型的影响

随着我们国家市场经济的良好发展，企业想要在这样一种新的良好的环境下同样得到长足的发展的话，就需要根据市场环境的实际需求来进行必要的调整，在调整的过程当中逐渐完成企业的转型，以此来促进产业结构的升级和企业自身的发展，这样一些过程对于企业发展环境的优化和企业市场竞争力的提高都是有着至关重要的作用的。而工商管理在这样一个过程当中所扮演的就是促进的角色。

（一）注重企业本身的重要性

我们国家在近些年来发展状况非常好，改革开放的程度不断加深、市场经济体制不断完善，在这样一种如火如荼的发展势态下，市场环境发生了翻天覆地的变化。在这样一个转变的过程当中，企业为了能够更好地适应于现代社会环境下的经济市场，就必然从自身出发进行转型发展，只有这样才能够保证企业在新的环境下持续健康地发展。但是长期以来，我们国家工商管理工作进行的实际状况是非常不尽如人意的，这很大程度上影响甚至是阻碍了企业的正常发展。因此，在企业实现成功转型的过程当中，工商管理方面工作的完善是必不可少的一个部分，这对于企业经营和管理过程的规范及企业的快速稳定发展都有着重要作用。

企业在我们国家是社会主义市场经济体制的重要组成部分之一，在整个国民经济发展的过程中都扮演着支柱的角色，支撑整个国民经济的稳定和持续发展，是国内外竞争市场上的主体，国家在发展的过程中想要实现市场经济的快速发展就必然要高度重视企业在这样一个过程中的重要性。由此我们就可以看到，在企业进行转型发展的过程中，工商管理方面工作的完善可以说是重中之重，它能够在转型发展的过程当中保证企业稳定有序地进步和发展，促进企业良好进行转型改革的同时更能够较好地防止在企业转型的过程当中出现违规或者是违法的状况，这对于企业管理方面的肃清和规范无疑也是有着重要的作用的。所以，在进行工商管理工作的过程当中，最为首要的一点就是要高度重视企业本身，并尽可能地保证企业转型过程的良好进行。

在促进改革和进步的同时，我们还需要进一步解放思想和开拓思路，在发展和进步的过程当中尽量避免故步自封的状况。这实际上是因为有很多人认为我们国家的改革已经进行较多年，相关方面的改革措施和政策落实也有不少，实际工作也始终都在进行，但从现实的状况来看则并没有特别显著地进行和优势，而较短时间内也很难再找出更加合适的方法来。我们在进行企业的转型发展和改革之前首先要改变的就是这样一种思想状态，在此基础之上再来对工商管理工作的进行及其重要性进行讨论。认真地贯彻和落实相关方面的思想和精神，并进一步转变发展的思路和方法，在完善体制改革的同时发展新的政策，扎扎实实地做好工作，来为企业的转型发展服务。

（二）工商管理工作的完善能够有效地管理竞争

我们国家的市场经济发展特点决定了在我们国家企业之间的竞争是越来越激烈的，甚至这样一种状态还有愈演愈烈的趋势，这样一种状况的存在就使得大多数的企业都要在这样一个状态下来进行和完成转型工作。但是，同样是市场经济本身的特点决定了在这样一种状况下进行企业的转型是很容易导致不良违法违规的状况发生的，比如制造一些假冒伪劣产品或者是套购国家计划商品等。而在这样一个转型过程中做好工商管理方面的工作则能够较好地抑制住这样一些不良的状况，在保证我们国家市场经济健康持续发展的前提下进一步维护好各个企业之间竞争关系的力度和正常，这对于市场秩序的规范和不正当竞争的遏制都是有着较好效果的，能够实现对一些违法或者是违规企业的打击，也能够保证其在生产或者是经营的过程当中做到奉公守法。除此之外，工商管理还能够约束企业在进行转型的过程中严格地遵守相关方面的要求或者规定，包括国家制定的法律法规、企业内的规章制度及政府的政策或者是方法等。

在企业转型的过程当中做好工商管理工作还能够为企业提供一个良好的发展环境，这对于企业的转型改革及企业可持续性发展的实现都是有着显著效果的。

（三）工商管理在企业转型过程当中的服务作用

企业在现代市场经济体制下进行转型时，工商管理部门应当相应地扮演好服务的角色并相应地做好相关方面的工作，尽可能地在这样一个过程当中来支持和帮助企业转型过程的完成，以实现企业良好发展的最终目的。因此，工商管理部门就还需要在监督管理工作进行的同时做好配套的服务工作，通过真诚有效的服务来引导企业转型过程的进行，在这样一种管理和服务状态下，企业在进行转型时就能够更好地按照法律法规及相关方面的规章制度来进行，树立好企业本身的形象，以此来实现企业的健康良好发展。因此，工商管理部门在工作进行的过程当中，就需要树立起必要而良好的服务意识，将工商管理工作和服务工作有机地结合到一起来进行，这样就能够将宣传、教育、疏导以及服务等方面的工作切实有效地融合到工商管理的工作当中来。工商管理部门在对企业进行管理和服务的同时，还需要为企业提供一些有效的建议，以此来保证企业在进行转型的过程中不仅能够做到依法办事，还能够保证企业在政府的领导和指导下进行工作，这对于企业转型改革的实现及企业本身的发展都是非常有利的。

（四）正确引导企业进行转型改革

工商管理在进行管理的过程当中是站在国家长远发展及整体利益的角度上来进行的，因此在进行工商管理的工作时，就需要正确有效地对企业进行转型改革工作的推动和引导，这样才能够较好地保证企业在转型发展的过程当中取得较好的效果和成果，大到国家小到企业这样一种促进作用都是非常有效的，能够保证经济上的良好效益。考虑到企业在进行商品经济活动的过程当中主要在政府相关的方针和政策下进行的，并且工商部门也在这样一个发展和转型过程当中起到了较为关键性的作用，因此企业的改革及发展更是要切实地站在长远发展和整体利益的角度上来进行，在进行的过程当中严格遵守政府给出的政策和方针来实现企业的转型和可持续发展。

但是在实际的发展过程中，很多企业本身就是独立的经济实体，因此，在转型发展的过程中无疑就会以企业自身的利益作为最高指标和要求，很难上升到国家的高度上来进行经济利益的追求，甚至有些企业在发展的过程中根本就不考虑国家方面的方针和政策，而是一味地按照自己的利益准则和需求来进行，如果整个国家的企业在进行转型发展的过程中都是这样一种状态的话，对于我们国家整体的经济发展水平及国民经济发展都是有着极为不良的影响。正是因为这样，我们再更进一步地要求工商管理部门切实进行好企业转型过程当中的引导和指导作用，具体来说，就是引导企业向公共事业、原材料产业、交通运输或者是农业等基础的行业上发展，这主要是因为这样一种发展方向和国家方面的政策倾向能够使得其长期处于竞争中的不败之地。

与此同时，工商管理部门还要切实做好企业自身的管理工作，这主要是对企业提出硬件和软件上的具体要求，具体来说，有些企业自身的发展水平就跟不上时代的发展要求，设备陈旧、生产方式落后且整体的经营状况不佳，像这样一些状况的企业就不应当准许其进行登记，而对于符合标准并登记了的企业就应当不遗余力地进行支持和帮助，使其能够良好地完成转型过程，这样一种总体的规划和安排的好处就在于能够较高效率地完成好工商管理部门在这样一些环节中能够完成及应当完成的一些任务，并在这样一个过程当中来保证避免资源的浪费。

再者工商管理部门在对一些中小企业进行转型的引导过程中，要把握好方向性的问题，尤其是一些民营企业，工商管理部门应当在开展管理工作的过程中考虑将其向服务性或者是劳动性为主的产业方向上进行转型，具体来说，就可以将这样一些中小型的企业向饮食业、工艺品、土特产产品加工或者是小商品加工等方向上引导，这不仅符合中小企业实际的发展需求和发展特点，也能够为中小型企业找到较好的商业契机，并保证其长期健康地发展，实际上是非常有效的。正是因为这样，工商管理部门在对中小型企业进行转型引导的时候就可以考虑将其向这样一些符合中小型企业发展特点的行业上引导。由上文中一系列的分析我们就可以看到，工商管理部门在企业转型过程当中所扮演的角色是非常重要和关键的，在某些特殊的状况下甚至就可以说是关键性的，正是因为这样，工商管理部门就更应该在切实认识到自己工作的特殊性和重要性的基础上来做好这样一项工作，为企业的发展和国家经济的进步尽力而为，正确地引导企业向符合其发展特点的方向上去发展，并以此来作为企业自身竞争力提高的最有效手段。

三、企业工商管理的经济发展促进作用

（一）完善消费者权益保障制度

在企业工商管理工作中，管理部门及相关工作人员必须意识到消费者权益的重要性，即企业的任何商业活动都是为了从消费者群体获取利益，如果消费者在付出利益之后并未得到应有回报，则消费者的权益就受到侵犯，因此消费者权益是否受到侵犯可以反映出企业商业活动是否合理。同时消费者是市场经济发展的根基，如果消费者对某个市场不关注，则该市场的经济发展情况就必然会急转直下，而当消费者感到自身权益受到侵犯，就会对相关市场保持抵触，加之消费者群体间的舆论等相关效应就会造成以上现象发生。可见无论从哪个角度来看，企业工商管理部门都有必要保障消费者权益，这能使得市场相关消费者群体稳定，可源源不断地推动市场经济发展，这里就体现出企业工商管理的经济发展促进作用，但要实现这一点，企业工商管理就必须要完善消费者权益，应当依法依规明确消费者享有哪些权益，并展开监管，保障企业不做出侵犯消费者权益的活动，且当消费者权益受损时也有渠道找回损失。

（二）全面整治市场虚假或不良信息

在我国经济飞速发展的过程中出现了很多新兴市场，而这些市场在初期基本都处于“野蛮生长”的状态，其中不乏一些虚假或不良的信息，这些信息或许能在短期内实现经济攀升，但长期之下必然会对市场造成巨大打击，不利于市场经济发展。比较常见的虚假、不良信息有：

虚假信息泛指弄虚作假的广告，如某些企业是所谓的“皮包公司”，在市场内落户后会以此类广告去吸引消费者，类似于“今日投资 XX 元，明日回报 XX 倍”，或者是对商品进行夸大描述，其中有明显的欺诈成分，而当消费者发现自己受骗，必然会对整个市场抵触，使得市场内其他正规企业受损，市场经济发展将呈下降趋势。

不良信息泛指一些不符合国家政治立场、社会健康发展要求的信息（此类信息比较敏感，文中不举例展示），会对消费者的价值观、思想及市场风气造成不良影响，这种情况下市场经济发展是不可能健康的。因此企业工商管理必须针对市场中虚假或不良信息进行整治，如果发现有企业在市场中传播此类信息应当严格处理，即使没有明确法规也要制止，这样才能让良性信息在市场内传播，使得市场经济可以健康发展，这也是企业工商管理经济发展促进作用的体现之一。

（三）管理企业间的竞争行为

在市场经济发展中企业之间有竞争非常正常，竞争激烈也是常规现象，但某些企业可能为了从竞争中胜出，以谋求个体利益，会做出一些不正当的竞争行为，这些行为虽然不会对消费者群体造成较大打击，但会对市场本身的经济产能造成严重负面影响。以我国“出租车”行业早期乱象为例，当时该行业市场中存在强行拉客、独占市场的行为，某些从业者出于个人利益纠结起来不让其他从业者在某个范围内活动，而消费者只要有打车需求，就可能会被推拉上车，这种现象对该市场造成了巨大影响，是典型的不正当竞争行为。如果继续这样发展下去，整个出租车市场就可能消失。但针对此类现象，国家发布管理指令后各地工商管理部门对出租车企

业进行了管理，提出了一系列要求，并开展市场监管活动，有效解决了该行业市场内的不良竞争关系，构建了公平竞争环境，因此出租车市场得以留存，其经济发展情况也有了好转。

（四）优化市场资源配置

任何市场中任意企业的个体发展都要得到充足的资源支撑，如果资源支撑存在缺陷，则相关企业的发展动能就会不足，因此为了最大限度地促进市场经济发展，企业工商管理要做好市场资源配置工作。该项工作大体分为两个步骤：

因为市场配置格局不是一成不变的，在不同时期市场内各企业需要的资源总量、类型都会发生变化，所以企业工商管理部门要定期展开市场调查，了解市场内企业的实际需求，随后根据现有资源配置找出其中缺陷，由此规划出一个合理的最佳资源配置方案。

在最佳资源配置方案基础上，企业工商管理部门要联合其他相关部门落实该方案，同时在方案落实过程中要提倡“资源利用率最大”理念，防止某些大型企业过度压制中小型企业，将中小企业本应获得的资源囤积在自身体制内，导致中小企业依旧发生资源支撑不足的情况，这需要企业工商管理部门对各企业资源配置占比进行精确规划。由此，在市场资源配置得到优化的前提下，所有企业的发展所需均被满足，这样就能正常发展、合理竞争，同步促进市场经济发展。

四、培训需求分析与企业战略发展

培训需求分析是指在规划与设计每一项培训活动之前，由培训部门、主管人员、工作人员等采用各种方法与技术，对各种组织及其成员的目标、知识、技能等方面进行系统的鉴别与分析，以确定是否需要培训及培训内容的一种活动或过程。简单地说就是确保让有需要的人在适当的时候得到有效的培训。它既是确定培训目标，设计培训规划的前提，也是进行培训评估的基础，因而成为培训活动的首要环节。所以说培训需求分析是针对培训这个主题，在进行培训活动之前的一种活动或过程。狭义地讲就是把培训需求分析定义为某项培训项目的先奏，而广义地讲就是企业的长远发展需求和战略决策必须思考的要计。

培训需求分析必须与企业发展行为一致。所以说培训需求分析是企业发展的重要组成部分，但培训需求分析又是自成体系的系统工程。它涉及企业的主体行为——员工，又涉及企业的行为约束——制度，还涉及企业的市场主导——业务。企业的战略规划是企业发展的长远之计，企业长远发展的后劲不是缺什么补什么，而是需要什么讲什么，更主要的是长远发展，培训应为此做好强大的后盾。如何在战略规划中按照企业发展目标做好培训需求分析：注重员工的培训需求、注重制度的科学规范、注重业务的市场活力应该说是这一活动或过程的三个主要方面。

（一）企业战略规划不能缺少员工的培训需求规划

首先站在企业的角度，对员工的培训需求进行分析。在现代社会中，员工已经是企业发展的原动力。不管是员工基本的文化知识、受教育程度，还是员工社会知识的个人丰富，企业中的员工培训已不仅是员工个人的需求，而是企业战略发展的需求。人生的奋斗目标就是个人事业的追求，而这种追求融入企业就是对企业战略发展的推动。如果员工个人追求与企业战略目标一致，那么员工的培训需求也就与企业的战略发展保持一致。员工，必须具有主人翁意识，企业必须发挥“主人翁”式的培训作用，把企业战略发展的需求分解或细化成员工个人事业追求的需要。

第二从员工个人能力出发，分析员工的培训需求。员工技术水平、工作能力反映的是服务于企业战略发展的需求，员工的培训需求，不仅是补充欠缺的能力。某项任务某个人不能承担，说明他欠缺的是这种能力，而深层次反映的是他没有相应的知识。即使某个人可以完成，但完成任务的质量和效果也潜在地反映了企业的能力和社会效应。某项任务要上马，对员工必须进行相关知识的培训，这是企业战略发展的培训需求，还不是战术规划中的员工培训需求。而员工培训需求是满足参加这种培训之前员工的基本素质和知识结构。换句话说，也就是参加这些任务的员工与不能参加这项任务的员工的差异或区别。培训需求分析的长效效应就是员工水到渠成承担任务能力的表现。制定阶段培训计划，不是“想培训什么内容就培训什么内容，也不是想培训谁就培训谁”，而需要将阶段培训内容交叉渗透到企业战略规划的任务中来。阶段培训内容必须按照长远需求进行，既要满足任务要求，又要有助长远需要，也就是说员工今天得到的培训更主要的是企业的长远发展。

（二）正确分析企业培训需求的保证就是科学规范的企业制度

首先是制度本身蕴含着培训的指导思想。因为制度的科学规范也是企业战略规划的主要内容。国有国法，家有家规。企业也一样有自己的管理要求。作为企业的管理要求——企业制度也同样与企业的发展同步发展。这种制度似乎与培训需求分析没有直接关系，其实不然。制度是企业战略发展的疏导者。制度涉及行为规范，包括了工作要求，涵盖了绩效分置。制度在一个企业中体现了企业的发展现状和战略导向。企业制度也需要分析培训什么内容？什么样的员工需要培训？培训内容应该怎样科学地进行分类？培训需要达到什么样的目标？这些都需要有科学的制度，有规范的制度，长效的制度。在企业中这些制度表现最为明显的就是绩效考评制度，这直接影响着员工的培训导向和意识需求。基础性的培训，员工都愿意参加。高端的培训，企业也会有目的地选择一部分员工，这都会进一步使各种制度在实践中得到规范。人生的事业规划遵循企业的战略发展规划。

第二，科学规范的制度也是对员工工作态度的基本要求。对员工进行制度培训也是企业把员工纳入企业战略发展的入门需求。了解了企业制度，也就了解企业的文化导向，进而也就将员工个人的追求融入进了企业的价值导向。

第三，科学规范的制度也需要在企业发展与培训中不断完善。企业现行制度与企业战略发展要求之间的差距也是培训需求分析的主要内容。这些内容应该包括满足企业战略发展的制度要求，应该包括推动企业战略发展的制度要求，应该包括优化企业战略发展的制度要求。“满足”是当前企业发展的必需，“推动”是阶段企业发展的活力，“优化”是企业战略发展的后盾。

第四，科学规范的制度是对企业员工的法律要求。遵守企业制度就是员工推动企业发展的基本要求，遵守企业制度的能力、水平和意识，就需要通过培训这个主要方式去完成。员工不属于企业之前他没有属于该企业的文化知识，尤其是企业中的各项规章。当员工进入了企业，首先就必须对企业制度有科学的理解。制度的科学规范不仅是制度本身的要求，更是对制度适应者的要求。培训需求分析把这个作为对一个企业员工培训的开端，随着员工在企业中地位和作用的不同，对于制度的培训需求也应该随之跟进。企业的战略发展的进展标志主要就体现在制度的不断规范和完善，制度的完善性就体现在员工在科学遵守制度中实现个人追求的思想意识，从而推动企业的战略发展。

（三）培训需求分析必须满足企业的社会要求和有助于企业社会作用的发挥

首先，企业的业务市场活力直接表现了企业发展的现状和潜力。如果说员工的培训需求和制度的科学规范是企业战略发展的内在需求，那么业务的市场活力就是企业战略发展的外在表现和牵引。说它是外在表现主要体现在业务的社会性。任何一个企业都是社会的一部分，企业的战略发展的目标就是使企业在市场经济的社会中呈现一种积极的推动作用，而这种作用是企业人文环境、企业文化对集体的培养和培训。

第二，企业能在社会中生存，进而发挥重要作用，这与企业的战略培训息息相关。企业自成系统，但在社会中又成一个“个体”，培训需求在鉴别和分析企业在社会中的需求时必须立足于企业的战略发展，必须立足于企业战略发展的社会作用。企业作为员工与社会的纽带必须将这种知识、能力、技能及时地传递给员工；必须将这种所需的、理想的、欠缺的培训内容落实到企业战略发展。

第三，培训需求分析必须形成一种体系。学习型组织是现代社会各行各业提高能力的基本属性，并从长远支撑企业的发展。在新的社会，市场经济和信息爆炸使企业培训需求必须进行动态的调整。长远规划也有可能因为社会性事件的出现而进行修改，同时企业培训需求也必须进行相应的完善。

第四，分析市场活力对企业培训需求的牵引。这种牵引使企业战略规划必须考虑在社会中的基本表现，这也是社会对企业提出的新的要求，把这种信息纳入培训内容中，将会使企业有预见地掌握市场对企业的发展需求，通过对员工进行培训，就是提早使企业立足新的市场。

（四）培训需求分析与企业战略发展是一致的

首先，目标的一致性决定其组织者、实施者必须具有通盘的战略思考。从人力、财力、物力出发，三足鼎立，二者合一，相辅相成，培训需求才能推动企业战略决策。培训需求分析要结合人力资源的实际，也必须发挥已有人力资源的优势，更要挖掘人力资源的潜力。

第二，培训需求分析要与战略发展同步，有效利用现有财力，通过市场效应争取更多的财力。培训需求分析要充分利用现有的硬件平台，充分拓展新的硬件需求，进一步完善培训的硬件环境。将培训需求分析与企业战略发展二者通过人——员工完成鼎立的社会效应，从而使培训需求分析成为企业战略发展的重要组成部分。

第三，培训需求分析是服务于企业战略发展的。企业战略发展的社会表现就是企业在社会活动中的市场活力，这种活力就是企业兴旺的发展态势，企业培训需求分析不可或缺的内容就是对这种态势的分析。而企业的业务就是员工知识的表现、能力的表现，这些表现给予企业就是业务的潜力所在、业务的社会效应所在。企业培训需求分析就在于这种源动力的培训需求分析。

第三节　提升企业管理的综合水平

现阶段，我国企业管理人员的综合素质在不断提升，但很多管理人员的工商管理能力有待提升，阻碍了企业的长远发展，而工商管理培训活动的开展能够改善这一问题，提升企业管理人员的综合素质。

在实际生活中，一部分人工商管理专业知识不足，创业全凭一腔热情，有的希望凭借自己的技术特长进行创业，有的以为有一定的资金就能搞好创业，就可以做好企业管理，因而对自身的能力评估过高。在办企业过程中，没有做好长期发展规划，没有借助专业人士的力量为本企业服务，在企业发展中，面临问题很多，难以有效解决，陷入被动。为此，要想获得竞争优势，促进企业发展壮大，必须重视工商管理问题，明确发展方向，才能应对好内外环境，为企业发展提供保障。因此，加强工商管理，促进企业管理水平提升，对企业发展具有极其重要的现实意义。

一、加强工商管理有利于提高企业的内部管理水平

在当前形势下，企业发展面临的内外环境更加复杂，企业管理的难度更大，光凭个人经验或者主观判断难以有效分辨问题的实质，容易发生错判或误判，从而给企业决策和管理带来重大灾难。因此，必须加强工商管理，提升企业的专业管理水平，做好内外风险的判断，采取有效策略，进行风险防范，从而保证企业发展正常运转。

（一）内部控制的含义

关于内部控制的含义，通过研究国内外的相关理论，我们可以了解到，在不同的时期，各国或相关组织对企业内部控制有着不同的概念理解。因此对内部控制的解读，可以得出其基本含义，即内部控制（Internal Control），是指在一定的环境下，企业为了提高自身的经营管理效率，合理使用资源，达到具体的管理目标而采取的具体方法及制订的计划等。

（二）COSO 内部控制框架

COSO 内部控制的具体内容如下：

1. 控制环境

良好的企业内部环境能够保障企业的正常运行发展，让企业在自身发展过程当中获得更大的经济效益。企业良好内部环境的形成，需要经历一个长期的发展过程，为了提高企业的市场竞争力，让企业获得更大的经济效益，企业必须要加强内部环境治理。企业的内部环境因素具体包括：组织架构、发展战略、人力资源、社会责任及企业文化五个方面。

（1）组织架构

企业必须要有强大的制度保障，才能够加快推进内部控制活动的顺利实施。而且，企业的权力机构必须要参与到企业的内部建设过程当中去，这样才能够真正完善企业的内部控制体系，为企业的发展打下良好基础。

（2）发展战略

企业在自身发展过程当中，要制定出科学的战略决策，对战略意图进行具体分析，包括愿景、战略目标和运营目标等多个方面的内容，特别是在制定战略目标的过程当中，必须要对企业的风险进行科学评估。

（3）人力资源

企业必须要实现科学的人力资源管理，建立健全相关的体制机制，采用科学的激励机制，完善企业的内部控制体系，加快推进企业可持续发展。

（4）社会责任

内部控制对社会责任进行了明确的划分，指出现代企业在制定战略目标的过程当中，不仅要考虑到企业自身的权益，还应该致力于推进整个社会的发展。

（5）企业文化

在企业的内部环境中，必须要营造出良好的企业文化，这样才能够让企业的成员坚定理想信念，为企业的发展作出更大贡献。企业文化建立和塑造的过程是将制度的约束上升为员工精神层面自我约束的过程，可以作为职工理解企业活动的框架及具体准则，有利于加快推进整个企业的战略实施及发展。

2. 风险评估

对于企业的经营管理而言，通常都会面临诸多风险，风险大多有着非常强的负面效果，在很大程度上会导致企业产生经济损失。风险具有双重属性，具体包括发生的频度和损失的程度，由此就形成了所谓的风险分析，而内部控制要求企业在经营活动过程中，要实现科学的风险评估，及时地发现问题并解决问题，有效地规避多样化的风险，并在产生风险的同时，制定出科学的应对策略，具体包括以下三方面内容。

（1）风险辨识

企业在经营过程中要有效地辨别将要产生的风险，具体包括内部风险及外部风险。所谓的风险识别需要对风险进行仔细的观察并记录。风险识别作为现代化的技术，需要采用科学的方法，而许多相关文件也针对企业的风险辨识，进行了技术上的规范，而且风险辨识存在多种方法，具体包括头脑风暴法、情景分析法、特尔斐法及风险矩阵等。

（2）风险分析

风险分析也就是需要企业对自身产生风险的可能性，进行有效分析，并预估风险将带来的经济损失。之所以要对风险进行预估分析，是需要及早地做好准备，采取防范性的措施并掌握风险带来的损失，及时止损。做好风险分析工作，要对风险进行分级，因为不同的行业对于风险的承受能力是不同的，因此，必须要进行定性及定量分析，严格把控企业经营风险，实现风险的有效规避，加快推进整个企业的可持续发展。

（3）风险评价

开展良好的风险评价，首先需要对风险进行排序分类，然后对其程度进行评价，通常都会采用风险矩阵及风险四象图等方法来对风险进行合理评价。通常情况下，风险在对应的内外部环境出现变化时，风险程度也会随之发生改变。因此，必须要立足于风险评价结果，进行合理的调整完善，然后采用更加科学的管控措施。

3. 控制活动

控制活动主要体现企业根据风险评估结果而进行的相关措施的改进和实施，从而控制风险，降低经济损失，企业的控制活动具体包括目标设定、应对策略及管控措施三个方面。

（1）目标设定

为了加快推进企业的可持续发展，企业首先要制定科学合理的战略目标，然后将目标进行层层分解，遵循相关的指标标准，进行有效的风险控制。风险控制就是需要把企业所面临的风险控制在合理的范围之内，避免企业遭受更多的经济损失。因此，企业在制定目标的过程中，必须要全面考虑自身的风险承受能力，实现时间和承受能力的最大匹配。企业需要进行理性思考，确定能够承受的最大风险，这样才能够实现自身的科学管理，在市场竞争当中获得更大的竞争优势。

（2）应对策略

针对风险应对策略,《企业内部控制规范》中第二十六条进行了明确的分类,包括风险规避、风险降低、风险分担及风险承受。其中,风险规避具体是指为了避免企业遭受更大的经济损失,采取相关的方式，放弃和风险相关的业务活动。风险降低则具体指企业对自身发展过程当中的成本效益进行有效权衡，从而采取科学的控制措施，有效地降低风险，减少经济损失。风险分担是指企业采取多样化的方式，和他人进行有效的合作，从而进行业务分包或者购买保险，适当地控制风险，和其他的企业分担风险。风险承受是指使现代企业对自身成本效益进行有效的权衡，了解到面对的风险处于自身承受范围之内，因此，不需要采取相关措施，直接承受风险。风险应对策略，指的是企业面对风险的具体态度，在自身发展过程当中，采取有效的管控措施。

（3）管控措施

管控措施具体包含以下四方面。

一是建立相互牵制及分离的岗位，也就是针对那些可能形成利益冲突的相关职务进行分离，目的是建立健全相关的制衡机制，明确责任分工避免权力的集中，从而减少做假账的现象。或者，在内部控制管理当中，实现执行和检查职务的分离，如此就可以对相关问题进行科学的评价。

二是建立授权审批制度，也就是在企业内部，如果存在着明确的分工，就会产生一定的授权，如此就会产生相应的风险。科学的内部控制就需要完善相关的控制体系，充分发挥出授权体系的重要作用。

三是建立会计信息系统，主要是对企业运营的各个方面进行浓缩整合，涉及企业经营发展过程当中的多个环节内容，如果会计系统失控，就可能影响到企业的正常经营管理，提供的数据支持也无效。

四是加强财产保护，即针对企业的财产，要确保其数据信息足够准确，做到账目和实际情况相符合，账目与账目之间也相符。

（4）信息与沟通

企业在经营管理过程当中需要运用到信息，实现企业的信息化发展，就必须要做到有效的交流沟通，针对风险管理而言，在整个企业的经营管理过程当中，存在着信息流动，而交流沟通就是实现信息流动的重要途径。

随着时代的发展，科学技术水平的提升，当今时代是处于信息爆炸的时代，特别是在企业的发展过程中，都需要运用到更多的信息来实现风险的评估及应对。企业经营发展过程中不仅需要大量的信息，也涉及企业的各种目标，因此，企业需要将大量的数据信息进行科学地转化，变成有用的信息，提高决策水平，加快推进信息的沟通，给企业的发展打下良好的基础。因此，现代信息管理越来越复杂，对于企业的经营管理来说挑战也就越大，因此，现代企业必须充分利用当今社会的科技信息系统，更好地发现问题，解决问题。信息系统能够为企业的信息交流打下良好的基础，因此，现代企业的管理人员必须要采用更加科学的沟通渠道，确保信息能够得到有效传播。如果信息能够得到及时的传播，实现资源共享，就能够在很大程度上减少徇私舞弊问题。也就是说，企业需要拓展沟通渠道，为员工反映问题提供更大的便利，这样才能够更好地对整个运营环节当中的舞弊现象进行规避。

（5）内部监督

企业要想加快推进自身的全面发展，就必须要实行有效的内部监督，在企业内部建立健全相关的体制机制，完善内控体系，立足于自身实际情况，进行有针对性的评估，及时地发现体系当中的问题，并采取有效的措施解决问题。内部监督的方式多种多样，具体包括自我评价及内部审计，而且，在现代企业当中，应用更为广泛的是内部审计方式，从某种程度上来看，内部审计是对企业内部控制有效性的评价，主要目标是提高企业的内部控制水平。企业的内审部门主要负责企业的内部监督工作，《企业内部控制评价指引》中也明确规范了内部控制的评价方法，要求企业进行经常的或者定期的内控评价。就目前来看，全世界主要采用的是由结果推导到过程的方法，从而在这个过程当中及时地发现问题。

（三）内部控制的目标及原则

1. 内部控制的目标

COSO 报告中明确内部控制的目标主要有保障经营效果和效率，提高相关财务数据的准确性，立足于国家法律法规的基础之上，更好地实现企业的战略目标。

内部控制的目标主要是：

合法合规性；

效率和效果；

真实完整性。

2. 内部控制的原则

企业在自身发展过程当中，必须要以正确的原则为指导，才能够完善内部控制体系，具体需要遵循以下几方面的原则：

（1）合法性原则

要求企业遵循国家的法律法规，在制度许可的范围之内，完善企业的内部控制制度，构建设计出更加科学的内控制度，从而为自身的发展打下良好的基础。

（2）成本效益原则

要求企业在经营管理过程当中，实现科学的内部控制，降低控制成本，获得更大的经济效益，也就是说，在企业内控过程当中，要实现成本和效益的统一，两者保持适当的比例，这样才能够达到企业的战略目标。

（3）全面性原则

要求企业在内部控制实施过程中，要在各个领域及各个业务当中，全面推行内部控制管理，立足于整体，提高企业的内控水平。

（4）适应性原则

要求企业加快推进内部控制实施，立足于企业的实际发展状况，根据多样化的条件因素，满足企业的发展要求。同时，要在企业内外部环境背景之下，对内控制度的流程进行合理调整。

（5）重要性原则

要求企业在内部控制过程当中，要明确重点，将资金投入关键领域当中，实现资源的合理配置，适当地降低成本，这样才能够达到成本效益原则目标。

（6）制衡性原则

企业在自身发展过程当中，必须要实现良好的人力资源管理，合理配置资源，明确业务流程，在多个方面进行相互的监督，提高企业的运营效率。

（7）持续改进原则

企业的内部控制体系在发展过程中是变化的，随着企业的发展会有着一定的改变，因此企业必须立足于实际情况，完善内控体系，采用更加科学的运营机制，加快推进内控体系的更新完善。

（四）内部控制的作用

科学的内部控制，能够让企业获得最大的经济效益，而且能够有效规避风险，提高企业的经营管理水平，增强企业的市场竞争力，提高企业工作人员的工作积极性，加快推进企业的可持续发展。其意义主要表现如下：

1. 提升企业经营效率和效果

企业要想达到自身的战略目标，不仅仅要靠各个部门的努力，还需要企业全体员工的通力合作，实现各业务层的有效配合，因此，企业必须要完善内控制度，形成统一的规划管理，健全企业的内部控制体系。企业实行科学的内部控制，就可以实现各部门的协调配合，加强企业员工的交流沟通，这样在很大程度上就能够实现资源共享，提高员工的工作效率，从而为企业的发展打下良好的基础。

2. 提供高质量企业会计报告信息

企业要想实现科学的经营决策，就必须要确保相关会计信息足够真实，这样就要求企业在自身经营管理过程当中，建立健全内部控制制度，完善内控体系，采用多样化的方法，对各类会计信息采集汇总，并对整个流程实行全面的监控，及时发现问题并解决问题，保证获得的相关数据信息足够准确，能够真实地反映企业的实际经营状况。

3. 确保企业各项经营管理合法合规

企业的生存发展需要做到合法经营，追求利益最大化的过程中，必须在国家法律允许的范围内进行，而不能在践踏或逾越有关法律的情况下，谋取不当利益，破坏社会合法秩序、造成不正当竞争，那最终就会对企业造成损害，因此，企业要想实现自身的健康发展，就必须要保证自身的经营活动能够合法进行。

4. 保障企业资产安全

内部控制具体包括物资采购、计量、验收等环节，定期盘点、财产保险、记录保护等手段，在整个过程当中，要防止资产流失，避免资源的浪费，有效降低成本，确保企业财产的安全，提高企业的资产运营效率，加快推进企业的健康发展。

5. 企业发展和战略制定实施的客观需要

随着时代的发展，现代社会当中，市场竞争越来越激烈，因此，企业要想在市场竞争当中占有一席之地，就必须要紧紧追随时代发展潮流，建立健全内部控制体系，提高环境适应能力，保障企业能够实现科学的内部管理。

（五）企业加强内部控制的必要性

1. 现代企业管理的内在要求

健全当前已有的内部控制制度是企业管理需要考虑的核心内容。在最近这几年时间中，为适应各个新兴行业的需求，部分施工企业在延伸规模的同时，也不断完善各个方面的规范，其中包括员工、资金投入、财务以及资源，进而向现代化科学管理迈进。企业内部控制是当前社会中最为核心的管理要素之一，在资金相对充足的企业中更是有着不可替代的作用。一个较为健全的内部控制制度能够让企业更加高效地进行运行，并完成岗位责任、电子监控、报告制度以及内部审计等多项任务，最终加强企业管理能力，完成企业制定的目标。

2. 防范企业风险的有效的手段

内部控制是企业管理的中枢环节，是企业防范风险最好的方法。目前社会经济环境变化巨大，同时行业中的竞争也在不断加强，企业需要处理非常多的经营风险。且在最近几年时间里，政府就宏观调控等方面也让房地产项目从热度上变得更低，这对整个市场企业对应的市场环境都产生了巨大作用。从我国施工行业的具体情况能够了解到，当前大量企业都已经制定得到一个较为完善的内部控制制度，但却缺少一定的风险意识，没有一个完善的风险评估制度，因此在出现风险时也不能有效应对。所以，强化企业内部控制，健全当前已有的监督制度，加强防范风险的能力同时改变当前形势，帮助施工企业预防可能面临的危机，显得尤为迫切和现实。

（六）企业内部控制的影响因素

1. 管理制度

企业的管理制度是企业正常运行的必要条件，完善的管理制度对于提高企业内部控制水平有着重要的影响，而企业因为行业环境与自身特性产生的作用，更加需要一个完善的管理制度，其对应的运作程序、分配制度、人事制度以及财务管理才能适应当前及以后的激烈环境。当前我国大部分企业只有最为基本的内部控制管理制度，内部细则不全，还没有形成一个较为完善的系统，部分企业则只是有简单的基本管理规定，而没有强调事后与事中控制，因此很难对风险进行预测，也没有强调对实物的控制，进而忽略部分行为者的控制。还有的企业在设计内容控制的过程中没有考虑实际业务性质以及自身规模，只是简单地生搬硬套，这都会与实际相互脱离最终偏离重心，影响企业整体内部控制建设和完善。

2. 项目管理模式

项目是企业的具体业务，其管理模式在很大程度上影响着整个企业的内部控制效果。因为当前我国在项目中普遍采用项目经理责任制的手段来对整个项目展开管理，而项目经理责任制也逐渐变为当前企业中最为核心的管理方法。在这个过程中，项目经理对与该项目相关的所有工作人员进行管理，其中就包括了涉及的财务、工程、材料、安全与技术工作人员。但作为企业来说，其内部的组织结构中本身就具备专门的业务部门，例如财务部、工程部、安全部等。因此这种项目经理责任制在管理模式上浅显地看，好像分工明确，但实际上则是会将工程质量与进度作为管理的核心要求，从而忽略了内部控制，且工程项目上的各类人员的工作独立性相对较强，只会按照工程项目部的工作安排来进行工作，在项目的内部控制方面更是一纸空白。同时，一家企业的项目都属于分散状态，而对应的项目部也相对更加独立，这也导致整个企业的内部控制建设无法落实。

3. 管理者素质

企业管理者的素质直接影响着企业的内部控制，其对内部控制的重视力度也直接对企业内部控制体系制度的实施、改进产生影响。针对当前不断上升的市场竞争压力，若管理者将管理的核心内容只放在合作关系的维系与业务的拓展中，没有给予内部控制较多强调，缺乏对内部控制的管理要求，会使企业运行仅仅按照日常经营管理方式来进行，企业内部控制也仅仅只是压缩生产成本，或是直接将企业的内部控制与财务管理等同在一起，只强调对财务部门的控制，这也在很大程度上影响着企业的内部控制。

4. 法人治理结构

在现代企业中，法人治理结构属于一个非常重要的特点，而它的重要性则主要表现在运用较好的结构达到对权力的有效分配，也就是让执行权、管理权及监督权能够有效结合在一起，如此将能够获得更好的治理效果，更好地发挥内部控制的牵制作用。近几年，我国施工企业的法人治理结构已经取得了较大发展，也已经明显优于过去的情况，但还是有较多地方需要完善。就所有制形式而言，不仅只有国有制企业，还存在国有股占到一定比例的责任制公司，当然也有民营公司，这些公司虽然很多都设立了监事会、董事会以及股东会等相应的法人治理结构，但三者之间还是相互兼职，没有自己的独立性，这也违反了三者设立的科学性，进而也不能对监督权、经营管理权以及决策权进行划分，大量公司都是直接由董事长一人做出最终决策，这使得董事长权力过大，不仅是管理者也是整个制度的执行者，由此便使公司内部控制形同虚设，严重制约企业内部控制的发展。

5. 信息化管理水平

信息化管理对于企业整合资源、实现信息共享有着重要作用，对于加强部门间的沟通也起着关键作用，对内部控制中的信息沟通与交流更有着重要作用。当前越来越多企业都已经将信息化融合到企业资源中，但在此过程中，应预防缺陷产生，应注意以下几个主要的问题：

第一是信息失真。因为企业会形成一定的流动性，项目会存在分散性与临时性的特征，而工程项目部与总部的距离也相对更远，且企业内部管理部门多，信息处理技术相对滞后，若出现信息失真，会使信息传递出现阻碍，信息处理结果会使公司与项目部间的信息沟通问题愈发严重。

第二是信息化效益低。企业的项目相对其他企业而言更加分散，各项目部间不能实现资源共享，只有简单的单机软件正在使用，得到的信息数据库和软件集成化对应程度则更低，不能获得较为明显的经济效益。

第三是企业缺乏重视。大量企业的员工由于受工作性质的影响，都缺少一定的计算机使用能力，并普遍认为管理过程中只需要在现场即可，不用运用到计算机，而这些企业都采用手工的方式进行管理，这与当前计算机技术有着明显的差距，认为没有投入使用计算机进行管理的必要。当前内部控制制度很少与信息系统联系在一起，员工与管理者之间也不能明确地区分与了解其自身在这个过程中对应的责任与任务，进而对整个有效性与行动产生重要影。综上所述，在现代社会中，企业现代化标准是衡量一个企业实力的重要部分，施工企业信息化建设不单只是一个技术改革，同时也是一种新的管理模式的创新与思维的提升。

6. 风险防范机制

风险防范对于企业规避风险具有重要意义，尤其对建筑施工企业来说，其面临的外部和内部风险、财务和非财务风险都可能直接导致各个项目的成本增加，影响项目结算甚至整个企业的利润。企业的风险防范不仅仅要了解到风险的重要性，不能简单地将遇到的人才流失风险、财务风险、产品风险以及市场风险等简单地归结到激烈的市场环境中，还应对此建立相应的风险防范机制。若风险防范机制不健全，则企业对市场没有一个充分的了解，便不能充分地应对遇到的风险问题，例如企业对部分工程项目过程中提出的非正常的压缩工期、垫资及恶意压价等要求，大都选择了允诺，也没有针对性地处理资源配置与管理覆盖等问题，多次出现丢市场、信誉以及利润等多项错误，同时也没有考虑偿债风险、贷款增加以及资金枯竭等重要问题。

综上，风险防范机制影响着企业内部控制的优化和经营效益的提高。

7. 监督力度

在企业内部控制实施的过程中，内部监督也就是内部审计有着非常重要的作用，监督、审计能够敦促企业不断地发现问题、改进问题，而这也是企业不断完善内部控制制度的核心部分。一个具备较高独立性的内部审计部门，其工作能够帮助企业领导获取更多的信息，更好地掌握企业的生产经营情况。但目前，大量建筑企业都是将成本控制作为核心内容，而没有建立对应的内部审计部门，这会让企业领导不能在一个固定时间段中对企业出现的经营问题进行及时解决，不能准确了解整个项目施工工程中出现的问题，进而使内控效率不断降低。在这个过程中，企业若设置了内部审计部门，但审计工作只是纸上谈兵、走走形式的话，也不会有过多的价值，这对提高企业内部管理水平收效甚微。

8. 内控人员素质

对一个企业来说，人力资源是最重要的动力，也是企业能够持续发展的保证，能够防止企业与社会直接脱节，而内控人员素质的高低直接影响企业内部控制制度的执行，团队间的工作效率，也就间接影响整个企业的健康发展。就建筑企业的角度来说，当前许多内部控制工作者都存在专业素质较低的问题，内部控制意识相对较差，对内控普遍认识不足，制约内部控制建设工作的开展，也难以提升内部控制工作质量与工作效率，最终阻碍企业的发展。且当前大量企业为应付一些国家机关的检查等工作，会令内控人员临时拟定一些基础的内部控制制度，内部控制仅仅停留在表面。而内控人员素质的高低也直接决定着当前的制度是否存在实际价值，是否能够真正推行，也就直接作用于企业内部控制工作的最终效果。

二、加强工商管理有利于企业准确把握市场方向

如今，市场变幻莫测，企业发展很难保证一帆风顺，不可能没有任何阻力地发展下去。有时创建之初就困难重重、危机四伏，只是企业管理者没有警觉。如今，市场逐步放宽，企业可准入的行业逐步扩大，给企业发展带来机遇的同时，也面临着更大的挑战，企业需要随时面对激烈的行业竞争，发展的压力加大，随时都有面临倒闭的可能。因此，如果不加强工商管理，严格遵守操作规则，准确把握市场行情，就会失去市场，使企业发展陷入危险境地。

（一）企业转型升级与工商管理之间的关系分析

在市场经济的推动下，企业经过长期的有效运作，需要对管理模式进行大幅度的变革和升级。企业只有及时转变经营模式，才能更好地适应市场经济的发展需要，促进企业向更好的方向发展。在当前激烈的市场竞争形势下，无序的市场竞争将直接给企业带来严峻的挑战。企业如果没有良好的管理水平，就缺乏在规范化的市场竞争中协调自身与外界矛盾的能力，也无法更好地促进自身的发展。同时，也可以为企业树立良好的市场信誉，为企业未来的发展打下坚实的基础。对于那些利用法律漏洞的企业，由于缺乏良好的企业管理水平，往往被市场排斥，远离国家政策，最终导致企业在市场大潮中消失。

（二）企业转型和工商管理的内在关联

在企业和企业管理的不断发展中，企业改革离不开企业管理。企业管理不仅可以为企业的发展提供指导，而且可以使企业实现经营模式的转变，即企业的整体转型。目前，我国许多企业已经认识到企业管理对自身发展的重要性，越来越重视企业管理。

（三）工商管理在企业转型中的作用

1. 监督作用

随着市场经济的不断完善和增长，各行各业都面临着严峻的市场形势，企业需要转型，如果缺乏必要的监督管理，为了追求更大的利益，必然会走上违法违规的道路。但这不仅会影响企业的声誉，还会影响企业后期的融资，错误的决策不仅会失去市场的信任，还会因融资困难影响后期发展。另一方面，企业管理层可以有效地监督企业的行为，避免利用非法手段实现转型。

2. 维护作用

任何一个企业在转型过程中都会面临各种困难，这也是企业违规行为发生的重要原因。因此，为了促进企业顺利完成转型，防止转型过程中的非法经营，工商管理部门应当为企业提供相应的技术指导和信息指导。与此同时，在企业转型过程中，企业管理可以帮助企业及时发现转型过程中存在的问题，并及时有效地解决这些不利问题，为企业创造良好的转型环境，帮助

企业稳定发展。

3. 法制作用

当前，我国各领域的建设和发展要求都是基于依法治国方略。因此，企业转型期的监管与治理也是如此。在企业转型过程中，工商行政管理部门要严格执法，通过法律程序监督企业经营的合法性，只有这样，才能确立工商行政管理的权威。

（四）企业转型中工商管理的重要性

1. 助力企业转型发展

无论是企业投资还是企业管理，要求都很高。因此，在实际执行工作中，自身的技术水平和综合素质要求都很高，没有专业的企业管理技能，很难胜任这项工作。随着我国改革开放的不断深入，管理者应该摒弃旧的传统管理理念和模式，接受更多的新的管理理念。它在企业转型中起着非常重要的作用，否则企业的转型就等于空置甚至坐视天涯。同时，我们可以找到更合适的解决方案，为企业转型制定新的政策。在转型发展下，加强企业管理模式的发展，必须创新企业管理理念，培养优秀的管理人才。在传统管理理念的影响下，大多数企业采用粗放式的管理模式，容易造成企业资源的浪费，影响企业的经营效率，通过学习先进管理经验，弘扬企业创新精神，根据企业实际情况转变管理理念，促进行业优化升级。为了培养优秀的企业管理人才，企业可以制订培训计划，完善人才选拔和培养机制，引进优秀管理人才，加强员工日常经验分享，提高员工的管理能力和素质。

2. 为企业转型创造良好的环境

企业在转型升级过程中虽然会有更多的机会，但也会遇到各种挑战。由于市场经济体制的改革和市场经济的快速发展，也引起了非常激烈的市场竞争。为了在市场竞争中脱颖而出，管理者必须不断改进和创新企业的发展战略，以保证企业的长远发展。

3. 在企业转型过程中维护企业稳定

首先，在企业转型过程中，企业管理部门要充分发挥其作用，为企业的发展提供帮助。其次，企业管理在企业转型过程中的应用，可以通过对国内外先进企业成功转型的案例分析，充分吸收国内外先进企业成功转型的经验，再结合发展中国市场经济的地位，为中国市场经济的稳定发展奠定了基础，这可以帮助企业最大限度地规避转型风险，帮助企业更好地发展。

三、加强工商管理有利于规范企业的市场行为

在企业发展过程中，对单个企业而言，看起来是企业的个体行为，要受市场约束，接受市场监督，必须遵守市场规则，保证市场有一个公平的竞争环境。如果单个企业不能按市场规则行事，企业的管理不能符合市场经济发展的要求，就会受到市场监督的处罚，企业在市场中的行为将会受到限制，影响企业的发展。因此，必须加强工商管理，进一步规范市场行为，从而为企业营造一个良好的发展环境，有利于企业长远发展。

（一）企业诚信文化的内容

1. 企业对消费者的诚信

消费是生产的终点，产品进入市场实现消费也是企业文化展示魅力的重要环节，企业提供

产品有质量信誉和服务保障，对消费者讲信用重承诺，将会促进产品消费数量持续增长。

2. 企业相互间的诚信是企业文化的横向交流

即在企业之间的交往中，自觉恪守承诺，相互尊重，以诚相待，并以真实、诚恳、信用的态度参与市场经济活动，在竞争中真正做到讲求信誉，不搞欺诈，公平竞争，诚实守信，认真履行所应承担的义务和责任，创造一个竞争有序的市场环境，促进企业共同发展。

3. 企业对员工的诚信是企业文化的最高境界

企业要健全和完善各种保险制度，营造良好的工作和生活环境，提供学习和发展的机会，对员工的承诺保持诚实守信，创造企业和谐发展的环境，只有这样，才能吸引和留住人才。自古以来，“人无信不立，政无信不威，商无信不富”。对企业来讲，就是企业在从事生产经营活动中要依照国家法律规定、市场规则和商业道德规范，规范自己的生产经营行为，在谋求自身利益的同时，不损害国家和消费者的利益，不损害与其相关经济组织的利益，确实维护国家和消费者的合法权益，诚信经营，依法纳税。这样，企业的发展才能有可靠保证。

（二）企业诚信文化是提高企业竞争力的行为准则

企业诚信文化有利于统一员工的行动，最终实现企业利润的最大化。企业诚信文化有利于引导企业中各部门以及职工统一行动并为实现企业共同的目标而努力。企业的诚信文化作为一种积极、健康的理念有利于企业引导员工树立诚信观，统一员工的思想意识，增强企业的凝聚力，促使员工为企业的生产经营目标而努力，最终实现企业利润的最大化。

企业诚信文化有利于调动员工的工作积极性，提高其工作效率。加强企业诚信文化有利于激发员工的工作热情，使员工产生归属感、自尊感和成就感。从而能够调动员工的工作积极性，提高员工作效率。一个有良好信誉的企业，能使企业的员工更多地实现自我价值，从而激发员工更好地为企业奋斗的热情。

企业的诚信文化有利于提高企业的声誉，树立良好的企业形象。具有良好诚信度的企业，更能在社会中获得认可，从而建立起良好的企业形象，而良好的企业形象也能够给企业带来更多的经济利益和社会效益。

企业的诚信文化有利于增强企业的社会责任感。企业必须有社会责任感和公众意识，而企业的诚信文化经营理念，要求企业每项生产和经营都要本着对社会公众和消费者负责的态度，生产质量好、品种多、价格低、服务到位、信得过的放心产品，这样，企业才能吸引顾客、提高市场占有率。海尔集团在价值观和经营哲学中把“敬业报国、追求卓越、真诚到永远”作为海尔企业诚信文化的核心，这使海尔集团的产品在国内外享有很高声誉。

企业文化具有促进企业持续稳定健康发展的作用和功能。企业文化代表着一个企业的素质，是一个企业发展的内在动力和精神支柱，是企业实现发展战略目标、进行科学管理、广泛吸纳人才、不断创新进步的重要保证。建设优秀的企业文化，可以给企业带来活力，促使企业提高素质，建立严格科学的管理机制，培养良好的企业行为，调动各个方面的积极因素，创造良好的发展环境，促进企业持续稳定健康发展。企业文化具有企业经营的指导功能、企业发展的推动功能、企业管理的改善功能、企业意识的导向功能、企业主体的凝聚功能、员工士气的激励功能、思想行为的约束功能、人际关系的润滑功能、两个文明的促进功能、服务社会的感应功能。因此，构建企业诚信文化，是提高企业竞争力的行为准则。

（三）当前企业诚信文化的现状

当前，我国企业诚信的现状令人担忧，一些企业背信弃义、制假贩假等现象屡禁不止，使得企业诚信文化严重缺失。必须重新塑造与构建企业的诚信文化，促进企业健康发展。

1. 企业缺乏健全的信用评价制度

企业的信用评价制度是指一整套的对企业进行信用评价的体系，包括相关的信用评价指标和评价要素。当前在企业信用的评价中缺乏公正性、全面性和透明度。许多评价结果不能及时向社会公开，从而使企业的信用缺失造成的损失得不到社会监督，使企业信用评价起不到监控作用。

2. 企业竞争者的信用缺乏

合同违约和合同欺诈成为阻碍企业发展的致命因素。任何企业都应按《中华人民共和国合同法》的规定行事，一旦合同订立，当事人应当按照约定全面履行自己的义务。当前，一些企业却总是不愿履行合同。有些企业在订立合同时故意隐瞒有关的事实或者提供虚假情况，利用合同骗买骗卖的行为也屡见不鲜。就如一些企业利用其他单位离自己较远、信息不畅，对自己的身份、信誉等缺乏了解又急于推销产品的心理，以“货到款清”为幌子，或签订虚假购销合同，或假意先付部分货款来进行诈骗，给其他企业发展造成严重的损失。

3. 企业偷税、漏税比较严重

不少企业忽视诚信文化建设和诚信文化道德的积累，为了企业的利润最大化，利用做假账等手段千方百计偷漏国家税收，严重损害了国家和社会的利益。因此，必须加强企业诚信文化建设，企业应遵纪守法，应诚信于国家和社会、诚信于市场中的广大消费者，依法纳税，积极承担应尽的责任和义务。在企业诚信文化建设中培育良好的企业经营道德观，为国家和人民作出更大贡献。

（四）诚信品质培育与企业诚信文化建设的关系

企业信用建设不仅仅是制度、程序与技术方面的建设，而更重要的是诚信品质的培育。

1. 诚信品质

品质是与品德、品性、品格等既有联系又互相区别的概念。相对而言，人的品质是指“人在心理和行为方面带有稳定性倾向的个性特征，个人在其行为整体中所展示的素质、人品和价值意义”。品质是观念与行为的稳定性统一。人的行为总是要受一定观念支配的，行为的过程和结果又体现并确认了这一观念，这就是观念与行为的统一。但一次或几次这样的统一还不能形成品质，因为这里具有或然性，只有将这种统一形成稳定的行为趋向，才能称为品质。

诚信品质是诚信观念与守信行为的统一。社会成员仅具有诚信观念是远远不够的，如果不将这种观念付诸实际行动，那观念就只停留在思想领域，诚如黑格尔所言：“假如善的目的这样仍然没有实现，这就会是概念退回到在它的活动以前所具有的立场。”没有实现的善仅仅是善的概念而不是善本身，同理，没有实现的诚信也仅仅是诚信的观念，而不是诚信本身。就现实而言，我们在诚信观念方面的宣传和教育已经够多了，但失信现象仍然是屡见不鲜，有的领域还是相当严重，其原因是社会大众还停留在对诚信概念的认知上，没有真正将此概念变为现实的行为，知善而不行善成为一个比较常见的现象。因此，关键之点在于社会成员能否将诚信观念化为诚信行为，即能否形成诚信品质。

诚信品质是个体在各种社会关系中将内心真诚的信念外化为诚实无欺、守信重诺的稳定的行为倾向。诚信品质有两个要点：

一是必须是由行为者内心的诚信观念所支配的行为，出于某种利益计算的守信行为或是由于外在强制规范而不得不做出的守信行为，虽然也可称为诚信行为，但却不能构成行为者的诚信品质，因为这种守信是不可靠的，只要有机会或具备某种条件，行为者随时可能失信。

第二个要点是，诚信品质必须表现为一种稳定的行为趋向，即不管在任何时候，任何场合，任何条件下，都始终如一地诚实守信，如果偶尔为之，或是因时间、地点、条件的变化而出现不守信的情况，都不能称为诚信品质。具备诚信品质的道德主体能对自己的生命存在作出肯定性的判断和评价，能真心实意地待人，脚踏实地做事，积极地追求自己的人生理想，在社会实践中实现自身的价值。具备诚信品质的人，即使在没有任何外在惩戒制度和监管制度的约束下，也能本本分分做人，规规矩矩做事，在各种社会交往中能做到言而有信，开诚布公，取信于人。这就是儒家所说的“慎独”，只有真正具备诚信品质的人，才能做到慎独。

2. 企业信用与诚信品质的关系

（1）诚信品质、制度与企业信用

当前，对于企业信用的研究主要集中在如何建立以信用评分为核心的信用制度。毋庸置疑，企业制度是诚信经营行为的重要保障。诚信品质和信用制度相辅相成，不可分割。

第一，制度是诚信行为的基本保障。制度有助于约束内部成员的不道德行为，鼓励员工的道德行为。特别是当管理者自身的道德水平受到质疑时，道德对行为的约束力比法律、规章等制度的约束力要低得多。为了改善当代中国的商业道德，制定规则是至关重要的一步。只有当商业人士遵守道德行为的基本规则时，才能对其提出更高的道德要求。

第二，诚信品质可以有效克服制度的局限性。制度本身具有局限性，单纯依赖制度并不能保证人人都有诚信行为。制度的局限性主要体现在其不稳定性、滞后性和高成本性三方面。

首先，制度约束对诚信行为的促进不具有稳定性。单纯依赖制度并不能使社会成员成为真正诚信之人。诚信行为源于诚信品质，脱离了诚信品质的诚信行为不具有稳定性。

其次，单纯依赖制度进行信用管理需要参与者付出更高的成本。郑也夫在《信任论》中写道：“规则与信任之间通常存在着一种互为消长的关系：依靠规则来管理他们相互关系的人越多，他们之间的信任也就越少；反之亦然。”

最后，制度约束具有滞后性。所谓滞后性指的是制度的设立、完备需要很长一段时间。如果脱离诚信品质，往往是在失信行为酿成悲剧的很长一段时间后才能形成完备的制度。

第三，制度设立受到人的品质影响。究其根本，制度的背后是“人”。建立何种制度取决于建立制度的人。例如，道德型领导、伦理型领导更倾向于在企业内建立道德规范，或将道德规范融入其企业制度中，设置相应的措施惩罚不道德行为抑或是嘉奖道德行为，建立公平、公正的氛围。同时，制度建立者在建立制度时要考虑受到制度约束的人具有什么样的特点。所以，制度又会受到被约束者属性的影响。即制度建立者要考虑在既定的社会环境和客观条件下，如何有效地约束或是激励人们做出某种行为。

诚信品质是企业信用的根源，即诚信经营理念是企业信用的根源。从诚信、信任、信用三者之间的关系来看，信用的根源是诚信品质。诚信是一种珍贵的道德品质，包括诚信观念和诚信行为两方面。诚信品质要求人们在交往的过程中做到言行一致。这种品质可以是个人的，也可以是组织的。个人的诚信品质通常被称为诚实守信，企业诚信的品质则通常被称为诚信经营。

（2）领导者诚信品质与企业信用

不管是以人为主体还是以企业为主体，其诚信品质都主要受到自身价值观的支配。所以，若能明确企业价值观和个人价值观两者的关系，即可回答企业诚信与管理者的诚信的关系。从短期来看，企业价值观和个人价值观可能会存在冲突。这是因为个人或组织的真实价值观、真实品质在短期内是可以隐藏的，个人或企业可以通过“伪装”“表演”等手段展现出诚实守信、诚信经营的外部形象。由于信息存在不对称性，一个原本具有以诚信经营为导向的企业很可能会聘用不具有诚信品质的员工和管理者。同时，原本具有诚信品质的个体也可能会进入不诚信的企业。但是，随着时间的流逝，个人或组织真实的价值观、真实的品质展现出来的概率会越来越大。当价值冲突“外化”后，可能会出现以下三种情况：

第一种情况是管理者通过改变企业的价值观，达到两者一致的状态。由于管理者拥有相应的自由裁量权，所以管理者不仅仅是企业制度的代理人。相反地，企业如同管理者的道德代理人，其观念和行为都受到管理者价值观的影响，即管理者在制定决策的时候会将个人价值观和个人利益纳入管理决策中。如果管理者具有诚信品质而企业暂时不具有诚信品质，管理者通过个人诚信促进企业诚信的机制有“正式的”和“非正式的”两种。“正式的”影响机制主要通过制定政策、设计他人的工作岗位、变更工作项目等方式实现个人价值观（含个人诚信）对企业价值观（或企业诚信）的影响。所以，道德型管理者、诚信型管理者可以制定符合道德、符合诚信原则的政策，采用或变更企业的工作项目以实现个人的道德关怀。“非正式的”影响机制主要是通过建立道德的、诚信的企业文化、以身作则地影响员工行为等方式实现个人价值观（含个人诚信）对企业价值观（或企业诚信）的影响。

第二种情况是管理者的价值观被企业的价值观所改变，达到两者一致的状态。在这样的情况下，不道德的管理者可能会被企业崇尚道德的企业文化所“同化”，从而改变原来的价值观而留在该企业。相反地，原本具有诚信品质的管理者进入不诚信的企业后，有可能出于谋生的需要，改变原有的价值观而与企业“同流合污”。但是，考虑到大部分工作能力较强、工作经验丰富的管理者在人才市场上是“供小于求”的，对于这类管理者而言，找到一份新工作并非难事，而个人价值观对行为的支配具有持久性和稳定性。“谋生”很难成为这类管理者放弃个人价值观，违背诚信理念的理由。所以，对于工作能力较强、经验较丰富的管理者而言，第二类情况出现的概率相对较小。

第三种情况是管理者和企业始终无法改变对方的价值观，其中一方选择离开，而达到一致的状态。即管理者无法改变企业价值观，企业也无法改变管理者价值观。在这样的情况下，管理者会主动选择或者被动解雇，离开该企业而“另谋高就”。随着时间的流逝，不诚信的管理者展示出其真实品质的概率会大大增加。不诚信的管理者总是会抱有侥幸心理，违背诚信经营原则采取投机行为。具有诚信品质的企业往往会通过建立内部制度等手段展现出其诚信导向，所以，当其管理者的真实品质暴露后，企业会以管理者违反公司制度为由，将不诚信的管理者驱逐出企业。如果是个人具有诚信品质，企业不具有诚信品质的话，且管理者改变不了企业价值观，那么在这样的企业工作有违管理者个人的价值观，管理者就会选择离职、跳槽等方式离开企业。

第四章　企业工商管理模式的缺陷

第一节　欠缺高水准的工商管理

企业本身如果欠缺较高层次的工商管理水准，那么很可能将会干扰到企业的平日运营。在情况严重时，忽视工商管理还将会减损企业自身应有的竞争实力。这是因为，企业本身是否拥有优良的竞争实力，较大程度决定于工商管理的成效性。但从现状来看，仍有较多企业无法拥有高水准的管理流程，因而减损了市场占有率。究其根源，就在于企业及其有关部门欠缺实时性的协调与相互配合，客户导向也被忽视。受到上述现状带来的不良影响，当前很多企业无法致力于顺利开展日常沟通，欠缺必要的互动性以及协调度。近些年以来，很多企业都在更多关注规模化的企业自身经营。但是与此同时，企业如果倾向于忽视自身现有的管理模式，那么将会无法拥有较高层次的经营实效性。由于受到此种影响，很多企业至今没能实现规模化以及信息化的日常经营。作为管理者，某些突显的日常管理难题无法妥善化解，以至于很难顺利适应当前的激烈行业竞争。

一、企业竞争力的含义

企业竞争力，就是能够使企业在市场竞争活动中制胜的能力，即企业的竞争优势。它是一个由多种因素组成的系统。产品性能高、成本低、质量好、价格便宜、服务周到，甚至产品的款式新颖都可以形成竞争力。企业竞争力的本质是从企业的产品服务对象角度来界定的，就是让消费者得到真正好于、高于竞争对手的不可替代的产品的价值、服务以及文化。

从经济学角度而言，竞争力是市场竞争的产物。由于我国经济体制改革后才逐步走向国际市场化之路，因此，关于企业竞争力，尤其在企业的国际竞争力方面的研究远远落后于欧美发达国家。目前，关于企业竞争力的研究尚未形成完整的体系，还很少见到完整体系的经典专著；有部分著作也是从管理学或者营销学角度来阐述“企业竞争力”的。另外有些成果虽有一定深度，但仅从企业竞争力的某一个方面进行了研究，其思想和观点仅散见于有关研究成果之中。

二、基于能力的企业竞争力理论的介绍

（一）基于能力的企业竞争力理论起源和发展

企业能力理论的产生和发展，为企业竞争力理论的完善和发展提供了强大的理论支撑和动力推动。该理论从企业更本质的层面提出了提高企业竞争力并保持持久竞争优势的核心因素。

企业能力理论的提出首先源于现代企业理论的局限性。传统的新古典经济学主要研究价格在平衡市场供求、实现市场均衡过程中的功能和作用。服务于这一目的，该论理的最小分析研

究单元是进入市场的企业和消费者，不研究企业内部，因此我们称之为“企业黑箱理论”。

现代企业理论认为，企业作为一种行政性协调机制，或一种契约组织，强调的不仅是交易过程中的各种“规制”。这种理论无一例外地忽略了作为社会经济组织的企业所具有的“生产特征”。以这一理论作为指导，企业的决策机制、供应机制、生产机制和销售机制等的区分都不过多地考虑生产成本因素，而仅仅关注交易成本，背离了现实。而且，现代企业理论无法有效解释现实企业实践活动中的一些重要现象，如企业运用外部资源从事过度负债经营的活动。

企业能力理论，特别是企业核心能力理论的迅速兴起同时源于主流管理理论的缺憾。在管理学的发展历程中，18 世纪中后期到 19 世纪末期强调经验管理，20 世纪初至 40 年代信奉科学管理，20 世纪 60 年代末至 70 年代崇尚战略管理。到 20 世纪 80 年代初，迈克尔 · 波特的竞争战略理论和企业竞争力理论成为管理学的主流理论。

（二）基于能力的企业竞争力理论具体内容

波特的企业竞争力理论提出了企业如何在产业内定位、如何在激烈的竞争环境中获取高于平均利润的思想。波特认为，产业环境中存在五种基本力量：潜在入侵者、替代品的威胁、供方砍价能力、买方砍价能力和同业竞争者。如果企业想要在同业内形成战略优势就必须进行准确定位，并善于利用这五种竞争力之间的内在相互关系，推动这些力量向有利于自己的方向转变。

波特的竞争战略的选择由两个最基本的中心问题组成，即企业能够长期盈利、具备吸引力的产业和企业在该行业中的定位。波特认为，企业获取超过行业的平均利润，要从两个方面入手：以比竞争对手更高的价格，或者比竞争对手更低的成本来实现。波特提出了企业获得竞争能力的三种基本战略：总成本领先战略（Overall Cost Leadership）；差异化战略（Differentiation）；目标集聚战略（Objectives Focus）。以上这三个战略的实质就是使企业与竞争对手产生差异化，实现竞争力量的可对比性。要理解产业差异的实质，必须把企业看作是各种经营活动组成的多种因素的价值链而不是单一的一成不变的个体。企业要建立持续的竞争力，就要不断改善本企业价值链上各种活动之间的关系。因此，波特认为，竞争优势战略的关键在于选择，即企业在向市场提供某种价值的同时也必须决定放弃一些什么。企业为获取竞争优势，还要使各种经营活动相互适应。

波特的企业竞争力理论主要由以下三个核心内容构成：

企业竞争力决定于行业的五种竞争力量。

创造获取竞争优势的三个基本战略。

“价值链”与竞争优势创造。

他的理论从竞争定位到基本战略再到价值链，递进式地提出了企业获取竞争优势的较为完整的理论体系；同时还揭示了企业为增强竞争力、获取持久的竞争优势的三个关键因素：

一个具有吸引力的行业。

选择企业在该行业的相对定位。

利用价值链来创造竞争优势。

（三）基于能力的企业竞争力理论的局限和不足

任何一种理论都不可能是完美无瑕的，波特的企业竞争力理论也不例外。这种理论存在如下缺陷：

波特的五种竞争力量分析模型不能突破把企业视为“黑箱”的局限。

波特实际上是以产业作为研究对象，并没有很好地站在企业成长的角度分析企业竞争战略的制定和实施，在指导企业竞争力的实践中仍显得乏力。

波特忽视政府在竞争政策和创新机制上对企业竞争力的作用。

同时在关于企业竞争优势的来源和培育方面亦存在着一定的片面性：

一是波特主要强调成本和差异这两方面因素，的确事实上这两个因素是属于企业的直接竞争力，但是企业还存在着诸多的间接竞争力，如企业管理、人力资源、技术创新等。虽然这些方面他也有所论及，却不系统。

二是波特在分析价值链与企业竞争优势的关系方面忽略了核心竞争能力的问题。事实上一个具有竞争优势的企业，其优势是综合性和多方面的，不可能来自价值链的所有环节，而是源于某些特定（对于个体企业来说是核心的）环节，即价值链的战略环节。梁能博士认为，“企业的竞争优势来自企业价值链上某些特定环节”“要保持企业的战略优势，关键是控制企业价值链的战略环节”。

最后，波特对企业竞争力的分析倾向于财务学和市场营销学，这一点在他的三个基本战略上有很好的体现，仅利用财务学和市场营销学知识工具显得不足，因为企业竞争力是一个综合的范畴，离开经济学和管理学将难以建立一个真正的理论体系。

三、企业竞争力的影响因素

（一）企业竞争行为能力方面的影响因素

行为能力是指由企业的资金大小、产品市场占有情况等企业的经济规模效应所表现出来的一种竞争能力。企业竞争力的竞争基础是企业的规模效应，通过企业的竞争能力来体现。能力是企业在进行资源优化配置的过程中完成某一任务或活动所使用的方法和手段。能力不是企业所拥有资源的集合，而是企业内部所有资源之间的相互协调的复杂关系（欧美有一种比较形象的比喻叫：能量的化学反应），它是企业在环境变化的前提下自发性和能动性地去适应变化着的经济大环境的体现，能力具体反映在企业通过整合资源的方式实现预期目标的活动之中。

能力因素包括企业创新能力、经营能力、融资能力、国际市场拓展能力和企业社会能力等。市场是企业竞争的场所，市场的各种属性（包括市场构成、市场细分、市场竞争程度等）直接影响企业竞争力的大小。市场竞争可对企业产生巨大的压力和动力，使其不断进行改革和创新，改善企业的组织形式，提高内部的管理水平，采用更先进的生产技术和生产方法，以降低生产成本，降低产品价格，提高自身的价格竞争力；市场竞争还会推动企业改进产品设计，提高产品质量，以此提高产品的竞争力；市场竞争还会迫使企业采用新的营销战略，改进产品的售后服务，保持和增强企业竞争力。

（二）企业内部各种资源方面的影响因素

所谓企业内部资源就是企业自己所具有的或通过各种途径可获得的，用于企业生存发展所需要的各种生产力要素。我们对企业的内部资源的传统认识主要侧重于外在的、看得见的、物质的、实质性的内容，多认识到的是构成企业内部资源的各种物质要素，例如:技术开发团队，生产服务团人员和硬件等。一般来说，构成企业内部资源的最基本的要素，除了劳动者、劳动对象、劳动资料以外，还应包括科学、技术、分工、协作、管理、信息等诸多因素。这些要素，有的是企业内部资源系统中的独立要素，有的综合作用于整个系统中，有的是分别作用于生产力各个要素并通过这些要素表现出来。因此，如果从系统的角度来分析企业的内部资源可以发现，现代企业生产力各要素之间构成了一种相互联系、相互补充、相互制约的有机的整体。没有这些资源的组合，现代生产力就无法形成、无法起作用。

企业内部可获得的资源方面的影响因素主要包括以下几个方面：企业的研发能力，生产能力，人力资源情况，市场营销能力，企业组织架构，以及企业的信息系统建设情况六个方面的因素。

企业的研究与开发能力是指企业依靠本公司的技术革新、人力资本、生产设备等技术的投入所表现出来的一种竞争能力。企业的研发能力是企业竞争力的核心要素。

企业的生产能力。进入 20 世纪 60 年代以来，科学技术日新月异，科技的生产力转化周期越来越短。新的技术，新的工艺更能快速地适应市场上产品的激烈竞争，设备的现代化水平，自动化水平、企业生产出良品的效率直接关系到企业的发展成长。企业的生产能力中包括国际先进设备的采用情况，优质品率（FPY）等。

人力资源开发。企业之间的竞争很大程度上就是科学技术的竞争和管理水平的竞争，而科学技术和科学管理是由代表先进技术的科技人才所掌握，实际上科学技术和科学管理的竞争就是人才的竞争，也就是人才素质竞争。只有在人才资源开发利用上达到国际水平，才能使得我们的技术开发与创新和企业的科学管理具有国际竞争力，才能最大限度地降低技术交易成本，使企业保持技术领先与成本领先的优势，进而有效地提高企业的竞争能力。

市场营销能力。在市场经济飞速发展的今天，尤其是买方市场的出现所形成的企业间的激烈竞争，各企业都把拥有和发展固定的客户群作为企业长存和发展的根本来抓。树立顾客至上的营销战略，根据顾客的需求和偏好建立一套让顾客满意的营销体系是提高企业竞争的有效手段。

企业的信息系统建设。企业的信息系统建设即挖掘先进的管理理念，应用先进的技术去整合企业现有的设计，生产，制造，经营，管理，及时地为企业的“三层决策”系统即战术层，战略层，决策层提供准确而有效的数据信息，以便适应市场化的竞争要求，提高企业的竞争力。

（三）企业战略和管理方面的影响因素

企业战略和管理能力是企业竞争力的深层次因素。我国大部分企业缺乏长远战略思想，导致我国企业多缺乏可持续发展的后劲。战略和管理能力是企业竞争力的最终源泉。企业战略和管理方面的影响因素主要可以分为战略焦点，企业精神、经营理念，领导者素质，管理水平四个大的方面。

企业的战略焦点是企业管理层决策选定的，战略焦点决定了企业资源的投入与分配方向，决定了企业竞争潜力转变为竞争行为的能力。

企业文化精神是企业确定经营活动方式所依据的信念、价值观和行为准则，是企业在社会中起何种作用和如何起这种作用的一种抽象反映。想了解一个企业，就必须首先知道它的企业文化精神或称为企业宗旨是什么。

领导者素质在塑造企业竞争力的过程中起着巨大作用。优秀的领导者具备以下几种素质：决策水平；组织协调能力；凝聚力；创新精神；社会责任感。

（四）企业核心能力方面的影响因素

企业的核心能力是企业在其长期的生存竞争活动中积累而来的，与众不同的，独特的，不易被人轻易拥有、转移或模仿的经营能力。它能为企业通向各种市场提供潜在的通道，对最终产品所体现的消费者利益有着显著的帮助和贡献。具体包括以下几个方面：

企业战略能力方面包括企业高层管理对企业创新的支持与参与情况；企业经营战略与技术战略的整合度；以及企业家和企业家的战略精神；企业战略共识，即企业长期化行为倾向。

企业核心技术能力中包括更新系数及周期，核心技术先进程度，产品开发能力，工艺创新与产品创新的匹配状况。

企业组织界面管理能力中还包括企业组织构架的稳定性，企业对变革冲击的接受程度与适应性，企业内部激励机制的有效性。

企业核心营销能力中包括企业对市场需求及其变化的理解程度和响应度，企业对销售渠道的管理与控制，企业品牌知名度及其有效管理，企业主导产品市场占有率。

（五）企业所处的外部经济环境因素

企业总是在一定的经济环境中存在和发展的，其配置、整合资源的行为必然受经济环境的影响。这个经济环境的元素应该包括企业的竞争对手，也包括企业和竞争对手共同存在的市场，还包括对企业、竞争企业和市场都会产生影响的政府。

本企业与竞争对手的竞争关系。主要是指参与竞争的双方在市场中的位置。就竞争双方的竞争领域来说，一个企业和竞争对手企业的竞争行为可以上溯至生产要素市场，但主要是在产品市场中。因此，从企业竞争所处的产品市场位置来看，本企业在市场中是属于在位企业还是进入（挑战）企业，是该市场中的领导者企业还是追随者企业，都会对企业竞争力产生影响。

市场因素。从市场类型看，市场竞争的激烈程度取决于市场属于完全竞争、垄断竞争、寡头垄断和完全垄断中的哪一种类型。在不同类型的市场中，市场势力赋予本企业在竞争中的优势（或劣势）地位，从而对企业竞争力产生直接影响。市场的发育程度也会对企业竞争力产生影响，相对于初期市场而言，成熟市场中企业间的竞争会更规范。同时，在市场广度方面，国内市场竞争刺激企业进行大规模投资，改进生产技术，提高生产率，提升企业竞争力；随着国内和国际市场的融合，市场需求规模不断扩大，国内市场竞争还可促进企业拓展国外市场，同时应对外资企业的竞争挑战。

政府因素。政府可以通过调整货币政策和财政政策间接影响企业竞争，也可以通过具体的产业政策对企业竞争产生直接影响。政府还可以增加对教育、科研的投入，提高企业的科技水平，也可以通过保护和激励政策，提高企业竞争力。此外，政府可以通过法律手段或经济手段，改变国有企业、民营企业和外资企业在整个国民经济中的比例关系。

第二节　理念与认识的滞后性

某些企业单纯关注了自身能够拥有的经营实效性，因而对最根本的工商管理持有忽视的心态。此种类型的企业通常都会觉得自身即便着眼于改进现阶段的工商管理，也很难在较短的时间段里优化自身的综合性经营实效，更不会带来真实可见的经济利润。受到上述认识带来的各种影响，企业在潜移默化中就会忽视管理。面对信息化带来的各种显著影响，企业如果没能着手引进信息化的全新手段，那么可能遭受竞争淘汰。长期以来，很多企业仍然遭受计划经济给其带来的约束性或者局限性，以至于没能迅速实现自身的全面转型。在面对市场化的状态下，企业很难借助优化工商管理的举措来提升自身占据的行业位置。此外，某些企业自身欠缺必需的管理机制作为根本保障，企业开展的日常经营呈现无序状。受到激烈行业竞争带来的效应，上述企业将会逐步遭受市场淘汰，无法在较短时期内展现自身应有的优势竞争。

一、片面重视经济发展的效能

部分现代化企业对经济发展效能过于重视，所以忽视了企业安全管理中的社会综合效益，尤其是一些生产过程中容易造成重度污染的工业企业，比如国内的煤矿企业、机械生产企业及制造企业等，会在发展的过程中造成环境污染的问题。如果企业在经营时没有考虑社会效益，并且没有对传统的管理方式进行优化设计，必然会造成大量的管理资源浪费，可能会导致企业的综合竞争力不足。况且企业在经营的过程中，会形成独特的经营理念，员工的观念会受到企业经营理念的影响，如果企业自身对社会效益的发展不够重视，则员工自身也会存在一种消极心理，或者对企业的发展文化并不认同，长期就会影响企业的综合竞争实力。

（一）企业社会责任承担的类型分析

一般来讲，企业除了承担产品、环保和社会责任之外，还应当逐渐增加公益责任，以及慈善方面的责任承担。具体来讲，企业的社会责任主要包括以下方面。

1. 企业的产品责任

产品是企业存在和发展的根本，也是企业在任何生命周期中都必须承担的主要责任。具体来讲，企业承担的产品责任主要包括产品质量责任和产品技术研发责任。产品质量责任是企业对自身生产和经营的产品质量必须承担的保证责任。产品质量责任不仅关系到相应产品的性能和寿命是否达到消费者的预期，消费者的合法权益能否得到顺利实现，而且某些关系到安全的特殊类型产品，如电器和食品，相关产品的质量甚至直接影响到消费者的生命健康安全乃至社会秩序的稳定。产品质量责任的承担，不仅与消费者和社会利益息息相关，更能够通过消费者和社会的反馈直接影响到企业的市场和效益，从而与企业自身的生死存亡密切相关。即使企业已经积累了足够的产品质量保证的经验，一般不存在产品质量问题，但同样必须时刻关注这一责任承担的重要性，不能因为已有的成绩而忽视后续的责任承担，否则企业也可能因为产品质量责任承担的不足而导致企业的生存危机甚至生命的结束。产品技术研发责任则是企业通过自身产品研发投入从而促进社会技术进步需要承担的责任。由于市场的不断变化和消费者对于产品性能要求的多样化，产品技术研发投入对于企业的可持续发展有着举足轻重的作用。一方面，企业只有通过不断的产品工艺改进和新产品开发，才能使产品成本稳定降低，并维持消费者对于企业产品的消费需求；另一方面，企业的产品工艺改进和新产品开发，事实上成为社会进步和发展的重要组成部分，直接推动了相关的社会整体技术发展和进步。因此，产品技术研发不仅是企业承担促进社会进步责任的应有之义，而且对于企业自身的经济效益有着非常关键的影响。对于发展期企业来说，直接关系到其能否在市场上立足并取得相应的市场优势，对于衰退期企业来说，关系到已有产品生命的延续，以及新的产品市场的转型。

2. 企业的环保责任

环境保护是现代工业文明高度发展导致的全球性问题。由于企业是工业文明发展的最大受益者，按照谁受益谁补偿的公平责任原则，由企业承担相应的环保责任，尤其是企业自身发展导致的环境问题的治理责任，不仅是必要的道德伦理，而且是《中华人民共和国环境保护法》及相关法律对企业发展的最低责任要求。企业发展规模越大，对环境的破坏力越大，以环境破坏为代价所获得的收益越高，因此现代社会对企业的环境保护责任承担的要求同样更高。对于企业来说，承担更多和更高标准的环境保护责任不仅是企业应当承担的法定责任和道德责任，同样是企业同政府和社会保持良好关系的重要基础和前提。

3. 企业促进地方经济发展责任

企业前期的高速发展，乃至维持现状都需要所在社区必要的人力资源、市场和政策方面的良好支持，保持与所在社区良好的关系，是企业稳定发展必不可少的外部环境条件之一。因此，在企业完成高速发展阶段的积累之后，通过支持地方的经济发展，进一步巩固和维持同地方的良好关系，是企业可持续发展的关键因素之一。具体来讲，促进经济发展的社会责任主要包含以下几方面的责任。

一是促进地方就业的责任。企业通过大量雇佣所在地方的人力资源，能够有效促进当地居民收入的增长，从而刺激地方经济的增长。对于企业自身来说，促进地方企业发展不仅可以改善企业同地方政府的关系，并在当地民众中树立良好的企业形象，而且能够通过增加当地居民收入有效扩大自身产品在当地的市场份额。

二是尽可能采购当地供应商原材料的责任。企业由于生产规模的扩大，需要从外部采购大量原材料满足自身需要。采购当地供应商原材料，不仅能够在一定程度上减少材料采购的物流成本，而且有利于企业同当地政府与企业之间和谐关系的形成。对企业所在地来讲，当地较大规模的材料采购，能够直接拉动地方相关产业和整体经济的发展，促进当地居民收入水平的提高和企业地方市场的扩大。

4. 企业促进行业发展责任

企业通过承担促进行业发展的责任，保证良好的行业生态，维持企业在行业内部稳定的经济份额，是企业必须高度关注的问题。

5. 企业的社会公益责任

责任无论是产品责任、环保责任还是促进地方行业经济发展责任，都同企业的经济效益有着非常直接的联系，是企业取得自身经济效益的必需基础。然而，对于企业来说，除了承担上述责任之外，还必须承担一部分与企业经济效益不存在直接关系的社会公益责任，即仅从形式逻辑上观察，社会公益责任的承担同企业经济效益的取得不存在直接联系。社会公益责任虽然不能直接增加企业的经济效益，但却能在很大程度上改善企业在政府和公众中的形象，对塑造良好企业形象有着至关重要的影响，这些影响对于维持企业至关重要的外部经营环境具有非常重要的作用。

（二）企业经济效益及与社会效益的关系

随着我国经济市场的发展，我国企业朝着国际化方向不断迈进，企业的规模形式和企业内部的精神文化水平都有了长足的进步，尤其企业对社会效益的影响作用越来越大。我国正处于社会主义的发展阶段，社会生产力还不够高，现阶段很多企业在发展经济的同时忽视了对社会效益的提高，导致了企业片面的经济效益发展方向，这是不科学的发展途径。

1. 企业该如何正确认识社会效益

当前阶段我国企业发展形势迅猛，但是多数企业对于自己在社会中的社会责任存在着一定的误区，而企业社会责任的完成则有助于社会效益的提高，因而把持正确的社会责任认识对于企业的发展而言至关重要。在我国很多企业对于社会责任感的认识存在误区，主要表现为企业认为企业的社会责任感就是慈善捐赠、等同于照章纳税，认为社会责任与“企业办社会”差异不大，而且在企业对社会责任、社会效益的认知中，我国多数企业认为社会责任是政府事业单位的事情，或者是大企业出口型企业的事情，与自己中等或者小等企业并没有太大的关系，因而现阶段企业如何改变错误的社会责任认知，成为当前刻不容缓的重要工作。

在企业对社会责任和社会效益的认知中，企业应该认识到企业的社会责任并不等于慈善捐助、缴纳税款、涵养社会，这是一个错误的认识，会让企业陷入一个以偏概全的对社会责任和社会效益的误解当中。从社会责任与慈善捐助的对比不难看出，从时间纬度上讲，企业的社会责任出现更早，而慈善捐助出现得较晚，从广度看，企业的社会责任更宽，责任和要求更多，而慈善捐助则是相对有限；从两者的义务范围来看，二者存在着较大的差异，企业慈善捐助有着较强的单一性，指的是企业单方面的对其他企业或者其他非企业实体个体进行的帮助行为，例如企业向希望小学捐款捐物等。而社会责任则非常的广泛和开放，其不仅仅包含企业对企业或者非企业的个体团体的实物捐赠，还包括对一些弱势群体和受灾群众的帮助，这种帮助不仅仅局限在实物上，更表现在社会救援方面，例如企业对广大受灾群众开设医疗站、进行再就业培训，或者再就业的招工等。所以现有阶段我国企业应该正确地看待社会责任和社会效益，从而为承担社会责任提高企业在社会生活中的社会效益影响奠定基础。

2. 现阶段企业经济效益提高与社会效益的关系

当前阶段我国企业发展迅猛，尤其是以大中型企业通过引入外资和外来先进的管理经验、科学技术，在我国本土相对廉价丰富的劳动力资源的支持下，我国企业有了长足的发展，企业的规模和企业的综合市场竞争力有了巨大的变化。但是纵观我国各类企业，不难看到我国当前的企业发展模式还无法和国外多数企业相媲美，主要的区别就在于，我国的企业多为劳动力密集型和资源密集型企业，而国外多为资本集中型和管理集中型的企业，这也就导致了我国企业在发展的过程中所走的发展道路和国外企业的发展道路不同。国外的高新资金技术集中型企业多是通过对资金的再管理和技术的高新发展实现利益的增长和企业规模的增大，而我国企业则是多采用扩大企业规模，使用更多的劳动力和企业工坊，通过扩大企业产量的方式来提高企业的经济效益，因而很多企业在提高产量的同时，难免会占据工人大量的应有的休息时间抑或者其他社会活动时间，在经济效益提升的时候，难免损伤到了工人的社会效益，这是一种不科学不理想的发展道路。而在企业兼顾社会效益提高的同时，又不得不放缓生产节奏，从而降低工厂生产效率降低产量，来让工人获得充足的社会活动时间，此段时间又不可避免地损失了一部分企业的经济利润，因而，就当前我国现阶段企业的发展模式与社会效益的关系不难得到，现阶段我国企业经济效益的提高和社会效益提高之间存在着矛盾的关系，这种关系是以一方的降低而实现另一方的增长，不符合管理学中的双赢甚至是多赢理论，现阶段我国企业的发展模式亟须改变。

3. 当前我国企业经济效益和社会效益关系的发展

通过对企业在社会中的社会责任的分析和社会效益的重要影响位置剖析不难看出，当前我国企业要实现经济效益和社会效益的双向共赢局面，彻底改变现阶段经济效益和社会效益相矛盾的现状，就要大力发展生产力，一方面不断地加大开放力度采用“走出去”“引进来”两条方针，加大本土科技研发投入，提高自己企业的科技水平，尽快地将企业从劳动资源密集型产业转变成人才技术资金密集型产业，只有真正掌握核心科技与产业发展动脉，企业才能真正地占据产业活动中的主动地位，在新一轮的竞争中建立出符合当前时代市场经济要求的新目标，并朝着目标不断前进，在提高自己本身企业利润和企业规模的同时，更给广大企业成员带来切实的工资社会回馈，提高广大企业成员的生活水平，真正实现企业经济效益和社会效益双向发展的共赢局势。

4. 企业经济效益与社会效益双赢关系的关键点补充

要实现企业经济效益与社会效益的双赢关系，就必须使企业加大对社会责任履行行为的重视性，企业社会责任的性质决定了其重视关系规范和社会规范的作用，关系规范是企业社会责任承担过程中企业与社会长期交往和互动情况下，企业与利益相关者之间不断交互和博弈所形成的规范，企业及其利益相关方在作出行为选择的时候需要对这些行为规范进行适量的考虑和研究，从而以社会企业多方位全面的角度来进行企业政策和企业发展措施的制定，更好地在实现企业经济发展的同时促进社会责任性义务的完成，坚决不制定以短期利益为基的企业方针政策，拒绝以牺牲社会效益、环境污染等为代价的企业政策，坚决在“统一体”的意识下，进行有序科学的企业生产策略的制定和安排。这里的“统一体”指的是关系契约学中的统一体，其特征是分析企业社会责任实现的一个重要视角，其意识指的是企业与社会共同体生活的方式，指的是拥有的共同价值、规范、目标的组织或者实体。通过“统一体”观念的建立，企业更加重视与其他社会成员的和谐相处，从而在完成本身经济发展的同时更好地促进企业社会责任的完成。此外，企业在长期社会责任的完成过程中，也会在社会上对企业本身的知名度和品牌内涵起到宣传作用，无形之中提高了企业本身的知名度，更给企业本身带来实惠的经济创收，这也是社会效益提高的良性反应表现之一。

二、新技术引进程度相对较低

现代企业的市场竞争无非是技术实力与资源实力的竞争，而技术的研究依赖于人才资源基础，所以技术的升级是推动企业发展的新动力，许多企业在长时间的发展中，并不重视对企业科技的创新研究，反而将管理工作的重点放在缩短开支方面，以便于企业扩大利润空间，但是企业在市场竞争中的利润空间应当是依靠新技术、新产品去扩展的，而并非一味地缩短开支就能够完成的，相反，企业应适当地在研究新技术方面加大投入，积极研究新技术、新产品，不断创造企业生产的新技术，安排新的生产线，有助于提升各部门生产的工作实效。对于当下企业的内部管理工作而言，新技术引进程度较低是企业管理者必须重视的问题，让企业的员工不断接触行业中的新事物，才能促进员工的成长。

（一）宏观影响因素

1. 外部环境

企业是市场经济中的创新主体，在创新过程中面临的外部环境直接影响企业技术创新的意愿和动力，通过外部环境的改善有助于企业在技术创新活动中充分发挥正外部性、非竞争性等作用。中国学者对于企业技术创新的外部环境进行了大量的研究和探索，从融资环境、市场环境、产业集群环境、政策环境四个维度进行研究。

（1）融资环境

风险投资的优劣影响企业技术创新发展。目前中国学者一致认为小微企业的技术创新受风险投资的促进作用十分明显，风险投资类型的差异对小微企业的促进作用也存在异质性，公司型风险投资与独立型风险投资相比，前者对小微企业特别是技术创新型小微企业技术创新的影响作用更大；企业创业投资数量与投资企业的技术创新绩效之间存在显著的倒“U”型关系。

（2）市场环境

市场环境规制的差异对企业技术创新的影响程度不同。从当期促进效果来看，公众参与型环境规制在短期能够促进企业技术创新，但是幅度较小。而命令控制型的环境规制也能够起到正向作用，但是存在抑制的滞后作用，所以命令控制型环境规制的实施应考虑时效性；从长期促进效果来看，市场激励型环境规制则表现更好，能够长期促进企业技术创新活动。外部的市场化水平越高，越有利于企业技术创新，在市场化过程中，本期的技术创新结果还受到上一期创新水平的影响。营商环境与市场化水平具有紧密联系，可以通过国际贸易与个体教育水平提升等方式改善营商环境，从而促进企业技术创新水平的提升。

（3）产业集群环境

企业所处产业集群的多样化和专业化能够有效促进技术创新效率的提升，并且产业集聚多样化的作用强于专业化。嵌入产业集群中的企业，在集群网络中的位置以及与其他主体的协同能力对企业技术创新的影响不同。嵌入集群网络的企业知识转移、知识创造均对技术创新存在正向的间接影响。

（4）政策环境

合理的政策支持能够有效提升企业技术创新能力。但政策支持的效果根据企业成长阶段、所处区域和行业的不同，也存在较大差异。

第一，根据企业成长周期，从短期激励效应来看，政府补贴对技术创新产出的促进作用更显著；而从长期激励效应看，政府补贴对创新价值实现的方差贡献更大。所以，地方产业政策仅能对成熟期企业起到激励创新产出效果，但对成长期企业的影响并不显著。

第二，根据企业所处区域，一项产业政策的出台，各类政府对市场干预的强弱不同，学者研究发现，产业政策效果影响大的地区，政府干预力度较小，产业政策实施的效果应由市场化自主判定。

第三，根据企业所处行业，以当前最热门的数字经济行业为例，政府补贴和行业准入制度等政策对其具有正向影响，但是税收优惠等政策影响并不显著。但是有些行业通过信贷、税收、研发费用抵扣、政府补贴等政策，能够鼓励民营企业技术创新。

总体来看，外部环境对企业技术创新的影响受诸多间接因素制约，产业间技术的差距、企业规模的不同、政策支持方式与力度的差异、市场环境规制的各种类型都对企业技术创新具有不同程度的影响。政府补贴不是越多越好，存在门槛效应，换言之，补贴额度应在阈值内，才会对技术创新有促进作用，而且对于非高新技术企业而言，研发费用加计扣除政策对其无显著影响。

2. 创新战略

一般情况下，企业是在市场导向或科学发现导向的前提下进行技术创新，所以，创新战略直接影响企业技术创新的方向。根据企业所处不同成长阶段所面临的不同外部环境特点，采取具有针对性的创新战略，例如，在企业萌芽期，一般采用一元创新；在成长期，通常采用二元创新（制度组织创新为主和技术创新为辅）；在成熟期，采用另一种二元创新（技术创新为主、组织制度创新为辅），是一个螺旋上升、循环往复的过程。

当前很多中小型企业采取创业导向型战略，经研究发现企业创业导向战略与技术创新绩效之间存在显著的“U”型关系，创业导向强度存在一个阈值，当低于该阈值时，创业导向对技术创新绩效产生“挤出”效应。当企业发展到一定阶段，采取技术突破性创新战略，即脱离原有技术轨道，针对市场潜在用户或前沿技术而进行的非连续性的、非线性的技术研发活动，这一战略将给企业带来巨大变化，若新技术研发成功，企业将形成技术跨越，同时还可能会重塑或引领行业规则和标准。另外，还有很多企业选择并购创新战略，一般情况下，并购商誉水平越高，企业的技术创新水平越低。而且，以现金为主要支付方式的技术并购对技术创新投入和产出均会产生影响，对创新产出产生抑制效应，对创新投入产生挤出效应。还有诸多企业采取产学研联盟等创新战略，但是该战略实施过程中，成果转化和创新创业的作用不显著。

（二）中观影响因素

1. 企业规模和类型

企业类型和规模是决定企业技术创新的关键内部因素。中国学者主要从国有和非国有企业、大型企业和中小型企业、高技术企业与非高技术企业等角度进行研究。一般而言，企业规模存在一个阈值，只有在阈值内，企业规模与技术创新之间是正向促进关系。非国有企业和大中型企业的技术创新提升受政府资助的正向影响较少，政府研发资助对微型企业的促进作用明显，然而对国有企业和小型企业存在显著抑制作用。就中国的民营企业和大规模企业而言，税收优惠的激励作用更大。在高新技术产业方面，相比国有企业，金融发展水平对非国有企业的技术创新影响更显著。所以东北地区存在的大量国有企业要实现技术创新突破和转型升级，不仅要从企业自身进行变革，还应调整地区产业结构。另外，根据跨国企业技术创新与企业经营发展的特点，应重视研发国际化，而且高新技术企业认定也能够有效激励企业技术创新。

当国有企业实施混合所有制时，非国有资本参股有利于国有企业技术创新，当非国有资本参股超过 10% 时促进效果更加稳健。非国有资本参股主要通过加强内部控制和完善高管薪酬激励两个途径对国有企业技术创新水平产生积极影响。而且，非国有资本对地方国有企业、竞争性国有企业、市场化程度较高地区的国有企业的技术创新也具有正向促进作用，但是对央企和垄断性国有企业技术创新的激励作用不显著。非国有资本对规模较小的国有企业技术创新的促进作用显著，对规模较大的国有企业不显著。从企业性质与规模的角度分析，私营企业的技术创新活力较强，而国有企业则有待进一步提升，外商投资企业在新产品和劳动生产率方面具有明显优势。但是从创新投入和产出上看，国有企业强于私营企业，但是商业化水平低于私营企业。可见国有企业具有技术创新的基础优势，但是没有转化为市场优势，民营企业较高的技术创新绩效主要来自模仿、引进外来技术、节约成本等方式，而非自主创新。

2. 企业文化

企业文化在技术创新过程中发挥重要的调节作用。企业文化是组织成员共同价值观念的集合，既可以通过制度设计，也可以通过改善企业管理者的创新意识和行为，影响企业技术创新能力。企业创新动力会受到企业文化的直接影响，当企业文化的凝聚作用弱，或者企业员工不能充分认同时，该企业技术创新动力不足。技术创新对文化创新具有渗透提升作用，文化创新对技术创新具有驱动作用，而且，企业社会责任在文化创新中的作用愈加凸显，当前企业发展到一定规模、技术创新发展到一定水平后，须将社会责任理念融入社会创新活动中。企业文化驱动技术创新可以通过依靠完善现代化企业管理文化、培养各类专业技术人才、加强企业品牌文化建设等方式得以实现。企业的文化模式不同，技术创新的选择方式也不同，灵活文化和市场文化倾向于率先创新方式，层级文化倾向于模仿创新方式，企业若想提升其技术创新能力，就需要结合自身的文化模式来选择适合的技术创新方式。由于技术创新的高风险性和高利润性，鼓励和容忍文化、自由文化等灵活文化对企业技术创新均具有正向影响。

（三）微观影响因素

1. 创新投入

对于企业技术创新投入的研究，主要包括 R&D 投入和创新人才投入两大维度。其中，R&D 投入是企业进行技术创新的基本前提，学者们的研究观点基本一致。在企业人才方面，由于不同等级、不同类型的人才在企业技术创新中具有不同的作用，所以，对企业技术创新的影响程度也具有明显差异。

（1）R&D 投入

研究一致认为，企业若想在激烈的竞争环境中持续生存下去，必须加强 R&D 投入，企业发展的优势与薄弱环节都应重视 R&D 投入，尤其是薄弱环节，R&D 投入对企业技术创新的效率与效益均会产生积极的促进作用，特别是在高技术企业中的表现更加显著。相比各类其他影响因素，R&D 投入对企业技术创新的影响系数最高。

（2）创新人才投入

创新人才始终是企业技术创新的核心要素，在当前国际与国内的复杂经济与社会环境下，顶尖的创新人才更是各国、各地区、各企业竞相争取的重点。从企业组织的视角，人才按层级可以分为董事、高管、技术型员工、普通员工四类。各类人才由于在企业内权力和责任、知识和技术水平的不同，对企业技术创新的影响也各不相同。

第一层级的董事，即企业技术创新的提出者，分为技术专家型和非技术专家型董事。其中，虽然不同类型的技术专家型董事在内部信息持有量与独立性方面存在差异，但技术专家型董事对企业技术创新绩效具有正向促进作用。其他三个层级人才的研究主要集中在薪酬激励方面。

第二层级的高管，即指挥者。企业若想技术创新能力有所提升，需要对高管层级采取薪酬激励措施。就算在不同行业最终结果也基本一致，只是技术密集型行业比资本密集型、劳动密集型行业前期表现的正向促进作用更明显，总体上高管薪酬的提高有助于企业良好的运转和创新绩效的提升。具有海外经历的高管在国有企业任职更能发挥对技术创新的促进效应。

第三层级的技术型员工，即执行者。企业技术创新效率受技术工人创新能力的直接影响，所以，对技术工人的激励作用越大，技术创新效率越高。

第四个层级的普通员工，即拥护者，同样作为创新人才适宜对其采取横向薪酬激励措施。

反过来看，企业技术创新的投入能够提升管理人员、技术人员、销售人员等非生产人员的就业，抑制生产人员的就业。但是企业内各层级的人才结构权力、声誉权力、专家权力和所有权权力对企业技术创新的影响具有差异性，其中，结构权力会增加股东与高管之间的代理成本，对企业技术创新投入具有负向作用。

2. 知识控制力

企业在技术创新过程中需要对新知识具有学习和吸收能力、共享和整合能力、保护和获取能力，从而增强企业的知识控制。企业知识系统的控制机制包括基于标准成本的转移价格和多元化的知识交易机制、知识提供者的产权保障机制、共同知识与相互认同机制、团队结构与共同治理机制、知识的有效分享与融合机制等。研究发现知识共享对企业技术创新能力的提升具有促进作用。知识产权保护对企业自主研发的激励作用也十分明显，所以，中国可以通过加强知识产权保护与执法力度来提升企业技术创新能力。

三、企业工商管理培训工作现状

我国企业的工商管理水平总体上稳步提高，工商管理在企业中的重要作用日益凸显，企业管理者在面对日新月异的市场环境时能够迅速把握机遇、适应新形势，不断学习新知识、新技术，管理方式和管理理念也能够不断创新变革。但在大量中小企当中仍有以下方面的问题。

（一）企业工商管理人才现状分析

1. 工商管理人才需要多方面的职业能力

从总体上看，营销策划管理、人力资源管理等专业岗位包含公司的财务、人力、销售等重要部门。他们一般是企业的中高层管理者。正因为如此，相关从业人员需要具备较强的企业管理技能、良好的文字表达能力和人际沟通能力，能够非常熟练地操作和应用计算机等先进电子设备，具备较高的外语水平。然而，从目前的情况来看，许多刚从校园走向社会的工商管理人才虽然有一定的理论知识，但缺乏必要的实践经验。尤其是从校园刚出来的工商管理专业的学生，虽然英语四六级通过，但是很多学生的实际能力只停留在试卷上。很多工商管理专业学生的口语表达能力不好，需要在后续的工作过程中磨炼自己的口语，这很可能会降低工作效率。很多从业人员入职后倾向于纸上谈兵，不愿意深入基层工作，不能单独解决工作问题。

2. 忽视工商管理人才的定位

在现阶段培养企业经营管理人才，一开始没有明确的培养目标，人才培养也没有科学的定位。企业的岗位众多，每个部门都需要相应的管理人才。财务部门需要财务总监，市场部门有市场经理。但是工商管理专业在企业里针对性的岗位较为模糊。在这种情况下，人们对企业经营管理人才的认识在很大程度上还停留在过去传统的专业知识层面，在拓宽知识面和技能上相对薄弱。学校里工商管理专业的学生，学习知识的针对性较差。工商管理人员在实际学习过程中，除了管理知识，还需要具备市场营销、财务管理、金融管理等知识，但是这些知识大多数只是学习到表面。虽然学习的知识比较广泛，但是却没有明确的定位。在没有明确定位的情况下，企业的经营管理人才无法达到高要求、高标准的理想无缝衔接，同时，也极大地阻碍了企业管理人员专业素质和技能的提高。

（二）企业工商管理人才培养模式的不足

1. 人才培养模式和方法陈旧

工商管理人才培养的第一个难点是培养模式，方法相对陈旧落后。由于历史因素的影响，我国企业管理水平在很大程度上需要加快改革创新的步伐。再加上社会主义市场经济日新月异的发展，我国部分企业的工商管理人才培养模式需要与时俱进。部分企业的管理人才都在学习商业课程，并访问外部机构进行实践培训。有些高校在培养工商管理专业人才时，还沿用以前的教材，没有及时更新教材内容。

除此以外，企业在对员工培训过程中，没有注重工商管理人才的培养模式。一部分企业的人才培养模式流于表面与自身企业的需求不匹配。随着近年来信息技术革命的加速和“互联网+”的到来，如果不改变传统的工商管理人才培养模式，完成这门课程的工商管理人才的素质已不能满足企业的需要。尤其是现在很多依靠互联网发展兴起的企业，管理模式与传统模式相差较大。原本的工商管理培养模式培养出来的人才与这些企业要求的人才无法对接，对企业和该专业的人才都是损失。

2. 培训目标和内容与实际相背离

工商管理人才的培养模式除了原有的培养方式外，还存在着培养目标和内容偏离实际的问题。调查显示，工商管理专业课程设置过于细化，这直接导致工商管理人才只能精通某项工作。很明显，如果企业经营管理人才只学习零碎的知识，或者学习的知识广泛却并不精通，没有完全掌握企业经营管理知识体系，那么管理者就很难从全局上把握企业的实际经营管理体系，因此，从宏观的角度看，并不能提高企业经营管理的水平和效率。我国工商管理人才的培养主要依靠高校以及企业自身的培训。在整个培训过程中，高校培养的工商管理专业内容倾向于管理本身。但是，由于目前企业模式变化较快，老师更倾向于讲解以前的案例，导致工商管理专业学生学到的知识与企业实际情况不符合。企业培训工商管理人才的过程中，仅限于培养管理层部门的管理知识，缺乏全面的工商管理知识的教授，导致管理者一旦接触除自己部门以外的管理工作，不能够快速适应工作内容，可能会降低企业的工作效率。

3. 对企业工商管理人才培养效果的评价还不成熟

除了上述模式缺陷外，企业工商管理人才培养效果评价也存在问题。一方面，企业在评价人才培养效果时，往往不知道人才培养的关键和核心是什么，缺乏明确的培养目标，导致出现“一刀切”的局面。企业没有对不同领域、不同部门、不同组织结构的人才进行详细划分。另一方面，企业管理人才培养效果评价缺乏科学合理性。在对人才培养效果的评价上，大多会采用量化的标准，而忽略了其他难以量化的标准，如管理理念、管理思想、管理行为等，缺乏重视，这就导致了企业在对工商管理人才培养效果的评价上出现了偏差误差较大的结果。

第三节　网络运营建设不足

在信息这个特别的时代，互联网、大数据、云计算技术为企业的运营管理带来了新机遇，在互联网时代来临时，网上卖货即网购成为一种新型的消费模式，顾客可以在足不出户的情况下通过浏览网页图片，看一些客户评价从而选择是否愿意对该商品进行购买。但这种情况却有很多的不完善之处，比如说图片与实物不符该如何？寻找客服帮忙，客服不在线该如何？年龄较大不懂使用怎么办？很多的问题也随之出现，这就意味着企业虽有互联网的新技术进行一种新消费模式，但能否为这种新消费进行创新又是一项难题了。

一、企业网络管理的关键技术

（一）网络管理技术

在 IP 网络管理系统中，网络管理技术是实现 IP 网络管理的关键，在网络设备和参数的监控及网络性能的控制中具有重要的作用，尤其是在保持网络稳定性方面发挥着关键作用。若网络突然出现故障，能够及时地发现并排除，充分发挥 IP 网络管理系统的作用。网络管理中应用到的几种极具代表性的网络标准协议及其相关介绍见表 4-1。

表 4-1 典型的网络管理标准一览表

协议名称	典型协议主要特征
简单网络管理协议（SNMP）	1. 与 SNMP 相关的管理信息结构（SMI）以及管理信息库（MIB）非常简单，实现迅速、简单
	2.SNMP 的前身是简单网关监控协议（SGMP），人们对 SGMP 积累了大量的操作经验，对于 SNMP 上手容易
	3.SNMP 已经发展到 SNMPv3 版本，安全性得到了很大的提高
公共管理信息协议（CMIP）	1. 能够提供支持一个完整网络管理方案所需的功能
	2.CMIP 的整体结构是建立在使用 ISO 网络参考模型的基础上的
局域网个人管理协议（LMMP）	1. 能够为 LAN 环境提供一个网络管理方案
	2. 可以不依赖于任何特定的网络层协议进行网络传输

SNMP 协议定义较为简单，在系统开发过程中使用得比较多，是一种广泛应用的标准。

1. 网络管理的基本功能

IP 网络管理系统是通过对网络进行监控及调整的方式来实现网络管理的。这种方式可以确保网络运行的正确性。在出现网络故障的情况下，系统会及时地对故障信息进行上报并处理，从而确保了网络可靠、高效、稳定地运行。实施 IP 网络管理系统的主要目的是保持并提高网络管理效率以及管理水平，从而起到对网络资源的分析和网络参数的控制作用。换个角度想，IP 网络管理系统实现了对网络的复杂管理。

IP 网络管理系统的功能主要分为五个部分，分别是故障管理，性能管理，配置管理，安全管理以及计费管理。这几个功能能够保证网络的正常运行，各个功能之间的关系如图 4-1 所示。

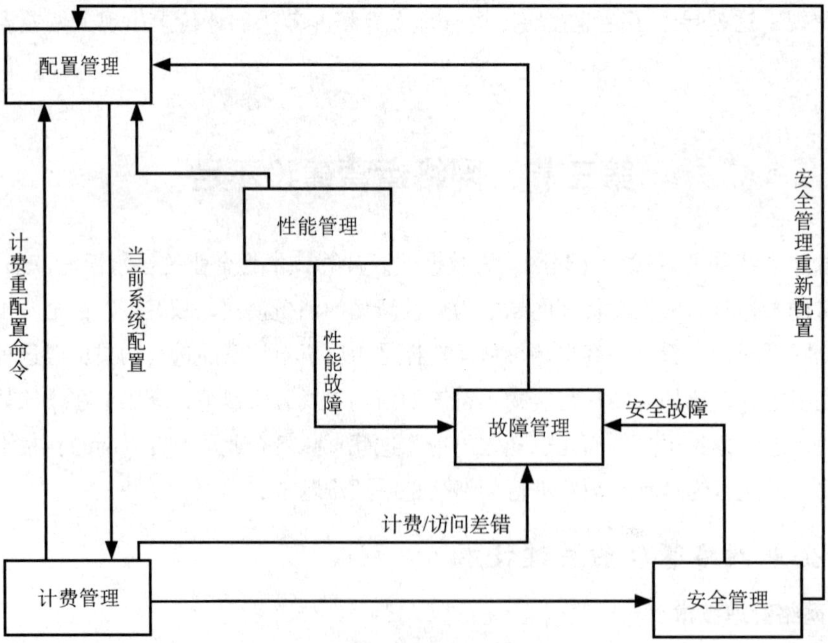

图 4-1 网管管理系统各功能关系

（1）故障管理

故障管理是 IP 网络管理系统中重要的组成部分，主要是对网络通信中出现的故障进行检测，分析故障发生的原因并排除故障。

（2）性能管理

性能管理主要对网络性能参数和工作状态进行管理，通过数据采集和分析，对企业网络的现状有清晰和直观的了解。

（3）配置管理

配置管理主要是对企业网络中的各种网络设备进行规划和维护工作。

（4）安全管理

安全管理是企业网络重要的保护伞，通过防火墙、入侵检测、身份认证、防病毒软件、数字签名等方式确保企业员工访问网络的安全性。

（5）计费管理

计费管理是记录网络资源的使用，目的是控制和监控网络操作的费用和代价。

此外，网络管理还包括四个重要的组成部分，分别为目标节点，客户端代理，网络管理工作站系统和协议。网络管理工作站负责网络的运维管理工作，并且利用协议和目标节点及客户端代理进行通信，发送指令，收集目标节点的状态，确保目标节点工作的正常性。

2. 网络管理的结构

网络管理的功能结构通常被划分为四个层次，各层次均有其独特的任务，其具体信息如图 4-2 所示。

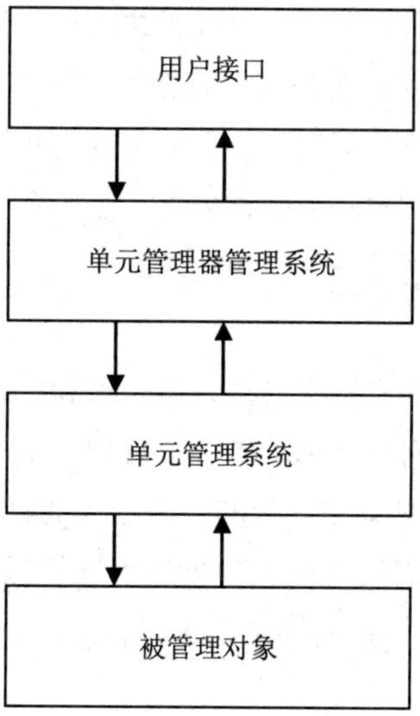

图 4-2　网络管理功能结构

（1）被管理对象

被管理对象大体分为两类：一类是系统设备，另一类是网络连接设备。对于网络管理而言，被管理对象往往包括四种：一是主机；二是交换机；三是路由器；四是服务器。不过需要注意一点，被管理对象并不单单局限于硬件装置，也有可能是网络功能。

（2）单元管理系统

单元管理系统的主要功能是管理指定网络。具体来讲，单元管理系统能够对包括 PABX 系统、异步线路等在内的一系列系统或者程序实现高效统一管理。

（3）单元管理器管理系统

系统单元管理器管理系统的主要功能是搜集各类和管理相关的信息，从而实现对网络的集中管理。在系统运行过程中，不仅能对多单元事件进行关联管理，还能够集中处理故障报警。

（4）用户接口

用户接口和其他信息接口共同构成了一套完善的接口体系。对于系统来讲，若所搜集的数据或者信息无法在有效时间内进行展示，那么此系统也就丧失了应用价值。管理者需要按照搜集到的信息开展网络管理、系统优化等相关工作，要是所搜集的信息未及时用于网络管理或者系统优化，那么就背离了研发系统的初衷。

网络管理的体系结构主要分为：集中式、层次式和分布式。

集中式。

集中式网络管理的运行机制是在代理者与管理者的共同监控下，利用协同工作的形式开展管理工作。管理者和代理者之间的高效通信为顺利开展集中式管理给予了重要的协助。除此之外，还能够对管理者数据库进行定期维护。集中式管理模式所具有的优势主要表现为管理集中性特征突出，这使得网络管理效率进一步提升。其不足之处主要表现为其管理能力无法随着网络规模的持续壮大而进一步提高。现在很多 IP 网络管理系统依旧沿用此管理模式。

分布式。

分布式网络管理指的是系统中采用了多管理者共同参与管理的模式。在不同的域中，安排了不同的管理者专门负责管理工作。分布式管理模式主要应用于涵盖多个领域的大规模网络。如果在进行管理时，需要其他域管理网络，那么管理者之间就能够通过通信的方式获取所需数据。整体来讲，分布式管理模式拥有较强的扩展性，支持多域集中管理，可结合实际情况自行调整管理者数量，以此更好地实现系统各应用功能。

层次式。

层次式网络管理也支持多管理者同时管理，这一点和分布式管理较为相同，各管理者通过域进行划分，每一名管理者都仅对其管辖的域进行管理。不过层次式网络管理不支持各域中管理者自由通信。层次式管理模式具有非常强的扩展性，能够适当地调整或者增加管理者数量。在层次式管理模式中，可在管理者管理的域中创建下层管理者，以此构建一个多级分层结构，这不仅为程序设计提供了便利，并且能够在诸多异构的域内搜集到大量和管理相关的数据信息。

3. 网络管理系统组成

企业 IP 网络管理系统把企业网络看作一个总节点，在此系统之中，网络之间通过网站进行管理以及主机的控制功能。在网络的节点上，通常表示的是网络中所使用的路由器，网络的工作站及网络的服务器等设备。在节点中，网络的元素是网络设备的 IP 地址和标签，它们均具有良好的连接功能。在 IP 网络管理系统中，网络设备的 IP 地址和标签能够把设备自身的各种信息反馈到服务器中，服务器通过这些信息完成对网络设备的控制。企业 IP 网络管理系统的主要结构如图 4-3 所示。

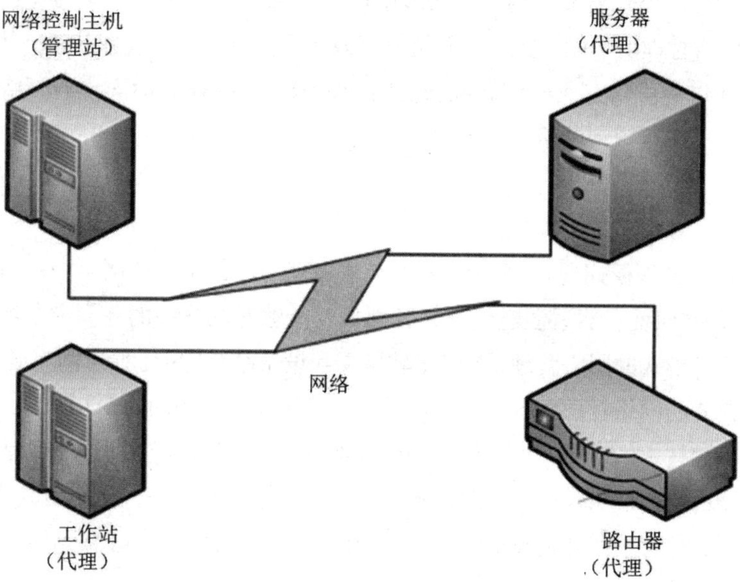

图 4-3　IP 网络管理系统的基本构成

在 IP 网络管理系统中，每一个网络节点都有属于自身的软件。如图 4-3 所示，其中网络控制主机代表的是 IP 网络管理系统中的一个实体。此类实体能够根据个体通信节点对信息进行分析和存储等操作。然后会对工作站的指令进行响应，并且传递出去。那么在 IP 网络管理系统中，就包含了很多软件来完成网络的管理并使网络管理的效率进一步提升。

4. 网络管理新技术

在计算机技术和网络通信技术持续发展的今天，网络发展也越来越标准化、智能化和综合化。许多新的技术也不断地应用到 IP 网络管理系统中，包括交换技术、控制技术和计算技术等。IP 网络管理系统也在不断完善和更新，并且出现了很多网络管理的新技术。

（1）网络的远程监控技术

在网络管理中，远程监控是一项较为新颖的技术，其主要的目标是对管理信息库进行功能的扩展。让 SNMP 协议更加积极主动地访问远程的监控系统。远程监控由对数据进行统计，对数据进行分析以及对数据进行诊断三个部分组成。远程监控技术应用非常广泛，很多网络软件的开发商都已经将远程监控技术当作一项基础功能应用在了软件之中。在远程监控的整个过程中，监控软件和监控器共同完成远程监控功能。在网络的远程监控过程中，是否能够存储历史的数据是一个重要的环节。在其运行阶段，如果出现网络异常现象，监控器会捕获信息并主动联系控制台，上报问题情况，然后由控制台进行处理。

（2）通过 Web 完成网络管理的技术

近些年来 Web 技术不断发展，在网络管理中也得到了广泛的应用。这种管理模式主要就是通过 Web 浏览器实现对网络的有效管理。可通过下述 2 种模式对网络进行管理，分别是使用代理的管理模式和基于嵌入式的管理模式。

使用代理的管理模式。

使用代理的管理模式需要在内部的网络中设置一个 Web 服务器，然后通过实现端设备之间的通信完成网络管理的功能。在设备间负责高效传递信息，充分发挥其通信功能。另外，代理与端设备之间也是可以完成通信和数据传输的。依托于此模式而实现的网络管理系统，其软件主要功能在于广泛搜集网络信息并将其发送至网络的 Web 浏览器中，实现了 Web 协议的转换。

基于嵌入式的管理模式。

基于嵌入式的管理模式通过将 Web 嵌入网络管理的设备中，让网络中的每一个终端设备都具有自己的 Web 地址，然后通过地址，管理员就能够对网络中的任何一个终端设备进行数据的访问。在这种模式的网络管理系统中，软件要和设备结合应用，并协助完成网络管理功能。在这种嵌入式模式的网络管理系统中，数据的传输协议我们使用的是 HTTP 协议。

随着网络管理技术的发展，上述的 2 种模式都得到了广泛的应用。在很多大型政府部门或者企业中，应用的就是使用代理的管理模式。而在一些中小企业中，应用的就是基于嵌入式的管理模式。当然，也有一些有远见的企业，使用两种模式相结合的方式来实现网络管理。

（二）SNMP 协议

SNMP 协议由一组网络管理的标准组成，包含一个应用层协议、数据库模型和一组资源对象。此协议具有良好的兼容性以及开发性，因此得到了广泛的应用。目前大部分的网络设备都是支持 SNMP 协议的，因此使用 SNMP 协议不必考虑设备的兼容性问题，为网络的管理带来了很大的便捷性。SNMP 协议已经出到第三个版本的协议，其功能较以前已经大大地加强和改进了。其主要的功能包括：

具有远程设备配置的功能，能够把配置的信息通过网络分发出去。

具有良好的网络监控性能，并且具有传输数据收集的功能。

网络出现异常的时候，能够及时发出报警信息，并将信息发送出去。

对网络运行参数进行检查和监控。

SNMP 协议的管理体系结构如图 4-4 所示。

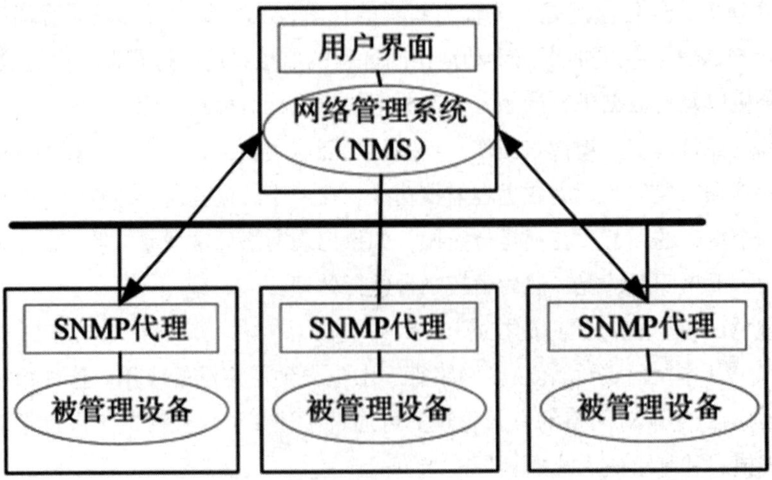

图 4–4　SNMP 协议管理体系结构

如图所示，SNMP 协议主要包括三个部分：被管理的设备，SNMP 代理，以及网络管理系统（NMS）。

被管理设备，又称为网络节点，可以是支持 SNMP 协议的路由器、交换机、服务器或者主机等。

SNMP 代理是被管理设备上的一个网络管理软件模块，拥有本地设备的相关管理信息，用于将它们转换成与 SNMP 兼容的格式并传递给网络管理系统。

网络管理系统运行应用程序来实现监控被管理设备的功能。

网络中被管理的每一个设备都存在一个管理信息库（MIB）用于收集并存储管理信息。通过 SNMP 协议，网络管理系统（NMS）能获取这些信息。SNMP 协议初步是在 1988 年完成的，当时这种协议是互联网的标准网络管理。在 1988 年底的时候，就出现了很多不同的版本。第二年，SNMP 的大部分协议就被宣布是正式的标准可以使用。因此，很多厂商生产的设备都应用 SNMP 协议。在第一个版本 SNMPv1 发展较为成熟的时候，推出了 SNMPv2 这个版本，并且在原有的基础上进行调整和优化，基于原有协议完善了管理功能，能够在集中控制环境下完成网络管理的一些基本功能。尽管这样，在 SNMPv2 协议中，也存在一些安全问题，在一些要求较高的网络管理系统中并不能满足安全性的需求。所以，出现了 SNMPv3 版本，此版本提供了重要的安全性功能：信息完整性；认证；封包加密。

SNMP 协议应用的主要过程描述如图 4-5 所示，主要的组成部分包括了网络的管理者、网络的代理者、网络协议和网络四个部分。

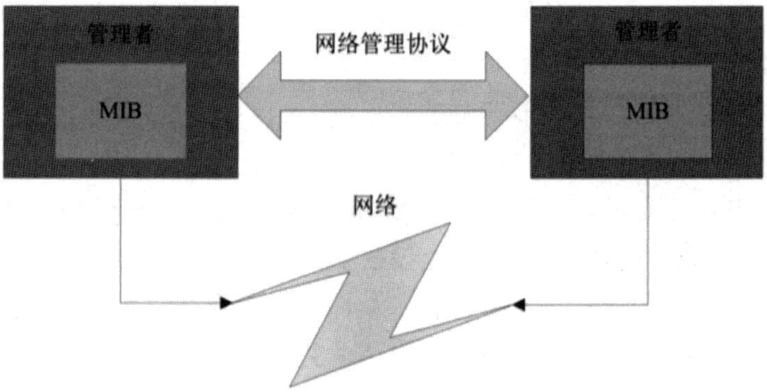

图 4–5　SNMP 网络管理协议模型

1. 网络的管理者

网络管理系统中，要有一个相对独立的网络设备来完成网络的控制和管理，并且加强对实体事件的统一管理。所以网络管理员和网络系统间所连接的接口应符合给定的条件，其中包括了故障的发现和处理以及网络数据的分析等。此外，还要能够对网络接口进行有效控制。最后需要将管理员发出的请求信息转变成监控数据，然后保存到数据库中。数据使用的时候，就从数据库中调取需要的数据进行分析和处理。

2. 网络的代理者

在网络管理系统中，代理者主要的工作是构建一个完善合理的 SNMP 协议平台，通过网络路由器、主机以及交换机等相关设备完成网络管理的代理者工作。这些网络设备能够主动应答信息请求，并且会随机地向网络管理中心发送信息处理的报告。

3. 网络的信息库

网络的信息库主要功能在于管理资源库，里面包含了大量的对象，并且每个对象都表示一种特殊的数据变化。网络管理的管理员要对对象进行管理，从而实现网络管理的监控功能，还要对一些特殊意义的变量进行分析和处理。

4. 网络协议

网络协议在整个网络管理中发挥着重要的连接作用，它在网络管理者与代理之间负责通信。管理者通过协议对代理者进行设置，代理者通过协议向管理者发送报告。

SNMP 协议是一种面向无连接的网络管理协议。换言之，通信建成后，即便没有连接亦能够实现数据通信。因此该协议能够很好地降低网络管理的成本。但是也不能确保信息被传送到指定的客户端上。另外，SNMP 协议亦是一种应用层的网络管理协议，是基于 TCP/IP 的。

SNMP 协议由以下几部分组成：

管理信息结构。

管理信息结构（SMI）作为 SNMP 协议的主要构成部分，主要的工作是对信息组织进行定义和表述。在 SMI 中，最基本的内容是对 SNMP 协议用户的管理对象进行定义和说明，其主要特点是：

唯一性：每个管理对象都有唯一的标识。

抽象性：管理对象具有一定的抽象性，并且其数据的结构都是通过统一的语法来描述的。

管理对象的实例用 ASN.1 编码完成。

发送以及接收的协议报文使用 BER 进行定义。

管理信息库。

MIB 是通过 IEIF 进行描述和定义的，MIB 的结构使用一个树形结构。SNMP 协议要通过这个树形结构的节点对网络节点中的网络设备完成访问和操作的工作。此外，在 MIB 的上面，要对网络管理中的变量完成定义和描述，要对信息进行存储和查询的设置工作。最后使用 MIB 对网络管理中的数据结构进行描述和相关的定义。对 SNMP 的管理信息库使用的也是一种树形结构，它的根在最后面并且是没有名字的。

（三）Struts 简介

1.Struts 来源

Struts 是 Apache 软件基金会（ASF）的一个开源项目，它能为 Web 系统开发提供一种具有通用特点的框架。引用这种框架可以提高 Web 程序开发的速度。此外，Struts 也是一种开源免费的软件，在开发过程中使用 Struts 软件是不需要支付任何费用的，所以 Struts 备受开发人员们的青睐。在 Struts 开发时，开发人员能够按照个人意愿对 Struts 的库进行分类使用，这也体现出了 Struts 组件的高度集成性的特点。

在通过 Struts 技术研发系统的时候，也选用了其他应用技术，不过这些技术不是专门面向 Struts 而研发的技术，而都是在 Java Web 基础上完成的。但是这些技术也同样适用于 Struts。

2.Web 概述

在课题所设计实现的企业 IP 网络管理系统大部分功能是基于浏览器而完成的，其优势主要表现为无需安装一个指定的客户端就可以实现系统的功能，具有很高的实用性。用户界面和少部分的事物是在前端浏览器上完成的，大部分的事物是在服务器端完成的，这就形成了典型的三层网络构架模式。这能够简化系统运行的负荷，便于系统的维修以及系统后期的升级等。企业 IP 网络系统管理的整体框图如图 4-6 所示。

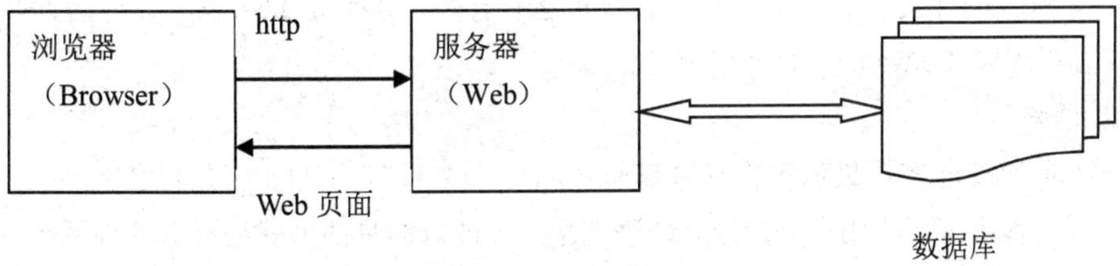

图 4-6　网络结构模式图

第一步需要对 Web service 进行明确的定义，编程逻辑功能，并实现与其匹配的各种功能。此外，Web service 也是一种具有独立性的模块，应用 www 来对数据进行表述，能够通过发布和调用相关数据的方式实现对系统的有效访问。同时亦能够利用 wsdl 或者 soap 实现数据访问功能。这个过程主要通过数据信息的发布来完成，方便系统数据检索。Web service 的基本体系结构如图 4-7 所示。

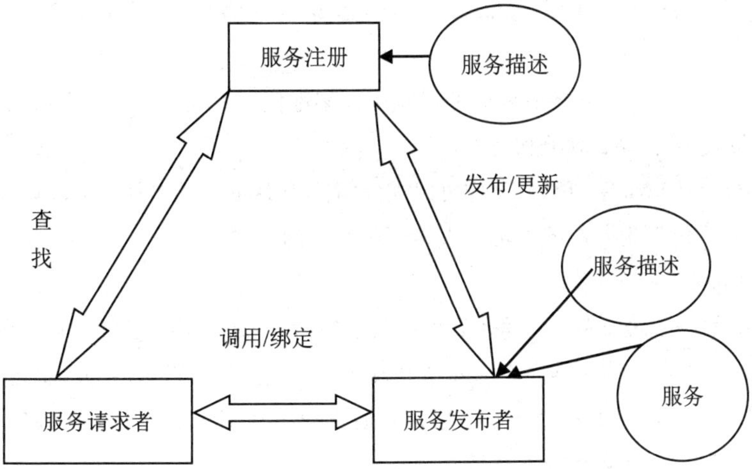

图 4-7　Web service 构架

从图 4-7 可知，在 Web service 中主要包括三部分，分别是服务发布者、服务请求者、服务注册中心。这三个角色之间互相配合完成了系统的设计，包括信息的发布，信息的检索以及信息的帮助。

3. 开发环境

（1）Java

Java 语言推出时间是 1995 年 5 月，现由 Oracle（甲骨文公司）运营。

Java 是面向对象编程语言，它拥有 C++ 的各类优点，同时它还去掉了 C++ 里面多继承、指针等难以理解的概念，因此，Java 语言最大的两个特征就是功能强大和简单易用。

Java 语言的具有简单性，面向对象，安全，跨平台，健壮性，多线程，动态性，分布式等优点。桌面应用系统、嵌入式系统、Web 应用系统和分布式系统的应用程序等都可以用 Java 编写。

在研究设计的对象中封装了其研究用到的状态变量以及实现的基本方法，从而能够实现软件设计的模块化。用这种方式能够避免程序设计员对私有成员的访问，并且可以减少指针操作构成中产生的错误。在 Java 类库中，也提供了很多不同平台之间的接口，实现了类库的跨平台。

JDK 是 Java 的开发环境，而 JRE 是 Java 的运行环境。JDK 是 Java 核心，包括 Java 工具，Java 的核心类库以及 Java 的运行环境 JRE。

（2）C 语言

C 语言是 1972 年美国贝尔实验室的 D.M.Ritchie 在 B 语言的基础上设计出的。它是一种通用的计算机编程语言，应用十分广泛。C 语言是一种能以简易的方式编译、处理低级存储器、产生少量的机器码及不需要任何运行环境支持便能运行的编程语言，虽然它提供了许多低级处理的功能，仍然保持着良好的跨平台性。

（3）Groovy

Groovy 是用于 Java 的一种面向对象编程语言。它具有以下几个特点：

Goovy 以 Java 为基础，并融入了许多其他语言的特性，如闭包、动态类型转换、元编程支持等。

支持 DSL（Domain Specific Languages 领域定义语言）和其他简洁的语法，让代码变得简单易懂。

在开发 Web、数据库或者控制台时通过减少框架性代码大大提高了开发者的效率。

可以无缝集成多种 Java 对象和类库。

可以直接编译成 Java 字节码，这样可以在任何使用 Java 的地方使用 Goovy。

Groovy 中基本类型也是对象，可以直接调用对象的方法。

（4）Silver Light

Silver Light 是一个跨浏览器、跨平台的插件。Silver Light 提供灵活的编程模型，并可以很方便地集成到现有的网络应用程序中。对于开发设计人员而言，Silver Light 融合了多种技术并以 Web 方式呈现。它提供了一套开发框架，并通过使用基于向量的图像图层技术，支持任何尺寸图像的无缝整合，与 Web 开发环境实现了无缝衔接。

（5）Eclipse 开发平台

Eclipse 是一种开放源代码、基于 Java 的可扩展的开发平台，本身表示的只是一个框架或者是一组服务，主要应用在通过插件组件构建的开发环境中。其最初是由 IBM 公司开发和研制的一种商业软件，属于替代 Visual Age for Java 的下一代的 IDE 开发环境，后来逐渐发展成为一种开源的开发工具。

Eclipse 是通过 IED，跨平台自由集成开发环境设计而来的。其最初主要是通过 Java 语言设计实现的，但是随着计算机技术和计算机语言的发展，支持 C、C++、PHP、Android 等编程语言的插件已经可用等。但是 Eclipse 开发平台的功能相对固定，不具备较高的灵活性，所以很多软件的 Eclipse 框架都是通过自身的 IDE 进行开发设计的。

（四）数据库

数据库的主要功能是根据一定的数据关系，将数据存储结合在一起并形成了一个数据库管理仓库。数据库最早出现于六十多年前，经过多年的发展，数据库技术无论从存储容量还是存储功能上都趋于成熟，数据库技术已经应用在很多不同的领域，几乎所有的管理系统软件都会应用到数据库技术，为系统和软件数据的管理带来了很大的便捷性。

数据库分为三层结构：

1. 物理数据层

它是数据库的最内层，是实际存储的数据的集合。这些是原始数据，是用户加工的对象，由内部模式描述的指令操作处理的位串、字符和字组成。

2. 概念数据层

它是数据库的中间一层，是数据库的整体逻辑表示。它指出了数据的逻辑定义以及数据间的逻辑关系。

3. 用户数据层

它是用户所看到和使用的数据库，表示了一个或者一些特定用户使用的数据的集合。

数据库的主要特点有下面几点：

实现数据共享。

减少数据的冗余度。

数据的独立性。

数据实现集中控制。

数据一致性和可维护性，以确保数据的安全性和可靠性。

故障恢复。

目前较为主流的几种数据库包括 Access，oracle，MySQL 等。

二、企业管理思想在网络信息化发展中的变化

（一）计划管理思想在网络信息化发展中的变化

企业的计划管理，主要是对企业即将要发展的项目进行预测，规划与预算，通过对项目整体信息的了解，制定出一套最优的方案，使企业可以运用最少的成本达到企业既定的目标。在传统的企业计划管理中，由于生产技术有限，生产力发展水平较低，所以，大多数企业的项目预测中，往往注重的是产品的生产数量，很少注重产品的生产质量。这样的计划管理模式不仅不会节约产品的生产成本，更不会为企业带来较大的生产效益。并且，在传统的计划管理中，由于项目的数据可知性有限，导致计划管理的预算与预测情况不明确，使得企业在项目实行的最初环节就存在着模糊性，这种不确定因素很有可能影响企业生产效益。

现如今，由于生产技术水平在不断地提高，导致企业计划管理思想也受到了网络信息化的影响。在计划管理中，企业逐渐由注重产量转移到了注重质量中，在计划企业产品的研发生产中，计划管理人员逐渐地追赶时代发展的步伐，计划生产、制造、研发出更多具有创新力、高

质量的高科技产品，使产品从质量到包装，从内容到形式，从实用价值到欣赏价值等各个方面都得到了发展与创新。企业计划管理思想的改变从根本上转变了企业的发展模式，使企业能够合理地运用网络信息化的平台，提高企业的产品技术与生产技术，从而提高企业的经济利润，达到企业稳步发展的目标。网络信息化不仅为企业计划管理带来产品生产思想的转变，还为计划管理带来数据分析思想的转变。传统的企业计划管理中，由于产品信息的可知性弱，导致企业对产品数据的信息不够明确，在项目前期的预算中，工作人员所做的预算数据有模糊性。但是，随着网络信息化的到来，预算人员可以通过网络信息，清楚明确地撰写出公司项目的前期预算计划，将企业发展中的所有细微问题都体现在预算书中，通过预算出，企业明确项目产品的可开发性。总而言之，网络信息化为企业计划管理带来了思想转变，并促进企业以完美的工作计划进行工作任务的完成，从而提高企业的工作利润。

（二）物资管理思想在网络信息化发展中的变化

物资管理是企业管理中的一个重要的环节，主要是对企业内部所需要的各种生产资料进行合理地、有计划地采购，并对其进行供应、保管。在保管物资的过程中，物资管理人员还应该控制产品的使用，保证产品的综合利用性。在社会发展的过程中，企业物资管理思想也受到了网络信息化的影响，传统的物资管理主要是由物资管理工作人员将物品按照指定的位置进行摆放，安置，并对其进行记录、分配。在传统的企业物资管理中，企业注重对物品的分配、调度以及安置，对负责物资管理的工作人员拥有较低的注重程度。但是，在网络信息化的带动下，企业管理思想由注重管理物资逐渐地转移到了注重管理工作人员。由于网络信息化可以通过高科技的手段对物资的产品信息进行准确记录，所以，企业可以利用网络信息化这一平台减少物资管理人员的人数，节省工作人员的开销成本。在现代化的企业发展中，物资管理人员可以转变陈旧的管理观念，利用新型的科学技术，将物资通过扫码的方式进行入库与出库的记录，这样的工作方式不仅节省了工作人员的工作时间，还方便了物资的查询与管理。只要向网络输入想要查询的物资信息，就会以最快的速度将其进行查询，避免出现传统的查询管理记录本的烦琐工作。目前，物资管理工作更加注重对于人才的管理，减少了对物资管理的注重性。企业更加注重人才的培养，努力地调动工作人员的积极性，通过调动物资管理人员的工作热情，提高物资管理的工作效率，从而保障企业物资的安全。总而言之，网络信息化带动了企业物资管理思想的转变，使之由注重物资的管理转变到注重人才的管理与培养。

（三）财务管理思想在网络信息化发展中的变化

财务管理，是企业发展中的重要环节，直接牵制着企业的经济效益，正所谓“牵一发而动全身”，财务管理工作的稳定性直接影响着企业的发展步伐。在传统的企业发展中，财务管理主要是指对资金的筹集、分配以及合理地运用，主要包括了三个基本的方面，它们分别是筹资活动、投资活动以及收益的分配活动。随着我国社会生产力水平的不断提高，我国的经济发展水平也在不断地增长，为了促进企业的经济效益可以稳步地提升，企业财务管理的思想也在不断发生着变化。目前，企业财务管理思想受到了网络信息化的影响，逐渐地由传统的管理思想转变到分层管理的思想。所谓的分层管理，就是试图将企业的所有者财务与企业的经营者财务进行分离管理，由于企业的所有者不一定是企业的经营者，所以，面对企业所有人与企业经营者不一致的现象，财务管理逐渐转变为分层管理的方式，以更好的管理制度完成财务管理的职能。在网络信息化的带动下，财务分层管理的主体为企业的经营者，在带动企业实现最优利益的同时，通过网络信息使财务信息公开、透明地呈现在每一位管理者的眼中。这样的财务管理方式可以促进企业在稳步发展的同时获得更高的利润。

（四）成本管理思想在网络信息化发展中的变化

成本管理，是企业发展的基础，企业利润是利用低成本的生产材料，以最短的时间研发出深受广大社会群体所喜爱的高价值、高价格的产品。成本管理主要是围绕企业内部所有费用的发生和产品成本的形成进行成本的预测、计划以及成本的控制与分析。随着社会的不断发展，企业的成本管理思想也受到了网络信息化的影响。在网络信息化的带动下，产品逐渐具有创新性与创造性，利用新型的科学技术手段，提高产品的生产力，减少产品的生产实践，节约产品的生产成本。并且，企业在网络信息化的影响下，寻找最优的生产材料，以最低廉的生产成本完成产品的制造。总而言之，网络信息化改变了成本管理的思想，逐渐地促进了企业的生产力发展水平，带动了企业利润的提高，使企业能够以最小的投入获得最高的回报。

三、网络信息化对企业管理思想变化的影响

网络信息化是时代发展的必然结果，在企业的发展过程中，网络信息化对其产生了积极的促进作用。无论是从企业的计划管理方面来讲，还是从企业的物资管理、成本管理或是从企业的财务管理方面来讲，网络信息化都对企业的发展产生了重要的影响。在企业的管理中，网络信息化促进了企业生产力发展水平的提高，加快了产品的生产速度，节省了产品的生产资源，掌握了产品的运作流程，使企业的管理部门可以在最短的时间内了解企业的运作状态，掌握企业的发展方向。在现代社会中，传统的生产方式与生产理念已经落后于现代的生产步伐。在快节奏的生活中，传统企业需要改变陈旧的生产方式，提高单位时间内的工作效率。而网络信息化对于企业管理思想的变化，可以促进传统的企业适应现代社会的生产方式，实现单位时间内提高工作效率的想法，并帮助传统企业以最快的速度适应现代社会的企业发展流程，使传统企业可以通过新的生产理念继续屹立于社会发展的大潮中，继续为社会的进步作出贡献。综上所述，网络信息化对企业管理思想的变化具有重要的作用，影响了传统企业与现代企业的发展。

四、企业网络运营建设存在的问题

就当前企业网络信息平台建设的实际情况来看，其运营主要包括以下问题。

（一）网络管理与信息管理分离

大多数企业 IT（信息技术）部门都缺乏既懂网络管理知识又会处理市场信息的综合型人才，这样就造成网络管理与信息管理分离。我国过去没有培养信息服务业人才的院系和专业，现有计算机专业培养出来的学生，虽然掌握了电子信息服务方面的大部分知识和技能，但信息收集、研究和传播方面的知识以及经济、管理方面的知识不够；现有图书情报专业的学生，虽然在文献信息方面有一定的理论水平和实际工作能力，但现代信息技术、经济、管理等方面的知识和能力还缺乏；而学经济、管理的学生又对电子信息技术知之甚少。在实践工作中，表现为信息

管理人员只负责信息的收集、分析和加工整理，网络管理人员只负责网络的操作和维护。

企业信息管理人员不懂网络的维护，工作效率就低，使得企业内部信息流通不畅，各部门之间缺乏充分的信息交流，企业决策者不能及时获取所需的经营决策信息，也使得企业与外部缺乏及时、有效、安全、可靠的信息交流。

（二）重建设轻管理

“重建设轻管理”，“重技术装备，轻信息内容”，几乎是信息系统建设的通病。现在大家都可以看到信息化能够给企业增加效益、提高竞争能力，企业在信息系统建设方面的投入也越来越多，但是对网络管理和系统的维护往往不够重视，或者说缺乏网络信息管理意识，缺乏开发利用信息资源的意识，造成企业网络管理混乱，没有完善的业务规则。

（三）开发能力弱

大多数企业都缺乏足够的人力、财力、物力用于开发自己的网络管理信息系统。企业信息管理人员一般只会操作和维护网络，而缺乏把企业的决策部门、财务部门、生产部门和营销部门当成一个有机整体、形成一个高效的企业管理信息系统、充分促进其内部信息交流的开发能力，也缺乏对信息进行收集、分析和加工整理、得出有效结论的科学方法，所以势必不能使企业内部信息畅通无阻。

造成这一问题的原因是企业资源有限，缺乏网络管理的人才。目前，要由企业独立开发一个高效的信息管理系统，以及独立承担信息资源的开发利用，都需要相当高的成本，只有那些实力雄厚的大企业才能够承担。

（四）“应急管理”与“被动管理”

在多数利用网络进行管理的企业，IT 支持部门往往是进行一种守株待兔式的被动管理。平时无事可做，只有在出现问题时才仓促应付。因此，企业不得不雇佣大量高素质的员工来维护它的业务系统。由于有太多潜在的随机因素会影响业务系统的性能，网络维护人员不得不以“问题驱动”的方式来开展工作，在管理网络的同时也被网络管理着，很难确保整个业务系统的“服务等级”或“服务品质”，更不用说通过网络管理为企业发掘新的商业机会了。

第五章　企业工商管理模式的创新策略

第一节　健全现有的组织架构

加强企业的战略管理是提高企业工商管理水平的重要措施，企业要以自身的发展目标为基础，对长远发展计划进行制订，进而对企业的各类资源进行优化，为企业创造更多的经济效益。除此之外，加强企业的战略管理，也需要对企业在执行、控制、制定等环节中存在的风险进行分析与把控，以自身情况为出发点，对企业内外部环境、国家政策进行分析，以此来提高工商管理效率。

一、内部环境

（一）完善公司治理结构

对现代企业而言，其管理架构的健全能够确保其内部控制体系的平稳运行，而首先需要建立健全的是公司的监事会、管理层与董事会，要区分各个岗位的职权与责任，例如，董事会需要对审计单位直接负责，确保审计单位具有权威性与独立性。监事会的组建必须确保其监督职权得以有效行使，通过管理层、监事会、董事会三者相互制约、相互监督的形式来实现内部控制的顺利实施。

1. 增加外部董事

立足于现代企业管理结构的发展实际，公司应在现有的董事会成员中增加外部独立董事的数量，全面行使独立董事的职能，借助其专业技能坚实、工作技能纯熟、判断能力卓越的特点，对公司管理层进行科学合理的监管。

2. 增加管理层人员

随着企业规模逐渐扩大，各部门的业务量也与日俱增，现阶段的两位副总经理管理五个职能部门未免有些分身乏术，且新增的人力资源部、审计部也需要相应的管理层人员负责，故公司应增加两名副总经理。

3. 建立分公司上报审批制度

对于企业来说，其中心业务是项目，许多项目的承接和实施都要依靠分公司，所以需要构建具体的上报审批体系，分公司在决策过程中必须对上级部门汇报，严禁出现越权的情况。就下级部门而言，需要构建起项目的分管体系，并按照自身的发展实际组建管理委员会，履行项目施工进度的监管职能，妥善处理实施过程中发生的各种状况。

（二）优化公司组织结构体系

1. 新增职能部门

根据现代企业发展要求和内部控制优化思路，增加人力资源部、审计部两个部门，增设风险管理委员会。同时，将市场部、公司部交由一位副总经理管理，人力资源部、法律法规部、综合部交由一位副总经理管理，海外事业部和企业发展部交由一位副总经理管理，审计部、安全管理部交由一位副总经理负责，总会计师只负责财务部门，总工程师只负责工程部，见图 5-1 企业组织机构优化图。

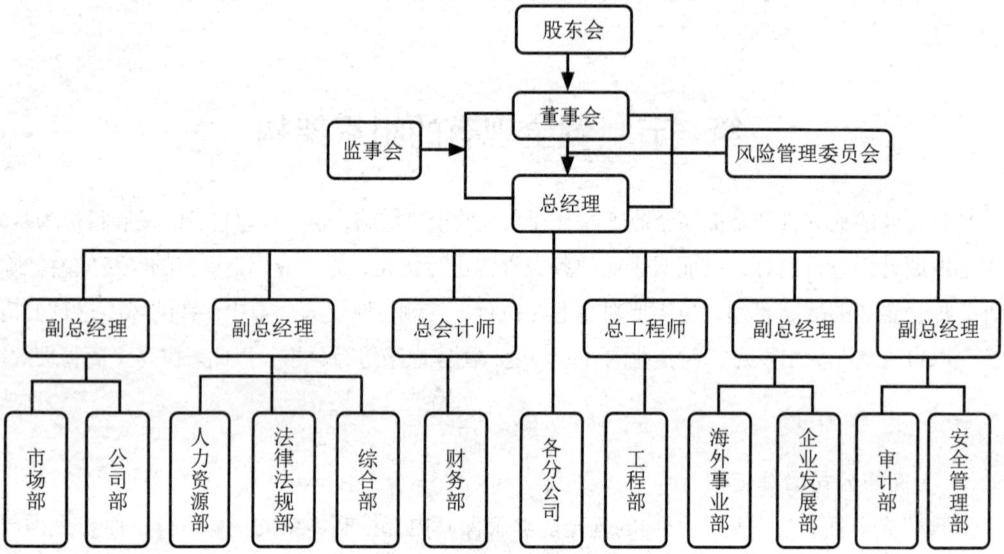

图 5-1　企业组织机构优化图

2. 完善各部门的职能

有些企业部门职能过于单一且责任不明，许多业务存在分工不明或者交叉负责的情况，因此需要进一步对各部门的职能进行细致描述，并明确责任。例如公司部增加剖析投标竞争对手，为公司项目运营提供决策参考及具体方案的职责；市场部增加负责工程施工过程中市场调研职责；明确工程部负责施工项目的工程成本核算、编制审批预决算书；人力资源的开发管理由原来的综合部负责变更为由新增的人力资源部负责；公司的内部审计工作由原来的法律法规部负责变更为由新增的审计部负责；新增的风险管理部负责识别和评估公司风险，建立健全公司的内部控制。优化后各部门的具体职能见表 5-1 企业部门职能优化表。

表 5-1　企业部门职能优化表

部门	职能
公司部	负责研究剖析投标相关对手情况，为企业的项目运作提供决策参考与具体方案；总体管理分公司与总公司的连接事务；践行并贯彻本部门相应的管理职能
市场部	熟悉市场，负责对工程实施过程中的市场调研与市场预测进行评价
海外事业部	负责协调公司在海外的业务的相关事宜，负责协调海外公司与国内公司各部门的业务往来
法律法规部	负责为公司各部门业务工作中涉及的法律法规问题提供依据，审查公司签订的各项协议、合同等文件，处理公司涉及的法律纠纷事务
工程部	参加公司招标工作，负责公司施工项目的工程成本核算，编订审批预决算书，协同财务部进行成本评估，作为公司的决策参照。整体负责技术、安全与设备管理工作
企业发展部	负责制定和修改公司发展战略，编制年度经营计划，组织项目开发可行性研究
党委工作部	负责党组织工作，负责公司人员奖惩的发布，负责开展政治思想培训工作
安全管理部	熟悉并认真执行有关规定，监督检查项目制定的安全管理目标，做好公司项目相关的全面安全管理工作

续表

部门	职能
财务部	全面负责公司的日常财务工作，编订制定企业的财务预算、制定财务规划、提交会计资料，协同审计部门，进行资金运转与企业经营绩效的评估，为领导层管理决策提供依据
综合部	负责日常公文起草和各类文件收发、负责后勤管理、协助总经理日常工作、开展人才招聘、培训及考核工作
人力资源部	全面负责公司人力资源的各项管理职能，研究制定与开展相关人力资源开发、使用、调度等，构建有效的沟通机制与科学的激励体系，进一步树立与培育先进的企业文化
审计部	负责公司内部审计工作的组织、管理和实施
风险管理部	立足于企业发展实际，建立健全内部风险控制监管机制、管理体系，规划科学合理的风险管理措施与机制，为业务部门提供风险提示，识别和评估公司风险

3. 提升对企业内部控制的认识

内部环境对企业内部控制体系的实施情况起到重要作用，对于现代企业的发展实际来说，要增强内部环境的监管力度，就需要拥有相应的风险观念，这正是现代管理对于企业成长的重要意义。

（1）提升管理层对内部控制的认识

公司管理层应当树立现代管理理念，强化风险意识，应该意识到在企业经营过程中内控无处不在。管理层对内控认识的提升可以通过以下几个方面实现：一是正确认识风险，提高对风险本质的理解；二是树立正面积极的风险应对意识。企业必须意识到风险与机遇并存的道理，获取机遇的同时也势必要面临风险，企业在生产经营时，风险不但能够防范，还能够被选择与利用；三是促使风险意识成为企业文化建设的一部分，将风险意识注入企业文化的过程，实质上就是对风险管理文化的贯彻与推广。

（2）提升全体员工内控意识

公司在企业文化培养过程中必须重点突出内控意识，使公司员工体会到内控对于企业发展的重要性，使其演变为公司的指导思想、员工的行事准则，这有助于推进公司的生产经营与长远发展，也将会衍生出许多有形的与无形的、经济上与社会上的双重收益。

4. 完善人力资源政策

（1）完善用人选人

企业在用人选人上要摒弃“老好人”思想，不能凭借“老关系”搞子弟招聘那一套，要引进新时代新人才，吸收纳入真正懂技术、专业性强的工程类人才。同时，进行新进员工选聘时，人力资源管理部门必须履行其管理职能，首先需要调配相应人员专门负责这一工作，其次按照国家的宏观政策要求，根据企业的发展实际，科学制定所聘人员标准、招聘职位与具体名额，最后借助于人才招聘网站、人才市场、校企合作等多种渠道进行招聘，挑选高素质、高水平的人才进入公司。

（2）加强员工的培训和继续教育

培训能够有效增强企业员工的基本素质与综合技能，实际上员工对于企业的需求有多种层面，包括薪资待遇、发展空间、工作氛围、人际环境等。企业应加强对员工的培训和继续教育，这实质上是对公司专业技术员工综合技能的更新、补充、拓展与提升，借助于继续教育可以不断健全员工的知识架构，增强员工工作能力，拓展员工眼界。例如，财政法规的要求每年都会发生变动，借助于中华会计网校等网络渠道，企业应每年组织财务部员工进行会计的继续教育，在持续的学习过程中，增强员工自身的工作能力与管理能力，从而为公司带来更高的经济效益。

5. 完善员工激励机制

绩效考核能够清楚展示出员工的工作绩效，合理的绩效考核能够在树立员工忠诚度与归属感的同时，也能展示出企业的综合价值。一些企业在现阶段采取的是固定年薪、年底一次性绩效奖励的模式，这能够实现员工对于安全性与稳定性的需求，控制人力成本支出，然而难以起到有效的激励作用。公司应建立健全员工绩效考核体系，在不同指标中选择弹性模式进行量化，在现阶段固定年薪水平的前提下，按照绩效考核结果颁布实施具体的各岗位员工的薪酬、奖金方案，并加以贯彻落实，从而增强员工的工作积极性。

二、风险管理

（一）增设风险管理委员会

企业应增设专门的风险管理机构，使风险管理成为企业日常管理机制的一部分，使得内部控制得以立足于风险管理的前提下，进而实现有效的风险管理，达成企业价值提高的整体目标。风险管理委员会能够设置于董事会之下，由董事会牵头成立独立于管理层的风险管理研究会，设立综合部作为执行机构，下设市场风险委员会、工程项目管理委员会、财务管理委员会，具体见图 5-2 风险管理委员会机构设计图，各个专门委员会则是由公司职能部门、业务部门中工作技能纯熟且理念先进的一线人员构成。风险管理委员会按时召集各专门委员会分析企业发展战略与业务环节中出现的风险及内部控制疏漏，研究决定对应的内部控制改进方案，提交至经营管理层来贯彻落实。

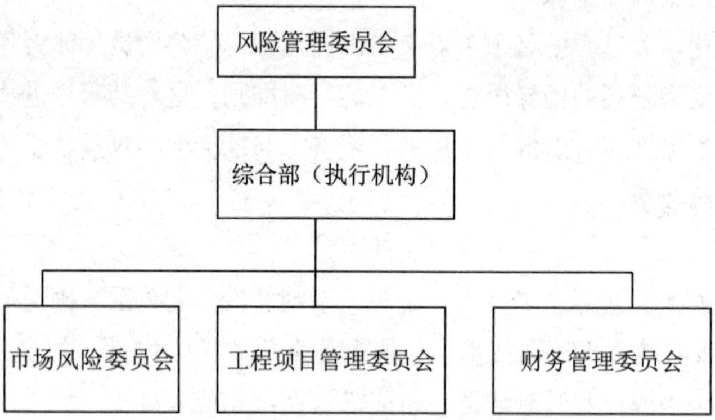

图 5-2　风险管理委员会机构设计图

（二）建立健全公司风险防范管理机制

企业应在风险管理委员会的带领下，联合财务部、内审部、综合部等部门建立由风险测评系统、风险控制系统和风险监管系统三个模块构成的风险管理防范管理机制。在风险测评系统中，应该注重岗位、环节风险及企业整体风险等类似风险的测评；在风险控制系统中，需要重点关注经营业务、决策及财务等风险的控制；在风险监管系统中，应遵循一线岗位监督管理、专业监督管理、事后监督管理、稽核系统的监管防线。

（三）建立全面风险管理信息系统

现代企业风险管理信息系统是建筑企业在建筑施工等项目建设中起到风险预测监测、预警能力的根本保证。企业应建立运用现代科技和通信技术为依托来搜集风险信息的现代风险管理信息系统，对所收集到的风险信息进行过滤、筛选、管理，并结合公司当前的发展状况，与公司当前应用的财务信息管理系统进行结合，全面整合风险信息，从而提高公司的风险管理能力。

三、控制活动

现代企业重要业务环节的监管，是明确其是否盈利的关键部分，所以，其重要业务活动的管控对于整个公司的内控建设和完善起到了十分关键的作用。在开展内部控制的过程中，必须确保各个重要业务环节都受到内部控制体系的掌控，包括投标、预算、施工、竣工、结算在内的各个流程，都是控制工作的一部分。

（一）采购环节的内部管控

企业在进行项目工程建设时，主材购置所占的地位十分关键，原材料的品质对于项目整体质量而言非常重要，通常材料的支出在这个项目工程支出中的比重为百分之四十至五十，主材的价格与付款形式对于施工企业的生产运营都有着举足轻重的影响，也会对项目整体品质产生深远的影响。所以，公司在采购环节的内部管控要选取可靠的原料供应商，筛选性价比最高的，要设计采购计划，清理库存，同时要降低材料的闲置浪费。具体优化措施如下：

1. 采购计划的制订

在实施采购前，公司需要制订科学的采购计划，将采购计划与采购审核提交至不同部门，由企业财务进行采购计划的制订，由项目经理做出审批。

（1）供应商的选择

公司在材料采购方面对供应商的选择，应该进行严格筛选，而零星材料的购置应在现有供应商中进行选择，大于指定数额的大宗材料购置需要以招标形式确定。在大多数情况下，都要以公开招标的途径选择供应商，避免出现不公正与内部操作的情况，而高于公司规定金额的物资采购，要与供货商签订采购合同，合同需要采用标准制式，避免发生人为操作的情况。

（2）原料的存储与检验

对于所采购的原料，需要经由仓管人员、经办人及质检单位的审批后才能够入库储存。质检单位主要审批所采购的原料是否满足项目的规格要求，是否满足国家安监部门的要求；经办人与仓管人员需要检验需要入库的原料是否是自己所采买的原料，是否满足合同规定。公司内部的审计人员要检验材料的采购是否是根据工程量拟定材料采购计划来进行的，材料采购的进行是否符合合同的计划规定，是否按照双方商定的时间付款，经办人、质检人员、仓管人员、项目负责人的审批手续是否齐备，原材料的购置是否满足要求。

2. 加强对采购付款的控制

企业的采购付款应待货物检验入库后，要在财务部门审阅采购计划、发票、入库单等资料后，根据规定期限进行付款，采购与付款需要分别进行。目前，有些企业负债情况时有发生，而对施工企业来说就更需要提升对负债的管理，因此公司应选择弹性支付条款，遵循以下三个原则：

（1）配比性原则

企业在与供应商的合作中，首先需要遵循配比性原则，即建设部门与企业在合同支付方面进行研究的过程中，必须对工程款的拨付比例加以考量，进而明确相对应的供应商的支付比例，由此一来，可以满足供应链的平衡发展。假设某一项目的支付比例偏低，则供应商方面的合同支付规划也应当选择支付比例低的条例，否则将造成公司资金链的运转出现问题。

（2）稳健性原则

就现代企业而言，应当结合企业运营资金困难的实际进行分析，要在合同签订时将部分风险交由供应商承担。例如在合同中说明，假设施工企业资金面临问题，则允许在支付上推迟三个月等，由此则可以避免发生企业资金链断裂的情况。

（3）资金运行效率原则

公司可以借助灵活的银行承兑汇票形式增强公司资金周转能力。银行承兑汇票电子版的最长期限为一年，纸质版的最长期限为六个月。

3. 实行不相融岗位分离设置

企业内部应实行不相融岗位分离设置，尤其采购作为其重要的业务环节，与许多工作存在相互交叉联系的情况，如果没有岗位间的相互分离和牵制，工作交给同一个人去完成，产生风险的可能性会很大。因此，公司必须通过不相容岗位职责分离的方式，将采购业务设置分离控制，控制风险的发生。具体设置情况如表 5-2 所示，其中“×”表示相互冲突的职责，A 表示采购申请、B 表示采购审批、C 表示采购验收、D 表示费用支付申请、E 表示费用支付审批、F 表示应付账款的审批、G 表示应付账款的入账。

表 5-2　企业采购业务不相容职责表

	A	B	C	D	E	F	G
A		×			×	×	×
B			×	×		×	×
C				×	×	×	×
D					×	×	×
E						×	×
F							×
G							

（二）施工环节的内部管控

施工环节是企业最为关键的环节，而企业现阶段在施工组织计划方面，通常与实际状况有着相当大的差异，故在施工环节，要制定最合理的施工方案，为施工项目指明合理的建设方向。具体包括：

施工进度、物料采买、设施、资金、人力等方面，都必须遵循计划要求进行，例如设计施工规划，遵循规划开展施工，不无故更改规划；项目经理根据施工设计图制订计划，相关人员根据计划领取对应物料；根据工程量调配工人，避免窝工情况与超额用人情况，严格控制成本。

提升对现场物料的监管，材料使用量需与计划工程量相呼应，在材料使用方面要做好审批，超额支出的材料需要查明原因，以减少不必要的支出；各个时间节点（如季度、月、周等）对材料作清算盘点；对于剩余的材料需要对上级部门汇报，根据上级部门的要求作出决策，并且将处理结果上报。

工程建设满足标准，保证通过验收，并控制施工场地的成本支出。当实际施工与既定规划假设出现偏差时，需要及时分析原因并加以纠正。假设偏差由于承包商因素导致，需要认真分析成因并及时作出整顿。同时，根据规划要求使用设施，假设情况有差异时，则需要及时分析原因，避免私用外界设施。

（三）货币资金的控制

企业施工生产资金流，在整个公司运营资金中占有十分关键的地位。而就某些企业的发展实际来说，在施工生产资金流的控制方面明显会出现许多问题，例如在某企业面临资金成本风险、资金周转风险和债务偿还风险时会有所体现，需要加强管控。具体包括如下内容：

1. 完善预算管理

完善企业的预算管理，主要从以下两方面进行：一方面是财务预算规划。要按照工期开展的实际与施工组织计划状况来选择更翔实的财务预算规划。在规划的编制上避免太过生硬，需要遵循相应的灵活性。特别是着重注意那些重大施工设计中的重点转变。另一方面是生产资金流的预算控制。在对施工生产资金流控制方面，预算管理体系应当在立足于预算资金审核制度的基础上，将预算管理中的成本支出状况提交至财务部及工程部作出审阅。而工程管理部需要与财务部进行及时有效的协调与沟通，对施工环节中施工生产资金流现状做出相应的审查与比对，由此则可以按照资金的应用来调整改善预算情况。

2. 完善应收账款管理

在应收账款方面，企业面临的逾期支付情况尤为严峻，特别是企业不具备完善的催收机制，故加大对逾期账款的催收力度尤其关键。现阶段某些企业的逾期还款与坏账数量呈现递增趋势，所以公司势必要健全应收账款的催收机制，及时催收客户的未支付货款，在催收时要结合客户的信誉值及具体实际情况，选择不同的催收形式，从而进一步减少坏账出现的可能性。对于拖欠时间长、金额比较大的客户，需要按照交易的批次，选择分批催收的形式，一步步收回账款。

3. 完善资金管控

企业的资金储备包括短期可变现的有价证券、银行存款、流动现金等，公司所有业务可划分为两大类，分别为实际业务与虚拟业务，其中能够将实际业务视为物的转化，将虚拟业务视为资金的流动。资金的流动贯彻于公司运营的方方面面，公司的市场价值与经济收益都与资金息息相关，因此资金的管理对于公司而言尤为关键。在某些企业中对资金的控制包括核算、审批、授权、记账、对账及年终盘点等多个方面。目的是实现合法收付、及时结算、存储安全、定期核算，从而提高效率。

具体措施如下：

构建内部资金管理责任制来提升资金的内部控制程度，通过企业的财务工作者进行资金收付业务的办理。公司需要根据银行开户条例开设银行账户，公司日常运营产生的各个结算款项，除了企业财务体系中说明可直接付现的情况外，其余款项的支付需要通过转账的形式进行。

公司财务部门需要遵循相应章程进行企业资金核算，保证企业资金受到动态监管，并且确保总公司与分公司的资金分配与收支趋于平衡，确保资金供应链正常运转。

内审部门需要严格审核企业资金的内部控制系统，健全资金监管体系，避免出现公司的内部腐败情况。

4. 完善成本管控

企业要加强对成本的管控，因为降低生产成本的投入，是企业的投入工程资金运营管控很重要的部分，对企业的运营效益提高有一定程度的影响。除此之外，有利于工程生产质量的提高，有利于提高工程的进度，提高企业资本的流转情况。具体有以下三个方面：

（1）工程资本投入的管控

降低资本有利于减轻成本上的资金付出，能够替公司在运营上提供更加坚实的保证。企业在工程开启前便应该做好对应的预算准备，由工程经理制定责任成本的合同文，进而管控工程投入的资本。与此同时，公司理应针对工程中所提出的成本管控方案给予规划上的斟酌，重视工程项目中的细节，将责任下放到人身上。除此之外，企业还应对投入资本的关联因素给予斟酌，更严谨地参考劳务、机械设备、生产材料上的管控，促进关联因素效用的良好发挥。

（2）工程质量、工期的管控

在工程的操作历程里，理应加强对每一个项目的管控，提高工程水准，对工程生产出的产品质量给予更多管控，以减低产品损坏与返工的可能。另外在施工工艺领域，公司应既能关注到施工技艺的使用经验，又能开发更多的新型实践材料及技能，以提高工程的整体效能。公司还应对申报专利和产品质量高的项目进行奖励，来提高工程运营的发展水准。

（3）工程规划的管控

在工程规划领域，应参照施工的规划方案处理，根据环节的特点来提前准备对应的材料、劳务等。预先准备好每个环节的工程，进而达成更加有效用的管控与平衡。企业若在最大效用上实现工程期限的良好管控，就能给资本运营营造更为合适的空间。

（四）收入管理控制

加强企业收入管理控制，应从以下六个方面来进行：

1. 收入核算的管控

在项目的处理中，公司财务部应把签订的工作量当作审核计算及入账的根本凭证，在报告里确认清楚合同的具体内容，记录变动的事宜和涉及索要赔偿等多个层面的问题，并在末尾附上业主签订的总结核算书，有效地防止入账时出现没有凭据可以参照及存在偏差的情况。内审部门要增强管控的程度，而非仅仅站在审核计算账面收入的层面评算审核计算的情景，理应以更加全面系统的视角来斟酌问题，完备收入内部管控体制，始终坚持完整、可靠的准则，以及把控范畴与程度，站在有效与安全的视角斟酌，保障审核组织工程的有效开展，增强收入管控。而风险管理委员会也应参与其中，管控体制的合理与有效性，帮助公司避免亏损。

2. 风险管控

企业在规划承包某个项目时，首先要针对项目可能面对的风险给予评定，将整个评定的中心放在顾客的信用、能力、工程的规划、公司的水准、潜在投标者、供应货物的商人资质、提高定价可能面临的风险、公平性等可能存在的风险上。之后，参照个体的情境评定利弊，避免风险大的工程，抉择出风险中或较小的工程，拒接那些可能面临风险比较大的项目，拒接部分可能给公司带来巨大亏损的项目，以减少那些本无须去承担的亏损。除此之外，还有一点要关注，倘若承包的某个工程的规划环节不够完备，可能会带来行政领域的风险，理应要避免这种风险。

3. 合同与证书的管控

公司对企业资质证明的保管人、投标证书的负责人、进行项目投标的负责人，要进行区分，在不同的部门里要专门安排好对应的工作者承担保管每一种类型的资质证书的职责，在表达投标需求时，需要向企业投标核心发起申请，在申请的证书里需要涵盖项目名称、顾客的名称和投标的时间等，在经由企业负责者认定后，根据项目批准书去申请得到各种投标的资质证书，而且每个部门也要更多地配合并提前准备好备用的文案。而在投标结束后，签订的文件及协议理应摆脱投标组织的管控。在中标之后，由公司领导层通知管控组织给签订的文件盖章。这种方式的目标是使得合同与投标的管控更透明化，以及保障公司合同与印章的安全性，避免虚假投标（串标、陪标）及项目被掉包，从根源上防止合同与文献的发生，对合同与证书的使用更加规范化，组织关系里互相牵制，互相管控、监督。企业需要委派更加专业的人员管控合同，在签订真正的合同前，要探寻清楚承包商的资质，关联到的合同管控的各个部门都应参与文件与合同的签订仪式。其中更为详细的要求包括如下内容：

首先是能否在国家规范的范畴里，审核清楚有关的环节是否健全与完备，能够通过国家设定的有关部门的公正审核。

其次是文件是否完备无误，逻辑清晰，且合同能够根据示范文本，存不存在过大偏差。

再次是合同两方的责任承担是否确认，能否遵行，保证公正、公平性的准则。

最后是合同真正开始应用时带来的潜在关联影响及两方对合同存在的理解偏差，在真正的合同里和项目的构建里，口头合同并不受法律保障，理应给予书面上的协定，以保障合同两方的利益。合同签署时应该每字每句都要斟酌，唯有将风险管控在最小的范畴里，如此企业才能获取巨大的利益。

4. 工程规划变动的管控

在工程计划时理应参照合同的规定，倘若甲方要针对规划给予恰当的调整或变动，则项目规划者理应及时地针对调整的变化给予物管、采购，以及财务相关人员新的告知，与此同时，施工人员也应该参照之后的变动规划构建项目，并且在合同设定的时间里完成整个项目的构建，要保证项目可以被验证认收，工程部要把项目发生变动后真正的工程量及时地供应给总结核算的组织，而后经过公司财务部的核算与认证，切勿由于其间一个程序的纰漏而使得工程量审核出现错误。

5. 核算赔偿的管控

协作两方的责任与义务都会在有关的文件与材料里有更为详细精确的阐述，因此，在之后的工程构建时，企业的施工组织、设计组织、财务组织、监管组织，即工程部、公司部、财务部、法律法规部等相关人员都需要针对签订的各类工程条款有更进一步的探讨。如果带来了亏损，那么就要在之后的一个月内向甲方提出赔款的声明，过期甲方就会失去索取赔偿的权利。如果带来的损失是由甲方的缘由构成的，则公司的相关部门理应关注证据的保留，并将最终保留下来的证据一起交给结算组织，由结算组织来最终审核总结，进而保证公司能够获取理应得到的索赔，避免亏损。

6. 施工资源的管控

首先应该把免费和有偿的资源严格区分开，通常在企业的项目中，项目的施工单位、分包单位一同进场，针对那些交叉性能比较大的财力、物力和人力资源，工程部理应增强现场的平衡与管控，对施工范畴、组织定价和职责所属范畴的分包合同要确认清楚，实现权利与责任的区分。

除此之外，也应确保资源利用的有效程度，将它作为增强管控的准则。在总结核算时，工程部应把通知单当作凭证依据，在它的基础上配置整体资源，并规定财务组织要及时准备通知单。工作人员在项目结束后填写资源使用的记录单，在总结核算时向工程部出示（记录单资源管理部门、现场分包管理人员签字），进而提高资源的利用率。

（五）结算控制

企业和业主的总结计算，也就是把工作里发生的工作量和签订的业务量进行核对，属于总结的一个环节，这类的工程有利于保证工作的总结核算量。总结核算管控的目标是保障总结的及时、准确，资料的完善、合同处理的有效、价格核算的明确度和多方审核计算的核对。

除此之外，公司和供应商、分包商的总结核算也隶属于其范围，此类核算和公司的支出成本有紧密关联。保障总结核算的有效性，才能保障公司的效益提升与成本降低。通常的总结核算涵盖搜集资料、计算价格、计算工程量、计取费用、资金审核、最终审核等工作。在总结核算的内部管控中企业应涉及以下几个方面：

保障结算人员与施工职责的有效分离。

派遣专业人员担任结算职务，一方面可以提高效率，另一方面可以杜绝舞弊现象的发生。

确保需要资料的完备，并掌握图纸与合同的内容。

在结算过程中，需要包括合同资料、定额、图纸、变更资料及业主签证、价格信息作为重要的资料依据，只有保证资料齐全才能做好结算。要以图纸、合同来进行结算，参与结算的人员必须熟悉工程图纸和施工合同。

保证办理的及时性。结算也会被期限与时间束缚，在通常的情境下，项目结束后的三个月里需要和业主总结核算，所以必须保障总结核算和审核统计时间的明确和及时。尽可能防止总结核算的延迟、审核计算时间不保证，否则会使公司有面临资本问题的可能，给公司的发展带来不利的影响。

保障工程量核算的准确性。对于工程量的计算需要精确，避免漏算、少算及多算的现象发生，这些情况都会给公司带来不必要的损失。

保障价格信息的明确无误。以目前市场价格为基准，对价格进行严格核对，保证价格的准确无误，这样才能减少审计过程中的失误情况发生。

项目经理、工程管理人员的审核计算。对于结算的最终结果，项目经理要进行严格审查，防止失误的出现。而工程项目的现场管理人员也要对供应商、分包商的结算进行核实，针对对方的资源单列进行扣除，使得公司资源使用效率提高。

对于合同管理部门的计算。管理部门应该以合同执行的实际情况为基础，从合同内容、期限、价格等各个方面进行审核，对于与合同违背的行为和工作进行严格惩处。

四、信息与沟通

（一）加强公司内外部沟通

1. 加强部门间横向交流

企业应先增强组织间的横向沟通，隔一定时间就举办组织的周例会，吸取工作者的意见，将工作例会面临的问题与不足之处，经由讨论的方式，提出可以解决与完善的方案。具体来说：

一是管理层能够经由指令、演示、会议及走动管控等许多方式实现上下阶层的交流，引领工作者更好地理解企业的策略、运营策略，使得工作者能够更加了解企业的活动情况，更加明确自身在企业里应该承担起的责任，保证工作者能够和企业一同成长。

二是构建交流反馈体制，这是一个双向的历程，一个有效的交流会受到许多成分的影响，比如受组织环境、理解力、表达能力、交流技巧等许多层面的影响。所以，公司可以通过意见箱、反馈表格、会议等许多渠道来交流反响，以构建双向的沟通制度，保证目标的达成。

2. 加强与客户的沟通

企业应增强和过往客户的交流，更全面地理解企业的服务质量与设计水准，使其能够满足变动的市场需要。增强和税务组织、会计师事务所及别的有牵涉利益的组织的交流，分析建筑设计领域的风险，得到更多的有效信息。

（二）完善企业内部信息系统

建立信息共享平台，畅通信息沟通渠道。

在全球经济逐渐呈现统一的趋势里，文献资料、信息传递、信息管理的前列性逐渐变成公司能否在市场中突出核心竞争优势的一种标志，所以，企业应建设通畅的沟通渠道，打破各业务部门分散、分割的现状，可引入市面上比较流行的 OA 系统或 ERP 系统，统一信息接口与标准，建立各个部门共同参与的信息平台，提高工作质量和效率。同时，应注意开发与引进先进的企业会计信息系统，减低信息交流环节，对工程构建手续的全里程进行一个动态管控，在提升工作效率的同时，降低人为成分对其的效用，进而提升内部管控的成效，发挥企业的总体优势。

建立内部沟通渠道，增强上下级沟通。

企业应建立公司内部的沟通渠道和反馈机制，可以由人力资源部负责牵头组织，制定上下级沟通制度，通过定期开展座谈会、发放调查问卷、增设信息反馈意见箱等渠道增强上下级间沟通，使管理者及时了解到公司的一线情况，更有利于公司决策。

五、监督

（一）增设内部审计部门

企业应当建立能够直接向公司高层管理人员直接汇报工作的且独立存在的内部审计部门，从而实现有效的内部管控监督。内部审计部门通常应当协定并实施内部管控的方案、协定并完备内部管控体制与有关的准则、一定时间内便向管理部门汇报内部管控的监督情况、均衡内外部的审核工程、监督和审核内部管控的具体环境、跟踪审核内、外部组织在审核期间获取的意见。

（二）建立内部控制评价体系

企业应联系现实情况，具体问题具体对待，要针对企业自身的特点构建更适合于自身的内部管控评价体系。内部管控评价理应交由公司财务部组织，总经理、董事长、监事会、公司董事会等来操作，也应酌情参考类似的第三方组织，比如会计师事务所等社会机构来进行实践和处理。公司应交由领导层来带领，各部门组织各奉献一份力量，对公司内部管控情况在一定时期里便给予评定，并在之后把评定成果当作企业管控绩效评定制度的一个环节，同时，公司可能面临的风险与麻烦也应该针对此评价体系来对核心业务进行评定，使其能够获取理想化的成效。参照公司内部管控事项的分类，给予每个工程自身合适的分值权重，而后更为科学地审核评价，以保障能够获取对应的精准成果。

第二节　提高工作效率

一、加强企业信用监管法制建设

（一）灵活操作弥补实体法漏洞

在市场准入方面，吉安市工商系统内部人员要更加细致地学习企业市场准入所涉及的各项法律法规，首先保证政策导向不出问题，在不违反国家大政策方针的前提下，出台一些针对吉安市现状的有关操作细则，比如可以把年检的初审权限下放到各基层分局，基层分局作为与企业面对面的监管部门，需要对企业进行日常巡查，对企业的有关情况了解得更全面，通过年检可以让巡查更有针对性，对其所提供的材料真实性也可以进行现场核实。或是在年检期间，抽调业务尖子，成立年检工作小组，使各类审查能够真正地发挥其监督作用。

在市场退出方面，主要针对的是吊销企业。目前吉安市已出台对未年检企业吊销程序规范的征求意见稿，细化了对未年检企业进行吊销程序的操作步骤，除此之外，还应该加大对吊销企业的监管力度，了解企业吊销后是否还以原企业名义从事经营活动；是否有未处理的纠纷，可能造成不稳定因素；企业是否利用吊销程序规避有关债权债务等。

（二）细化操作完善程序法不足

首先要明确哪些部门和哪些人员具体参与企业信用监管工作，他们的具体分工，并对网络操作中的权限进行授权。

其次，对企业信用管理中所要做的工作、采取的基本步骤，哪些数据应该录，哪些数据应该在何时限内录入进行明确。这不仅规范了工作中的基本操作程序，充分发挥了工商部门在企业信用管理中的职责，对企业来说，严格的程序还避免了暗箱操作，可以保护企业的基本权利。

二、完善企业信用监管实施过程

（一）完善企业退出机制

企业市场退出信用监管是企业信用监管的重点更是难点，因为它不像其他环节，企业能够一直处在工商部门的可监管范围内，企业无论是主动注销还是被动吊销都不再具有经营的主体资格，工商部门对于企业便不再有任何约束力。而这个退出环节却又是最容易出问题的环节，企业很容易利用这个环节逃避债务或从事其他失信行为。针对企业存在恶意退出市场的现象，以防这种不良事态继续发展，建立健全市场主体退出的监督制约机制显得尤为重要，是当务之急的工作。

工商系统可以建立法定的市场主体退出程序，对市场主体退出进行统一监管。在监管模式上可以考虑参照个人信用监管，依托网络信息平台，建立“市场主体退出监管网络”，这个平台上的信息可以在全国范围内进行资源共享。对那些随意退出市场的经营者在吉安市范围内实行市场禁入，限制他们再度进入市场，不仅不得再度担任法定代表人，甚至限制他们重新组建企业或在其他企业中担任负责人等中层以上职务，对已担任的责令限期变更。

“黑名单”库不仅要随时更新，还要通过网络、报纸等各种方式向社会公众公示，让更多的人知晓，提示企业的债权人及时实施其权力，并且将有关信息纳入全市企业和个人信用联合征信系统，并通报或建议银行、税务等相关部门采取措施加强监管，在信用评级、荣誉评定、贷款审核、商业交易等活动中加以限制。

（二）推进企业分类监管

企业信用分类监管就是以企业登记静态信息和企业监管动态信息为基础，根据工商行政管理机关掌握的企业在市场准入、经营行为、市场退出等过程中的信用状况，企业信用分类标准将企业相应地分为不同的管理类别，即 A、B、C、D 四级。A 级为守信企业，用绿牌表示；B 级为警示企业，用蓝牌表示：C 级为失信企业，用黄牌表示；D 级为严重失信企业，用黑牌表示。工商行政管理部门根据企业不同的信用类别有针对性地实施不同的管理措施。

在总局划分 ABCD 四级的基础上，如果企业的经营范围涉及公共安全和人身安全的行业，经营地址处于主要街道、学校和城乡接合部等地域的企业，在企业信用分类监管过程中应予特别关注，特将其定义为特别关注企业（简称“T”），根据企业类别分别标注为：A（T）、B（T）、C（T）、D（T）。

企业符合下列标准之一的，划分为 A 类企业：

具备法定登记条件，投资人的出资已到位的新设立企业。

具备法定登记条件并按企业的章程（合同）规定缴纳注册资本（金）的；上年度年检为 A 级；无处罚和行政告诫记录且两年内无因失信违法行为被处罚的企业。

持有经工商行政管理部门申报并已认定的知名、著名、驰名商标品牌和获得地级市以上（含地级市）“消费者信得过”“守合同、重信用企业”等荣誉称号后无违法行为的企业。

企业具有下列行为之一的，划分为B类企业：

因一般违法行为被行政处罚的。

设立登记时以非货币出资，在法定期限内未办理过户的。

不按规定办理相关登记备案手续的。

因违法被责令限期改正或行政告诫的。

经查证，经营者提供的商品或服务存在严重缺陷损害消费者权益的。

无正当理由拒不接受监督检查或查无下落的。

未按《企业年度检验办法》规定期限申报年检的。

未按法规规定期限办理变更登记的。

设立登记6个月未开展经营活动或自行停业6个月以上（非公司制企业为1年）。

所投资的企业营业执照已经吊销未尽清算义务的。

隶属企业法人营业执照被吊销或注销，其分支机构未在规定的时限内办理注销或吊销手续。

因破产或解散已进入清算程序的（由企业主动申报或检查发现）或清算结束后不申报注销登记的。

应纪检、监察、司法机关、有关行政执法部门的要求，限制企业办理相关登记手续或暂缓通过年检的。

企业具有下列行为之一的，划分为C类企业：

因失信违法行为被行政处罚的。

被行政执法部门责令停业整顿、被吊销相关行政许可证、取消或降低资质等级但不构成吊销营业执照处罚的。

1年时间内被行政处罚两次以上的（不含简易处罚）。

未按企业的章程（合同）规定的时间或方式缴纳注册资本（金）的。

年检定为B级的。

经营者提供的商品或服务质量存在严重缺陷，并被省级以上工商部门通报的。

经查证，一年内经营有两次以上严重侵害消费者合法权益违法行为且不依法履行相关义务的。

企业有下列行为之一的，划分为D类企业：

被工商行政管理机关吊销营业执照的。

2年以上（含2年）未申报年检、验照的。

限期注销未办理的。

三、完善企业信用监管数据系统

（一）提升企业信用信息采集整合质量

经济户口数据库是指涵盖市场准入与退出管理业务提供的各类市场主体登记、变更、注销全过程的静态信息和企业监督管理业务提供的市场主体存续期间的各种经营行为动态信息。

工商行政管理机关所有的工作都是围绕对市场主体的准入、监管和退出展开的，每个业务处理环节都有可能需要了解其他业务系统或业务环节的信息。比如在办理案件和市场巡查时，需要了解市场主体的登记注册情况；在登记或变更业务中，也需要了解投资主体和法定代表人是否被处罚而依法被限制；对市场主体各类信息的统计分析更需要了解各个业务环节的全面信息，这些信息都应该在经济户口数据库中找到。因此，一个完整准确的经济数据库是企业信用监管能够顺利开展的基础条件。

为了更好地完善经济数据库，可以从以下几方面着手：

1. 积极发动民间力量完善经济数据库

就目前来看，工商部门获得企业信用信息主要依靠日常巡查、年检以及经济户口中的一些基本数据，由于基层分局人员少，监管范围大，数据很难做到及时更新，这样是无法达到工商行政管理部门对企业信用监管的数据需求的。吉安市工商系统可以通过设立企业的失信举报制度，拓宽企业信用信息的收集和更新渠道，以弥补工商部门自身的不足，可以单独设立一个企业失信投诉窗口，指派专人负责受理，然后根据工商系统内部的职能划分，将投诉举报信息由所分管部门进行核实，一经核查，情况属实的由核查人员将情况及时录入信用数据库，情况不属实的，要将情况及时反馈投诉人。

2. 严格限定企业信用数据的保存年限

企业信用数据库相关数据的保存年限是还原企业的真实信用情况的重要因素，是提高数据库信息真实性的前提。否则，有的企业今年失信，后年数据就撤销了，这样企业信用数据就失去了其存在的意义了。

针对这种情况，工商系统首先应该制定有关规定，明确企业的哪些信用信息必须记录，哪些可以不得留案底。一般来说，制假、售假、恶意拖欠货款数额较大的严重失信行为应该由工商行政部门进行记录。

其次应该明确需要记录的信用信息在数据库中的保留时间，对于需要记录在案的企业失信数据，工商行政管理部门要视其严重程度来决定保留的时间。对于一般的失信，数据保留 5 至 10 年，如果过了这个时限，只要企业没有新的失信记录，就可以取消这些失信记录，在新的基础上对企业信用进行评级。对于一些较为严重的失信记录，可以保留到企业更名或是破产，以形成对企业失信行为的有效警示和打击。

3. 大力推进不同部门间的信用信息数据库的联网

除了工商行政管理部门掌握着大量企业信用信息数据，金融机构、税务等部门也都掌握着大量的企业信用数据，为保证这些数据的充分利用，就要实现这些数据库之间的联网，保证这些数据库在部门间的共享，这既有利于保证企业信用信息的完整性，也有利于提升这些信用信息的利用率。

（二）建立一个有序开放的信用信息共享公示平台

建立完整、准确的经济户口数据库，完善企业信用信息除了让工商部门的监管更具针对性，对企业的情况有更好地了解，还有一个目的，就是在信用信息共享平台上，能让信用数据信息发挥其最大的作用，更好地为公众提供服务，让企业有所顾忌的手段之一。

目前，共享的公示信息一般包括：

企业身份记录：企业登记事项是企业最基本的信息，属于社会公共信息，是了解企业信用的原始数据，要依法予以公告或提供社会查询服务。

违法行为记录：对涉及企业信用的重大信息要进行披露，对所有行政处罚要按照结果公开的原则，作为企业信用信息予以记录并可提供社会查询；对吊销营业执照的企业要依法发布吊销公告。

公示典型违法企业：对违法情节特别严重、社会反响强烈的典型案件，要通过新闻媒体进行曝光，并将该企业予以公示。

包括社会捐赠、赞助情况，企业文化，自我规范制度，自我承诺制度，交易伙伴评价情况等。信息共享公示也就意味着工商行政管理部门需要承担设立查询平台对企业信用信息进行披露带来的可能侵犯企业信誉及隐私的法律后果。目前，工商部门进行信用信息的披露并没有一定的法律保障，法律允许的范围并没有一个很明确的界定。

四、培育良好的企业信用文化

要想解决当前社会上的种种信用危机，归根到底还是得培育社会成员的诚信品质。社会成员诚信品质的培育是一个包括制度建设、法律体系建设、教育、宣传等在内的系统工程，而儒家的诚信观念则可以作为培育社会成员诚信品质的精神资源。

（一）以儒家诚信思想为精神资源

诚信品质的培育是一种复杂的文化现象，其孕育环境、运行机制也必然存在路径依赖问题，每个国家的社会成员的诚信品质深受其传统文化的影响，西方国家社会成员诚信品质的培育依赖于其固有的商业文明、契约文化和宗教伦理以及发达的民商法体系，然而我国却不具备这些传统，几千年来我国国民深受儒家伦理文化的熏陶，国民的心理、意志、情感都是从儒家伦理文化中获得营养的，儒家伦理文化的精神早已化作他们的骨髓和血液，已造就了他们的灵魂。儒家思想早已渗透到国人的思想性格和行为方式中，国民的思维方式、行为方式、价值认同等都自觉或不自觉地受到儒家思想的影响，由此儒家诚信实际上构成了我们培育社会成员诚信品质的现实根基。我们不能生搬硬套西方契约论和理性经济人的诚信学说，只有为民众所接受的，才是民族自己的。而是要寻找自己民族文化的根，立足本民族的思维及行动模式的特点，以儒家诚信思想为精神资源，在家庭、学校和社会共同的努力下培育具有中国特色的诚信品质。

（二）在家庭、学校和社会中营造诚信氛围，树立社会成员的诚信观念

家庭既是“制造人格的工厂”，也是培育个体诚信品质的重要场所。作为社会基本单元的家庭，对家庭成员的教育可以说是培育社会成员诚信品质的重要场所。家庭教育有广义狭义之分。广义家庭教育指导家庭中每一成员同时扮演着教育者和受教育者的双重身份，各个家庭成员之间相互影响；狭义家庭教育指在家庭中父母对子女的教育和影响。在狭义的家庭教育中依恋关系、父母教养方式和榜样作用等方面对于子女的诚信品质形成具有重要作用。家庭内部的依恋情感对其人格发展具有重要意义，它影响对个体的信任，从而影响个体诚信品格的形成。

在各个家庭组织内部都存在着依恋关系，依恋的对象必须是可以信任的并且能够提供支持和保护的家庭成员。童年时期，子女的依恋对象是父母或者法律上委托的监护人。幼儿时期如果子女没有从父母或者监护人的相处中习得信任，那么在他以后的成长中就不可能信任其他人。如果他不信任与其交往的每一个社会成员，那么他想养成诚信品质则不太可能。所以，从人的依恋情感的角度来看，子女早期对父母的感情依赖和信任对于其以后诚信品质会产生深远持久的影响。因此，必须充分重视父母对子女早期的养育，积极关注子女早期的心理健康，确保子女的心理稳定和健康成长，从而保证子女对父母依恋关系的正常发展。儒家一直强调传授道理者自身的榜样作用，即“传”与“习”的关系：讲给别人的道理，要求别人做的事，自己首先必须践行。曾子“三省”之一为“传不习乎？”，就是担心传授给别人的道理自己没有做到，反而成为一个说一套做一套的人，“曾子杀猪”的故事就是曾子用自己的行动教育孩子要言而有信，诚实待人。因此，我们不能忽略父母的教养方式和榜样作用对个体诚信品格的影响，父母首先必须重视培育自己的诚信品质，这样才能真正起到榜样作用。狭义的家庭教育中的父母的榜样作用，是指父母在社会交往中主动地遵守各种伦理规范和法律规则，树立良好的人格形象，子女在一生的成长过程中都会以父母树立的人格形象为参照。父母在社会交往活动中率先垂范，言而有信，守诚重诺，践行诺言的行为会潜移默化地培育其子女的诚信品质。由于子女早期更多地处于父母的社会交往圈中，不可避免地会受到父母诚信行为的影响，子女会关注和效仿学习父母的诚信行为，从而日渐形成诚信品质。

学校是培养个体诚信品质的重要场所，是促进诚信品质养成的有效媒介。学校的道德教育能够兴诚信风、铸诚信魂、育诚信人。诚信是社会主义核心价值观的重要组成部分。学校作为进行系统思想道德教育的重要阵地和主要场所，应该将诚信教育作为道德教育的基石。对学生开展思想道德教育的主渠道和主要阵地是课堂，学生诚信教育的开展同样离不开课堂。学校应当合理安排教学内容，避免只重智育而忽略德育的不良倾向，增加诚信教育相关内容和实践，教师在教学活动中要有意识地渗透诚信教育，同时将课堂上的诚信教育与现实中的道德生活实践紧密相连。教师应当结合各自学科的特色，教育学生树立正确的世界观、人生观和价值观，批判地看待当前社会上种种失信行为，使学生牢固树立“诚信为荣，失信可耻”的荣辱观，以潜移默化的方式，使学生在学习文化知识的同时，培养诚信意识，并将诚信意识贯彻到学生为人处世的行为中，促进诚信品质养成。诚信教育应落实到学校的具体工作中，渗透到教育教学的各个环节，以马克思主义理论课和思想政治理论课题为主渠道和主阵地，改变传统的灌输式教育。教师工作具有培养人格，铸造灵魂的特点，因此教师应以真实、可信、可感的诚信人格魅力影响学生，在教学实践和生活实践中率先垂范。在教育过程中要坚持德育与智育并重，注重学生“德、智、体、美”全面发展，利用一切先进的教育教学手段和载体来开展以“诚信教育”为主的道德教育活动。诚信教育不能停留于课堂，而是要与日常道德实践相结合，这就要求每个学生从自身做起，自觉践行，使内在的诚信观念外化为诚信行为，从而培养学生的诚信品质。此外学校还需大力加强自身的诚信建设，营造诚信的校园文化氛围。“在马克思主义伦理学看来，人们的道德品质，是在一定的社会环境和物质条件下，通过教育和社会生活实践经验的积累，以及个人自觉锻炼和修养而逐步形成的”。

社会是培育社会成员诚信品质的大环境。个体诚信品质的养成离不开社会环境，社会中的各类人员和机构又会对个体的诚信品质进行评价和肯定。当代社会是信息化飞速发展的社会，海量的信息资源和庞大的网络环境改变了以往社会影响人的方式，资源配置和利益分配由“看的见的手”向“看不见的手”的转变也改变了人与人之间的关系。结合新的社会背景和社会环境研究社会成员诚信品质的培育成为了有益的探讨。本文所指的“社会”主要是指社会的环境因素，主要是大众传媒，大众传媒是影响社会成员诚信品质的重要因素。信息化时代的今天，一个地方的新闻和消息会在瞬间传播到世界各地。大众传媒首要的和基本的功能就是传播信息。电脑、平板、手机等智能产品借助互联网网络可以随时随地获取大众传媒传播的信息。中华民族自古以来就以诚信美德享誉世界，古代圣贤推崇的“修身、齐家、治国、平天下”均离不开诚信品质的支撑。然而，伴随着我国现代化进程的加快和市场经济体制改革的深入，政府失信、食品安全危机、企业债务危机，盗版、剽窃、抄袭等现象层出不穷。要想尽快地树立社会成员诚信观念并将其贯彻到日常的行为规范中，我们就一定需要借助新媒体等大众传媒手段，充分地发挥舆论传播信息的功能，树立诚实守信的典型，积极营造社会诚信氛围。大众传媒不仅具有传播信息的功能，还具有引导舆论和监督舆论的功能。通过网络平台汇集诚信典范，褒奖诚信典范，鼓励大众践行诚信行为，培育社会成员的诚信品质。如今大众传媒的形式和功能相比于过去都更加多样，实现对社会成员诚信品质的培育，必须通过新媒体等平台，对诚实守信的事迹赞誉和褒奖，对欺诈失信的行为给予批评和谴责，形成“以诚实守信为荣，以见利忘义为耻”的荣辱观，让诚信者在社会上有更多的绿灯，让失信者在社会上遇到更多的红灯，为社会成员诚信品质的培养提供有力的氛围支持和保障。

（三）自律与他律的紧密结合

以儒家诚信观念为精神资源，还必须建立自律与他律的双重约束机制，这样才能培育全体社会成员的诚信品质。

自律是指社会成员依靠内在信念和道德良知而不是外在的强制力来约束自己的行为。自律强调自我教育和自我反思，是一种内省式自我约束。儒家特别强调个人自律，《中庸》曰：莫见乎隐，莫显乎微，故君子慎其独也。所谓慎独是指一个人在独处的时候，即使没有人监督，也能严格要求自己，自觉遵守道德准则。朱熹这样解释“慎独”的“独”：“独者，人所不知，而己所独知之地也。”

这充分表达了儒家关于内心之“诚”的意蕴:你做坏事，尽管别人不知道，但你是知道的，你这样做首先就是欺骗了自己，所以要做一个自律的人。在培育诚信品质的过程中，自律首先就是要做到内心之“诚”，即不自欺，做一个光明磊落、堂堂正正的人，做一个有正确信念、良知、荣辱观的人。在自律约束下，如果行为者的诚信观念得不到践行，会受到自己良心的拷问和鞭挞。社会成员会在社会交往中依据自己内心的诚信标尺对自己的诚信行为进行测度和衡量，以评判自我的诚信行为。当然，在现代社会，仅有自律是不够的，还必须有他律的约束。他律是指社会成员依靠法律法规和奖惩机制来约束自己的行为。他律强调法律机制的强制性作用。社会成员诚信行为的践行是自律和他律共同作用的结果。自律是他律的基础，他律是自律的保障，两者犹如一枚硬币的两面，共同构成一枚精美的硬币。诚信品质的培育既要重视社会成员内在德行的自律机制，也要重视外在法制机制的强制性作用，这样才能将内在的诚信信念外化为诚信行为。正如亚里士多德所言“我们应该注意到邦国虽有良法，要是人民不能全部遵循，仍然不能实现法治”。

如果社会成员没有内在良知的自律性，即使有健全的诚信法律法规，这些法律法规也难以在社会上真正生效，这是我们必须面对的现实。然而在经济转型期，信仰迷失、道德失范、价值标准紊乱日益凸显，仅仅倚仗社会成员的道德自律企图建立诚信社会是不合实际的。如果社会成员诚实守信的行为得不到社会应有的褒奖和赞誉，欺诈失信的行为得不到社会应有的批判和惩罚，保障社会成员自律机制生效的法律法规和惩戒机制不能落实，那么社会上依靠内在良知自律的诚信行为就可能减少，失信的行为可能会增加。因此，在社会成员诚信品质培养的过程中需要重视他律对自律的保障作用，确保诚实守信者的利益得到保障，而失信者要为其失信行为买单。

1. 他律机制与政府诚信

他律机制主要由有关诚信的法律法规及奖惩机制等组成。由于上文已经讨论过大众传媒对社会成员诚信行为的引导和监管，此处重点探讨诚信相关的法律法规和诚信奖惩机制。

亚里士多德曾说过“法治应当包含两重意义：已成立的法律得到普遍的服从，而大家所服从的法律本身又应该是制定良好的法律。人们可以服从良法也可以服从恶法。就服从良法而言，还可以分别为两类：或乐于服从最好而又可能订立的法律，或宁愿服从绝对良好的法律。”真正地能够得到社会成员认可并服从的有关诚信的法律法规必须包含社会成员普遍认同的道德价值基础。一方面，如果立法机构订立的法律违背了公序良俗，法律法规与社会成员普遍认同的诚信准则背离，从本质上来说法律法规就是不道德的，这就不会得到社会成员的拥护和支持，也不会约束社会成员的行为，他律机制就不能有效地发挥其制约作用，这便是亚里士多德所说的“恶法”。另一方面，如果立法机构订立的法律根源于社会成员内心深处的道德良知，遵从公序良俗，基于让每一位社会成员都践行诚信行为、从而维护良好的社会秩序的目的，同时顺应社会成员的信仰习惯，社会成员就能明白法律的道义精神和正义原则，从而认同法律法规的正义性和权威性，他律机制就能有效地发挥其制约作用，这便是亚里士多德所说的“良法”。

2. 诚信的自律机制

他律是建立在自律的基础上的，社会成员没有道德良知和内心信念，他律机制就难以真正地生效。因此我们在培育社会成员的诚信品质时，应当探讨诚信心理形成的机制，同时充分发挥个体自身的主体性作用。

（1）诚信心理的剖析

从诚信心理学角度来分析诚信产生的心理机制，其主要包括诚信美德的心理需要、诚信心理需要所指向的动机、诚信动机引发下的行为方式和诚信心理反馈这四个方面。

诚信心理机制是指由诚实守信心理动机产生诚实守信行为的心理过程。每个社会成员在践行诚信行为前，主体会对诚信进行心理认知。诚信作为个体立身处世的根本和自我修养的基本准则会得到个体在心理上的重视。当个体在心理上认识到诚信的重要性后，在面对具体的事件时，会依据自身的道德经验和道德知识并结合自身需要，做出诚信与否的行为反应。在践行诚信行为的过程中主体的诚信意志是使其诚信行为不断持续的动力之源。当个体的一个诚信行为完成之后，主体对诚信行为做心理上的评价与反省，形成主体对诚信行为的新的认识，实现心理平衡。

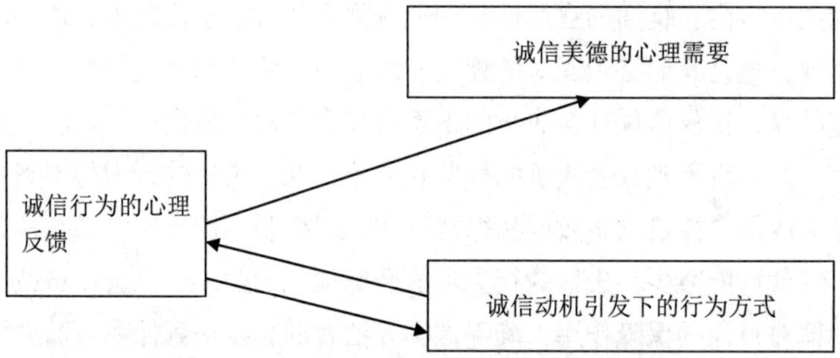

图 5–3　诚信的心理过程

对上述诚信的心理过程的剖析，主要是启示我们：

第一，无论是在家庭、学校和社会上营造诚信氛围，还是立法机关制定诚信相关的法律法规，其目的不仅仅应该对社会成员进行训诫、惩罚或说教，更应该让社会成员明白诚信法律法规和相关规章制度里所蕴含的精神意义和正当性理由，使社会成员通过理解、领悟其中的意义和正当性从而认可诚信的价值。

第二，当社会成员存在塑造和支持诚信品质的诚信理念时，即罗尔斯所说的“正义感”，这样才有理解并尊重表达正当性规则的能力和愿望。这样每一位社会成员才能将他律转化为自律，将诚信观念视为一种信仰，践行在点滴的生活细节中。

（2）社会成员主体性作用的发挥

社会成员诚信品质的形成，一方面要让社会成员充分认识到诚信的价值与意义，将诚信视为一种信念而不仅仅是一种工具和手段，另一方面，社会成员应当将诚信观念贯彻于社会实践，落实于点滴生活。社会成员对诚信的价值和意义的认同是践行诚信行为从而形成诚信品质的前提条件。要推进主体对诚信的价值与意义的认同，就要促进主体对诚信相关知识的理解，最重要的是要让主体理解诚信的精神价值和道德正义。马斯洛需求理论告诉我们，不同的主体会有不同的需求，社会成员在社会交往中面对具体事件会根据自身需要表现出诚信或欺诈的行为。在他律机制完善时，社会成员会在内心权衡利弊，由于诚实守信获得的收益大于成本，为了追求自身的利益、满足自身的需求，主体的诚信心理需要产生之后就会激发诚信动机推动诚信行为的践行。需要强调的是社会成员产生诚信心理需要的全过程都需要有诚信观念的支撑。

第三节　拟定市场化的企业战略

在市场发展大潮中，任何企业要想将自己的生产成果顺利推广出去，获得理想的经济效益，就需要将营销方式进行创新。在经济新常态的发展中，企业要能时刻关注市场环境的变化，对市场的发展有清晰的认识和了解。只有掌握了市场的动态，才能清楚自身的资源人力投入成本，从而结合科学的管理方式，来保证企业在市场发展中的核心地位。此外，企业也不要将目光只停留在企业自身竞争力上，也要多方了解竞争对手的发展情况，通过对方营销的策略，给自身发展提供借鉴，从而优化和调整自己的企业经营方式。

一、企业管理模式中可持续管理的内涵

（一）应用可持续管理模式的必要性

现代企业进入新的发展阶段以后，我国经济发展已经进入新的发展时期，市场中企业的竞争压力更大，如果企业不追求高效的管理方式，则必然要为市场所淘汰，会被同行业的竞争对手快速超越，那么企业在市场中的份额占比就会逐步缩小，企业生产的产品所获得的利润也会持续下降。而当代世界经济发展格局已经逐步形成了一体化的局面，原本的封闭式管理并不适用于当下的企业发展规模及市场竞争需求，复杂的竞争格局及多变的贸易格局让企业的生存面临着困境，企业需要思考如何转化横向优势，激发自身在竞争中的潜能，才能为企业的发展注入新活力，应用可持续管理模式提升企业的经营管理效率，已经成为当代企业发展的新课题。

（二）可持续管理模式的具体内容

许多现代化企业在开展工商管理工作时，会通过实践的探索来履行国家的相关标准，研究国家的发展政策用于企业自身的改革。针对工商企业的管理方式，管理者应当不断地创新管理机制，可以通过收购创新成果来激发内部的生产活力与管理活力，应用最新的技术与管理方法，扩大收购而来的成果，展现自身的优势，并作出积极的成果推广，为企业谋取更大的市场份额。在技术升级的作用下，企业的管理者要注重发展管理效能与绩效等方面的内容，对管理成绩作出细致的分析，并对过去的管理工作加以总结，提升原有技术的应用水平，将其内化为企业自身的动力，设定新的发展目标督促企业前进。在企业原有的绩效管理体系上，管理者要重视管理实践的应用，从新形式上提升螺旋式管理的效能，加强企业内部常态化的建设，为企业的可持续发展增添动力。

二、现代企业构建可持续化管理的工商管理模式的方法

（一）分成绩效激励方法的应用

树立明确的管理目标，现代企业应当遵循全面管理的原则，不断提升企业在市场中的经济效能，对生产流程作出安全保障，调动员工在生产中的积极性，使其可以成为企业管理升级过程中的推动力。企业的管理者可以通过定岗定责的方式，对内部员工开展责任化的管理工作，将各个部门、各个岗位的工作职责予以明确，再通过制定电子管理表格的方式来划分具体的管理内容，要将管理工作的任务分配给个人，各个部门、各个岗位的工作人员可以通过查找在线表格的方式了解自己工作岗位的具体职责，按照规定开展日常的管理工作。

激发管理的工作活力，现代企业应当创新管理机制，可以通过引入激励的方法，创新各部门及小组的组织体系，建立针对不同工作人员的配套激励政策，比如各部门的主管，可以在完成工作任务 110% 的情况下获得额外的绩效奖金，基层的人员在完成工作任务 105% 的情况下可以获得一定的奖金，并且拥有较好的晋升空间。企业通过全面的组织体系创新，可以合理分配各个机构及其工作人员的效能，挖掘各部门、各岗位人员的潜力，调整企业的季度奖励模式，

创新相应的工作计划，在各科室及小组的工作安排中落实应用。技术人员应当对相关工作作出日常化的处理，按照季度、月度及周作出一个工作计划周期，每周期要对工作内容的完成情况进行统计，对下一周期的工作内容作出重新的安排，各个区要以自己的小组工作内容部署为依据，创新考核办法及宣传体系，要完善人才培训方案，作出整体上的思考，针对上一周期计划的完成情况，对下一周期计划的工作内容作出适当的完善或修改。这种管理模式可以增强企业内部员工在工作上的交流，促进员工之间的沟通与分享，使各部门的工作效能得到大大的提升。

设置相应的考核体系，现代企业在考察技术创新成果时，要设置考察的下限，即对员工工作能力考核的最低标准，对员工的工作行为作出基本的约束。比如企业的某一部门的工作季度统计工作中，技术创新的成果不可以少于两项，在可持续管理的工作中，创新的项目不可以少于一项。每个工作季度结束以后，管理者都会对各个部门的生产创新成果进行全面的统计，再作出相应的公示，经过定量考核以后，考核的结果分别分布在线上、线下，如果高于下限，则企业要按照一定的比例对其成果作出表彰与奖励；如果某些部门没有完成目标，则相关负责人要接受一定的惩罚，以激励各个部门努力达到下限目标。现代企业按照部门及小组的团队层次，将可持续管理工作与定量管理方法相联系，可以创新各个部门在工作中的成绩审核方法，并将具体的成绩纳入团队的绩效考核评审中，能够有效地激发团队工作人员的积极性。

（二）制定综合评定考量表的应用

1. 鼓励员工的积极态度

现代企业可以应用的可持续管理方法并不只有一种，针对团队的合作与创新可以应用项目式的管理方法，在调动员工个人积极性方面，也可以围绕着整条机械制造生产线的方式，为其提供安全保护、降低生产中产生的能耗问题等，可以显著提升生产效益。现代企业可以组织岗位创新竞赛活动，可以设置的主题包括许多种，比如专业领域的技术主题、管理方面的电子系统平台主题等，企业的管理者可以采纳基层工作人员的多方意见，组织专业化的比赛评审团，对员工提供的优化方案及竞赛结果作出综合的评定。企业的高层管理人员也参与到评审与表彰活动中，通过扶持本企业的创新项目来树立良好的创新风尚，为员工的成长指引方向，明确各项活动的规则与要求，企业可以拿出部分资金用于竞赛，设置奖金来鼓励员工参与到创新竞赛中，设置相应的管理原则，激发员工的积极性与潜能。企业根据竞赛的结果，可以结合积分考核办法，对员工个人予以表彰。

2. 推广企业的优质项目

现代企业在应用可持续管理办法时的创新成果，要在企业的市场业务范围内得到有效的推广，为使可持续管理办法在企业的经营管理中发挥更大的价值，企业要重视可持续管理办法的长效应用，在各个部门及各个小组的努力下，收集相关业务所取得的成果，完成数字化的管理工作，再利用数据处理技术，从企业的范围内搜集相关历史数据，总结企业内部与外部的成功经验，研究未成功案例的失败之处，不断地尝试与经验总结，可以为企业提供大量的参考资料。现代企业要重视对数据、信息的搜集，要统计每一阶段企业引进的科研成果有多少项、小组管理经验有多少项、技术创新成果有多少项，这种创新成果的引入方式可以为企业后续的绩效考核工作提供丰富的资料，可持续管理办法的应用要从这些环节中体现出来，为企业内部的绩效评定体系作出全面的衡量。企业的管理者要在企业的发展中，逐步建立起以科室为单位的创新推广计划，计划中要明确可持续管理模式的创新应用过程，通过对重点技术的引进，完成进口设备的安装与调试工作，消化先进的技术，作出本地的革新，可以安排与相关科技创新项目研究有益的工作小组，为企业引进当前同行业关注的技术成果，并对工作中的难点部分与重点部分作好工作部署，积极创新核心技术的内容。同时，企业的管理者要在各个部门的管理工作中，配合项目推广计划的落实与应用，要升级企业当前的机械生产线，创新工艺与生产办法，全面安装并调试相关设备。

3. 转化技术的创新成果

现代企业对于创新成果的执行情况，可以从三个层次进行打分，分别是经济层次、安全层次与创新层次三个方面。在经济层次中，企业要根据生产流程的优化指标提升情况，作出相应的评价，对各个机械化标准流程进行评定以后，确定各个标准是成熟的，可以在目前的生产流程中，得到良好的应用，能够帮助企业持续、合理地降低生产成本，将生产成本控制在合理的范围内即可。在安全层次中，企业可以根据生产流程的稳定性及规范性的程度，给出相应的评价，了解每个部门及每个岗位员工掌握的技术情况、专业水平，增强产出，改善产品的质量，可以有效地减少产品的生产成本，维持各生产线的稳定运行、可靠运行，保证企业生产的安全，即满足了安全性的要求。在创新层次上，企业要根据新的管理标准，对整体生产线与管理项目作出可持续性的研究，用分数来评价项目对可持续管理的应用水平，进而完成综合评价工作，转化技术的创新成果。

三、优化工商管理推进企业科技创新的策略

优化工商管理推进企业科技创新的策略，为企业提供经验借鉴。

（一）优化制定工商管理制度

对于企业推进制度缺失问题，建议企业优化制定工商管理制度，指导管理人员通过各项工商管理措施，推进企业科技创新，强化企业创新力与竞争力。以某企业为例，考虑到企业科技创新工作需求，在制度中明确可推进科技创新的工商管理措施要求，指导工作人员规范开展相关管理工作，制度要点如下：

明确工商管理与科技创新的关系，企业管理者应结合工商管理与科技创新的关系，结合推动机制，制定完善管理制度。例如，某企业在管理制度中明确推动科技创新的工商管理工作流程，指导工商管理工作。

在前期，要求管理人员做好市场调研工作，为科技创新指明方向；在中期，要求管理人员整合企业订单信息，明确企业产品市场销售成果，以高附加值和高技术含量产品为目标，创新产品研发；在后期，要求管理人员根据科技创新成果，为客户提供售后服务，提高企业产品与服务水平。

优化制定绩效考核制度。在明确工商管理工作内容的基础上，企业优化制定绩效考核制度，将前中后期的工商管理工作作为绩效考核指标，评估工商管理人员在推动科技创新方面作出的贡献，督促工商管理人员优化改进岗位工作，更好地为企业科技创新服务。

（二）创新实施工商管理方法

对于企业推进方法滞后问题，建议企业根据科技创新对资源的需求，创新实施工商管理方法，科学统筹企业各项资源，为科技创新提供帮助。以某企业为例，通过如下资源管理方法发挥协调作用：

1. 创新融资方式

资金是企业科技创新的基础，企业可通过工商管理中的融资管理，为科技创新提供充足资金资源。为提高融资有效性，企业应创新融资方式，依托于企业发展现状，采用创新板、科技基金、风险投资、资产证券化等方式，从多渠道获取科技创新资金，为企业科技创新工作提供充足经费。

2. 基础设施建设

在企业科技创新中，无论是产品创新研发，还是生产工艺创新优化，均需软硬件设备提供支持。就此，在企业工商管理中，管理者应注重基础设施建设，根据企业资源配置状况，合理规划基建工程，为科技创新提供条件。

（三）构建企业科技创新文化

对于企业缺乏推进意识问题，建议企业构建企业科技创新文化，提高企业管理层及基层职工对科技创新的认识，针对性开展与执行工商管理措施，推动企业科技创新。

1. 制度建设层面

（1）制定有利于科技创新的相关制度

制度具有根本性、稳定性和长期性，推动制度建设可以保证科技创新文化建设有章可循，有规可依。

一是推动建立培训制度，加强职工政治理论、业务技能、管理学识和创新意识等方面的多维度培训。为了统一思想和凝聚战斗力，党组织必须制度化政治学习和理论学习的开展，使职工能更好地服从党组织的安排。同样地，为了使企业能及时适应现代高新技术的发展、落实科技创新文化建设，党组织需要用制度规范培训流程，通过周密的组织和安排来帮助职工发现和获得所需的知识，提高职工素质，使他们能更好地完成本职工作，为科技创新做好知识储备。

二是推动建立激励制度。建立合适的、能刺激科研人才的激励制度体系，给予科研成果创造者相应的奖励，使制度对科技创新文化的落地发挥更大的促进和激励作用。党组织要联合企业人力资源部门从内部激励和外部激励着手完善激励制度，内部激励是指从个体心理上予以激励，注重职工个体的自主性，重视职工的尊严和自我价值的实现，给予职工发挥专长的舞台和机会，认可他们的创造价值；外部激励包括物质奖励（如薪酬或奖金）、给予职工充足的科研创新时间、提供相对充足的研发费用，让职工在物质层面上得到满足。

三是推动建立知识产权保护制度。实践表明，有效的知识产权保护制度能够广泛地提高人们从事科技创新活动的踊跃性。从事科技创新要付出艰辛的努力和大量的时间投入，还承受着巨大的失败风险，如果科技创新者付出的心血得不到制度上的肯定和保护，将会大大挫伤其从事科技创新活动的意愿。党组织要联合企业法务部门从制度层面有效保护知识产权，使创新者得到应得的权益，推动职工放心地从事创新活动。

四是推动建立科技创新管理制度。党组织要推动建立多层次、完整的科技创新管理制度，涵盖的层面要包括科技创新投入、科技成果转化、科技人才管理、产学研管理等多个方面，让科技创新工作者在制度明晰的情况下开展工作，提升他们的工作效率。在科技创新管理上进行制度改革，具体来说就是要了解一线职工的现实需求，简化职工对科技创新项目的申报流程，加快对科技成果的判定工作，增加对科研人员的支持资助，明确与相关高校研究院的合作方式等，促进科技创新资源的高效利用，推动科技创新主体紧密合作，加快科技创新成果的转化，从科技管理角度推动企业科技创新文化建设的发展。

（2）推动企业成员自觉遵守制度

任何一种制度只有在实际行动中去遵守，才能够具有真正的意义。因此，党组织要让每个职工对定立的制度心存敬畏，在实际工作中自觉遵守制度，将制度落到实处，才能够保证科技创新文化建设工作顺利进行，让制度确确切切地推动企业的科技创新发展。

一是要让职工加强对科技创新制度的学习和理解。要执行好制度规范，首要工作是让职工明确有哪些制度，让职工明白制度的意义。党组织可以将规章制度统一打印发放给全体职工，辅以领导宣讲、小组讨论、自评互评等方式加强全体职工对制度的理解，帮助职工把制度规范与日常工作、日常行为联系起来，自动维护科技创新制度。

二是要让职工都对制度有敬畏之心。党组织要重点强调制度的重要性和必要性，让职工把制度当成至高无上的行为准则，自觉养成遵章守纪的习惯。党组织要教育职工重视规章制度，让职工认识到制度不仅能规范他们的行为，也有助于职工科技创新活动的开展。党组织要通过加强宣讲、树立典型、严格执行等做法，让规章制度不仅仅是说在嘴上、挂在墙上、写在纸上，还要刻在心上、记在脑上。

三是要让职工持之以恒地恪守制度，培养遵章守纪的习惯。遵守规章制度就是要始终贯彻执行企业的制度。有的职工可能一开始还能严格遵守制度，但是在岗位上工作时间久了，对遵守规章制度产生了懈怠，党组织要杜绝这种现象的发生。

2. 组织建设层面

加强组织建设要认真培养、公正选拔、合理使用党员干部，坚持党管干部，党管人才原则，提高党员素质，健全人才选拔、培育机制，完善基层党组织建设，发挥党员先锋模范作用。

（1）充分发挥领导干部的作用

领导干部既是贯彻党中央决策的执行者，又是企业内部的决策者，还是面向职工、连接上级机构和社会的重要环节，在企业科技创新文化建设工作中处于举足轻重的地位，是推动科技创新文化发展与落实的骨干力量。因此，在新形势下，加强党组织领导班子建设，对于推动科技创新文化建设、推动企业长足发展具有深远的意义。

一是选择合适的领导干部引领科技创新文化建设。领导干部决定企业发展方向，也决定了企业科技创新文化的发展方向，需要对全过程进行具体指导，对科技创新文化建设具有引领责任。

二是不断提升领导班子的战斗力。建设科技创新文化的目标能否实现，推动科技创新精神落地生根的任务能否完成，与各级领导干部具体决策的科学性和执行力息息相关。

三是领导干部要以身作则。俗话说"行胜于言",领导干部的行为会对职工产生极大的影响,对科技创新文化的传播产生重要的作用。领导干部的一言一行都在告诉职工企业提倡什么、重视什么,职工会通过观察领导干部的行为了解科技创新文化的真正内涵。领导干部要以身作则、率先垂范,亲自倡导企业科技创新价值观,自觉做科技创新文化的信仰者和实践者,使得职工在观察和模仿的过程中也加深对科技创新文化的认识并自觉实践,强化上下一致的执行力。同样重要的是,必须坚持多届领导班子长期持续倡导,不能朝令夕改,否则会搅乱职工的思想意识,让职工丧失坚持的信念,耗散科技创新文化的效力。

四是加强与职工群众的互动。领导干部比普通职工对科技创新文化具有更深的理解,能给出更权威的解读,他们传递的信息能得到职工更多的关注,有更大的影响力,因此领导干部要主动向职工宣传企业的科技创新的文化理念,帮助职工更好地认识和践行科技创新文化。同时,领导干部也要多与职工进行交流,加大与职工的沟通力度,构建有效的沟通机制,健全意见反馈、谈话谈心机制,主动开展沟通、谈心工作,了解职工的真实想法和态度,不断改进工作方式。

(2)加强人才的选拔和培养

只有坚持任人唯贤的原则,造就一批高素质人才队伍,才能形成支撑党的事业的骨干力量。同样的经验放在企业也适用,只有具有相当数量的创新人才,企业的创新行为才能得以发生与维持;只有紧紧依靠创新人才的智慧和汗水,才能获取丰硕的科技创新成果。科技创新文化就是一种吸引和培养创新人才,支持创新人才脱颖而出,有利于企业创新效率的提高和创新成果的取得的新型文化体系,党组织在其中要发挥好选拔人才、培育人才的关键作用。

一是打造一支优秀的党务工作者队伍,加强党务工作力量。党务工作者是企业开展党建工作的骨干力量,着眼于发挥企业党组织的领导作用,也是从事科技创新文化建设的关键力量,把党的政治优势转化为企业的发展优势,既要有较高的政治素养、政治能力,同时也要有专业的业务能力和培育科技创新文化的能力。因此党组织要加强对党务工作者的教育培训,建立健全党务工作者素质培养制度体系,科学构建企业党务队伍,强化党务队伍的梯队建设,努力打造一支政治素质好、精通党务工作,又熟悉企业生产经营和管理工作的复合型党务工作力量。党组织要注意选拔具备专业技能和从事科技创新文化建设意愿的人员,对他们开展多层次、全方位的培训,将他们放到基层去培养锻炼,让他们更了解职工的想法和企业的各项工作的开展情况,为科技创新文化建设储备数量充足的党务工作者。

二是加大人才工作力度。进一步发挥党委在人才选拔任用工作中的领导和把关作用,坚持正确的用人导向,规范选拔任用程序,提高选人用人工作的满意度。进一步落实人才工作规划和人才目标责任制,完善专家人才制度,建立专家人才荣誉体系,建立起各类人才的教育、培训、考核、推荐、任用、评价体系。有计划启动专业高层次人才的选拔,优化人才建设,加强专业人才转型培养,进一步壮大人才队伍规模。党组织要遵循市场规律和人才成长规律,以识才的智慧、爱才的诚意、用才的胆识、聚才的良方,把企业内各方面优秀人才聚集到科技创新文化建设中来。

三是选拔创新人才时要打破唯学历、唯职称、唯资历、唯身份的陈腐观念,大胆起用、重用年轻人才,这是培养创新型人才的关键所在。制度性地起用年轻职工是鼓励创新、培养创新型人才的重要的组织手段，让年轻职工敢于拼搏、勇于实践、大胆创新，给予他们成长的机会和空间。如果起用年轻人才的工作做不好，创新型人才的培养就缺少必要的人力资源保障。党组织要在企业内部形成良好的人才选拔任用风气，树立强烈的人才意识，做好团结、引领、服务工作，真诚关心人才、爱护人才、成就人才，为优秀人才营造良好的学习、工作和生活环境，使他们成长有机会、干事有舞台、发展有空间。只有建设好一流的人才队伍，才能充分发挥科技创新文化的作用，才能让企业成为一流的企业。

（3）发挥基层党组织的战斗堡垒作用

科技创新文化建设要将基层党组织建设摆在重要位置，找准切入点与着力点，充分调动各级党组织和广大党员群众的积极性、主动性与创造性，凝聚起推动企业科技创新文化发展的磅礴力量。

3. 环境和机制建设层面

（1）营造有利于科技创新的氛围

企业党组织必须通过营造有利于科技创新的文化氛围，在企业内部推动科技创新文化建设，形成鼓励创新、支持创新、保护创新的良好人文环境，为企业科技创新注入强大的精神动力。营造有利于科技创新的氛围，这是一个庞大的系统工程，也是一个长期和不断推进的过程，需要企业党组织不断落实。

一是营造具有批判精神的氛围。在科技创新文化的建设过程中，企业成员保持理性批判精神是不可或缺的。批判与科技创新是相辅相成的，科技创新以批判为前提，没有批判就没有科技创新，批判会孕育、生成科技创新，使得科技创新更容易出现。党组织要鼓励批判精神的发扬，鼓励企业成员敢于质疑、敢于提问，这是推动企业科技创新的重要步骤。

二是营造良性竞争的氛围。开放有序、友好协作的竞争不仅不会阻碍科技创新，反而会极大地促进科技创新的健康、持续发展。党组织要支持职工之间开展良性竞争，杜绝企业内部恶性竞争的出现，用健康的竞争氛围促进科技创新健康、持续地发展，让良性的竞争氛围融入到企业科技创新活动中。

三是营造容许失败的氛围。科技创新是对未知世界的探索，其结果是无法事先预料的，因而肯定是有风险的。对待科技创新风险的积极态度也是科技创新文化环境的重要组成部分。党组织要营造鼓励创新并容许创新失败的文化氛围和文化环境，不苛责遇到挫折的职工，鼓励他们从失败中汲取经验，给予创新者安全感，让创新者不畏惧创新所面临的风险，使得科技创新的精神和实际行动能不断扩大。

四是营造尊重信任的氛围。职工在科技创新活动中想获得的不仅仅物质上的奖励，被认可、受尊重这种内心成就感也是他们想得到的，因此，党组织应充分尊重、理解和信任研发人员，用情感管理来培养职工的忠诚度，不仅用待遇留人，还用事业留人。党组织要适当地给职工压担子，让职工担责任，认真听取职工对工作和企业的看法，积极采取职工提出的合理化建议，增加职工对企业的认同感和参与感，让职工感觉自己受到重视。

五是营造具有归属感的氛围。在有归属感、团结、相互支持的气氛中，职工的创新灵感和积极性会得到激发，职工才智能够得到充分发挥和灵活运用。

（2）推动建设学习型党组织与学习型企业

推动建设学习型企业是弘扬科技创新文化的必由之路，党组织也要不断推动企业进行自我学习与革新，获得其他企业难以复制的优势，持续开拓新的领域。

（3）为科技创新文化建设提供物质保障

对于任何一项企业工作，基本物质保障的供给是工作正常展开的前提性保障，对于科技创新文化建设而言同样如此。党组织要确保良好的物资来支持工作的开展，保证建设工作的顺利进行。结合科技创新文化建设的相关内容，物质保证保障主要由以下几方面组成：

一是宣传物料。科技创新文化建设的前期需要大量的宣传引导，以此来提高职工对科技创新文化的认知程度。而宣传过程中，就需要用到大量的宣传物料，来增强职工的认识，比如科技创新文化标识、宣传栏、视频资料等。

二是管理培训经费。配合科技创新文化建设的还有相关的管理培训内容，采用授课或者资料文本的形式，将科技创新文化内容具体化，融入每个职工的心中。因此，科技创新文化建设需要管理培训经费，邀请相关专家为职工讲授课程，推动企业职工的培训和学习。

三是活动物资。科技创新文化活动是促进企业职工贯彻落实科技创新文化，将理论层面的文化落实到职工行为思想的有效媒介。举办活动的场地准备、人员准备和活动形式等内容，一些日常需要的额外经费等，都需要及时保障充足。

第四节　全面提升人才素养

人才永远是发展的内在动力，是企业发展的实施主体和关键性因素。工商管理人才在企业发展中的力量是巨大的，企业只有加强和重视工商管理人才的培养，才能吸引更多优秀的人员加入企业发展中，树立正确的用人理念，培养更多有工商管理能力的人员。此外，企业在对人员进行工商管理能力培养的过程中，积极提供学习的机会，让员工能够与世界先进工商管理理念接轨。除了要让他们的专业能力更好地得到发挥之外，还要结合实际岗位工作提高人员的综合素养，将其培养成复合型人才，为企业实现更好更快发展增添力量。

一、企业工商管理人员应具备的能力

工商管理从业人员应具有一定的思想道德素养、专业素养和敬业精神，具备法律意识、服务意识，除此之外应具备以下几点。

（一）与时俱进、不断学习能力

工商管理人员应及时获取和学习本领域的理论前沿和发展动态，掌握与当下市场环境相匹配的先进管理理念。与此同时，工商管理从业者应迅速、全面、准确把握市场脉搏，及时准确分析宏观市场环境、政策导向和制度规定，做到随机应变，提前预判市场发展趋势，及时调整发展策略。在信息时代，工商管理工作人员需要学习大数据等新技能，迅速有效筛选大数据以获得有效信息，从繁杂信息中选出最有利于推动企业持续发展的和具有较高应用价值的重要信息，进而对企业合理制定长期发展战略提供决策参考，促使企业能够充分把握适应市场需求，

在市场竞争中保持稳固地位。

（二）沟通表达能力

工商管理人员需要具备较强的口头、书面表达能力，善于准确传达信息、降低沟通成本。在工作中，工商管理从业人员不仅需要面对企业团队内部沟通协调、上传下达、团队建设，还需要面对企业间的洽谈、协作、合作，维持上下游经济合作伙伴间的关系；对于具有国际业务的企业来说，还需了解合作国家的经济文化状况，掌握其语言文字。因此，工商管理人员需要具备较强的沟通表达能力。人才是企业发展的重要基石，企业需要大量人才支撑以扩大经济活动并保持可持续发展。管理人才并非采取简单粗放的沟通模式，如果工商管理人员运用的沟通方法不当，则极易导致团队不和谐、合作效率低甚至人才流失。

（三）团队组织能力

在当今企业管理中，团队协同合作可以形成合力，实现优势互补，在企业管理中心愈发重要。但很多企业尤其是大量中小企业的团队组织工作中仍然存在不足之处，如缺乏团队精神、缺少合作经验、管理者不善于统筹分工等常见问题。因此，为了更加科学高效地管理团队，工商管理人员应该在工作中不断强化团队协作意识，通过搭建跨部门协同办公系统、文化引导等方式，提高团队合作的管理水平、管理效率，建立起团队作业时正确协调团队的方法，构建精诚团结、优势互补、资源共享的企业文化，营造交流畅通、合作高效的团队氛围，使团队的任务目标更容易达成。

（四）人力资源管理与领导能力

在企业管理中，需要妥善处理员工利益与组织利益之间的关系，工商管理人员需要敏锐察觉员工状态，准确分析并采取合理的解决方式，提高员工的工作积极性，增强员工归属感，不断激发其主观能动性，使员工将个人利益与企业命运紧密联系。因此，工商管理工作人员需要具备一定人事管理能力和领导魅力，在宏观上统筹设计企业员工年龄、技术、类型的配比，在具体上应落实到员工个人职业发展规划、进退留转、奖惩激励等诸多方面。此外，要科学采取各种鼓励激励措施，不断提高企业文化软实力、核心凝聚力，为员工营造团结活跃的工作氛围。

（五）创新竞争能力

在当今市场上，新技术迭代加快、新应用层出不穷、新企业迅速发展，企业需要不断适应新环境，做到随机应变、及时调整转型，以满足市场的需要。企业工商管理从业人员需要时刻保持创新精神与竞争意识，从管理体系、管理方法、管理人才等方面着手，充分认识到创新过程中遇到的困难，迎难而上、勇于创新、顺势而为，把企业制度与创新方式有效结合，不断促进企业良好发展。

二、培养工商管理类人才培训管理体系的设计

（一）培训管理体系设计目的与原则

1. 企业培训管理体系设计的目的

培训管理体系构建方案目的主要有以下几个方面：

使企业培训管理体系趋于制度化、规范化、体系化。

合理开发利用人力资源，使员工通过系统培训加深对企业与自身的了解，建立与企业同呼吸共命运，休戚与共的关系。

通过建立培训管理体系，提高管理层的管理意识，建立学习型组织，不断完善公司内部管理机制。

通过实施培训管理体系，提高员工基础能力、技术能力、管理能力，以达到工作效率、经济效益的提升。目前有些因为现有的培训管理体系不完善，导致了诸多的问题，也希望能够通过新的体系的建立能够使目前的情况有所改善。

2. 企业培训管理体系设计的原则

在建立新的培训管理体系时必须遵循一些基本原则，这些原则是培训管理制度建立的重要理论依据，又是培训管理体系应满足的基本条件。

（1）公开性原则

管理者应该最大限度地减少员工对培训工作的神秘感，要向员工明确说明培训管理的标准、程序、方法、时间等事宜，使培训管理有透明度，只有这样才能提高员工参加培训的积极性；要让员工了解到通过培训可以帮助其在工作态度、技能及知识部分有所改善。

（2）重要性原则

确定要抓住重点。因为在一个企业的价值创造过程中，存在着“20 / 80”定律，也就是重要的少数人员创造企业大多数的价值，同样，大多数的工作任务可能是由少数的关键行为完成的。

（3）客观性原则

培训管理要做到以事实为依据，对受训者的评价应有事实根据，按个体的绝对标准进行考核，引导员工改进工作。

（4）重视反馈的原则

在培训管理中，培训部门应该与受训者开诚布公地进行沟通与交流，培训结果要及时反馈给受训者，并积极听取受训者的意见和想法。

（二）企业新培训管理体系的组成部分

培训管理体系管理作为企业管理活动，应该是一个完整的系统，通常有效的培训管理的核心是一系列活动的连续不断的循环过程，一个培训管理过程的结束，又是另一个管理过程的开始，作为培训管理体系包括培训需求分析、培训项目开发、培训项目执行及培训结果反馈四个部分。

如图 5-4 所示：

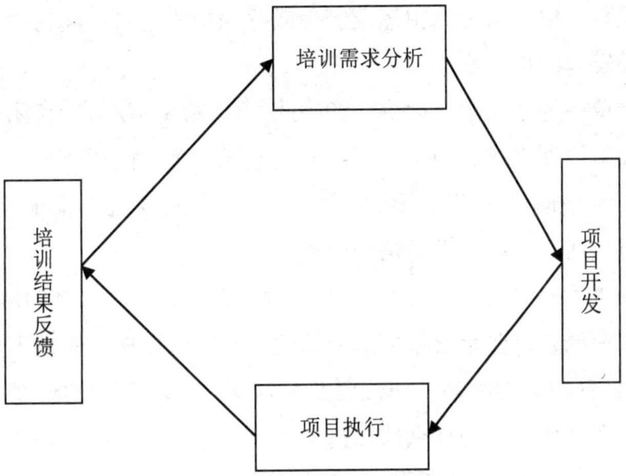

图 5–4　培训管理组成图

1. 培训需求分析

培训需求分析是指在规划与设计每项培训活动之前，由培训部门、主管人员、工作人员等采取各种方法和技术，对各种组织及其成员的目标、知识、技能等方面进行系统的鉴别与分析，以确定是否需要培训及培训内容的一种活动或过程。在此将对企业的培训需求分析流程进行阐述，企业新的培训管理体系的培训需求与现有的培训模式从发起方式上有所区别，以前的模式是典型的“需求—解决”模式，所有的培训需求都是由运营经理或呼叫中心主管发起，这样导致的问题是获取信息不够全面，培训部门不能前瞻性、预见性地开发一些课程，而新的需求分析流程可以由培训部主动搜集培训需求，也可以根据客户需求以及市场要求，将多种方式结合起来后，发起培训需求分析，在此将分别对新的培训需求方式进行具体阐述：

（1）运营经理或呼叫中心主管发起培训需求

由运营经理或呼叫中心主管提出培训申请，填写完培训申请表后提交给培训部进行审批。培训申请表中包含了培训课程名称、培训师、培训时间、培训地点、培训方式、培训前受训者停留的水平及训练的目标等信息。

培训部收到培训申请表后，确认是否为培训部培训范围，如果不是培训部培训范围，拒绝此培训申请；否则跳转到第 3 步。

如果经培训部确认此培训申请为培训部培训范围，检查此用户的培训记录，确认该用户是否具备培训条件，需要参加培训人员必须具备以下至少其中一个条件，否则，拒绝培训申请。

参训者为刚加入公司的新员工。

参训者从未接受过公司此类课程的培训。

参训者以前参加过此类课程的培训，但是需要后续跟进的培训。

参训者以前参加过此类课程的培训，但是根据运营经理或呼叫中心主管的反馈，对此部分知识或技能掌握不佳，需要再次进行培训。

参训者参加过此类的培训但是有部分知识欠缺，需要再次参加培训补充知识欠缺部分。

如果需要参加培训人员具备参加培训的条件，培训部检查此培训要求的时间是否与已有培训计划冲突，如果是，与运营经理或呼叫中心主管协商培训时间。如果与已有培训安排无冲突，进入培训项目开发流程。以上流程为由运营经理或呼叫中心主管发起的培训需求。

（2）培训部主动发起的培训需求

为了打破原有的单一的“需求—解决”的模式，培训部不仅从运营团队收集培训需求，且要从更多的渠道来收集培训需求，包括呼叫中心的质量管理、问题管理、项目协调员、绩效管理处收集培训需求，希望通过各个部门的协作和配合，以此更加全面地了解呼叫中心的现状，为呼叫中心制定出更加适合当前需求的培训课程。

培训协调员每季度发送“管理人员反馈表—问题工作表”给管理团队收集季度培训需求。培训部发起的培训需求调查主要是每季度给公司的管理团队发送“管理人员反馈表—组织中的问题”，调查的内容：管理者的姓名、职位以及包括从一个管理者的角度发现组织中的问题是什么？此问题重要程度是什么？为什么选择这个等级？你认为解决该问题会涉及的部门？而此类问题今天的实际绩效？解决该问题所要求的绩效？需要培训部门，提供的课程培训等。

运营经理、呼叫中心主管、问题管理、项目协调员、质量管理，如实填写问题工作表并提交给培训协调员进行汇集整理。

培训协调员将各个职能部门反馈的问题工作表进行收集、汇集并处理。按照培训申请对于呼叫中心的重要性原则进入培训项目开发流程并在每个季度末推出下一个季度的培训课程表。

（3）根据客户需求以及市场要求发起培训需求

根据市场环境变化或者客户发起的培训需求计划和分析；

定期和客户进行沟通。

定期和客户进行交流沟通，了解当前服务执行情况，了解当前存在的问题，与客户共同分析，找出问题根源，并将结果反馈给培训部门以及运营部门，在公司内部确认现状。

发现现有问题，追踪绩效。根据沟通反馈，确认问题，由运营团队和质量管理部门共同对问题加以分析，从绩效角度和公司财务角度，考虑问题的性质，同时和培训部门一起，共同研究问题实质和目前缺失内容，并形成归档。

针对现有问题，分析培训需求，在内部达成一致。培训部门根据调查结论，结合行业经验以及市场未来发展情况，提出培训需求分析，该需求分析应该具有一定的前瞻性和主动性，能够解决目前培训工作的不足以及能有预见性地避免未来一些问题，从而最大化地利用公司资源以达到公司成本节约的目标，使公司的投入和产出成正比。

和客户确认培训需求，达成一致。在公司内部确认了培训计划后，可以告知客户，针对其问题企业将会有针对性地推出培训计划以解决当前问题，该报告应以摘要形式发出，不必将全部细节告知客户。另外，需要与客户达成一致，并将沟通结果形成文档资料，用以查询目的。

2. 培训项目开发

在培训项目开发的这个环节，将分成两部分进行阐述：课程设置和方法选择。

（1）课程设置

由于企业培训课程根据课程内容的不同，将课程分为新员工培训课程、软技巧、基础管理培训课程等几个大的类别，培训对象分别针对初级技术人员、培训部会发送如表 5-3 新员工培训确认表，要求新员工在该表上签字，以确认他们已经了解企业有关的规定和惯例。

课程类别：必修课

表 5–3　新员工培训确认表

员工姓名	工作部门：
培训日期	工作职务：
培训内容	
公司概况： 公司的创立、成长、发展趋势； 公司的传统、习惯、规范和标准； 公司的业务介绍，包括产品和服务、用户情况； 组织、结构、与子公司的关系，主要团队人员的情况介绍。 主要政策和过程介绍： 加班、轮班制、工资及工资范围、节日工资、付薪方式； 工作费用报销； 个人所得税方法。 小额优惠： 保险金、人寿保险； 病、事假、医疗及口腔保险； 节、假日（如，国家、信仰的节日、生日）； 在职培训计划。	
新员工签字：	签字日期：
培训师：	

软技巧培训课程。

员工的基本软技能是为所有员工而设置的，课程均为职业人士所必须具备技能。包括：时间管理技能、沟通管理技能、团队协作技能，因呼叫中心的特殊性，还专门设置了电话处理技巧课程，随着呼叫中心业务的不断拓展，将会开发更多的软技能课程，如员工职业发展、压力管理等。

软技能培训是通过训练提升员工职业综合素质，潜移默化地提升员工职业素养以达到综合能力的全面提升，同时可以有效地加强呼叫中心的团队的凝聚力，并降低企业员工的流失率。

培训对象：全体员工

培训目标：提高员工职业素质培训安排：设计相应课程，并对员工培训，按课程大纲逐一对内容进行授课。

培训方式：一般采用角色扮演、案例研究、授课、研讨会等方式。

基础管理培训课程。

基础管理培训课程包括诸如基本管理理念培训、人际沟通管理、完整工作流程、团队建设、紧急事件处理技能、员工激励等课程。

培训对象：需要了解基本管理理念，确保整个团队运作得更加有效。

培训安排：设计相应课程，并对员工培训，按课程大纲逐一对内容进行授课。

培训方式：一般采用角色扮演、案例研究、授课、研讨会等方式。

（2）课程设计方法选择

在新的培训体系中，使用了以下流程和方法对新的课程进行开发。

培训部识别部门学习需要。

培训协调员仔细检查培训部现有培训工作表，查询目前的课程是否有类似课程能满足这些培训需求，如果确认现有的课程有可以满足此培训需求的，将参训者加入到培训名单中；如果确认目前的课程无法满足这些学习需求，需要开发一些新的课程来适应这些培训需求，培训部会将新的培训需求添加到本季度的培训计划和预算中。

向培训计划和预算添加新课程。

培训协调员会将每门课程的以下信息添加到培训计划和预算中，包括建议的课程与问题、目标或争议的联系、培训对象，将无法和问题、目标以及争议联系的所有课程划去。在制定培训计划的过程中，培训部门会遵循培训的资源是有限的原则，因此培训部门不是什么需求都要响应。会根据此培训需求对于组织目前的重要性，比如员工提出需要提高英语水平，此培训需求虽然与工作相关，但并不是优先等级很高的培训需求，培训部会根据本季度的培训课程安排情况，决定是否将类似的培训需求纳入培训计划当中，培训应该将资源集中在强制性培训和那些支持组织目标的培训上。

确定授课方法，同时从学习的角度和成本的角度确定每门课程最有效的授课方法。

确定授课环境。

使用表 5-4 的确定授课环境检查表确定该参与者是在小组还是在独立的环境中学习最有效。如果在左边的栏目里选择了更多的项目，就考虑小组环境；如果在右边的项目里选择了更多的项目，就考虑独立学习环境。这样有利于授课的时候能有更好的效果。

表 5–4　确定授课环境检查表

小组环境	独立学习环境
人们习惯于一起完成项目并享受其中的乐趣	人们习惯独立地完成任务
人们无法抽出时间学习，除非他们可远离工作	人们有很高的积极性抽出时间来完成培训
组织不允许人们远离工作区参加培训	人们无法远离工作参加培训
对课程的需求很大足以填满教室	对课程的需要小，填满教室可能存在困难

考虑组织约束。

根据组织约束，权衡利弊，确定提供给该目标对象的每一门课程的授课方法。对于特定的培训对象需要的每一门课程，使用下面的清单确定哪种授课方法最为有效—是基于书面材料的还是基于技术的。如果在左边的栏目里选择了更多的项目，就考虑基于书面材料的方法。如果在右边的栏目里选择了更多的项目，就考虑基于技术的方法。

表 5–5　确定授课方式检查表

基于书面材料的方法	基于技术的方法
分配给培训开发的时间少	开发的时间很长，但是授课时间很短，并且目标对象的人数很多
开发预算很小	组织需要减少参加培训人员的交通费用
人们倾向于学习时在空白处笔记本和在课文上作记号	便利是人们是否参加培训的一个重要推动
组织无法支持基于技术的培训	组织支持基于技术的培训
人们对技术感到不舒服	人们对技术感到舒服

确定课时并将其加入培训计划和预算中。

综合评估内容、授课方法、调查可能的班级人数、考虑组织约束的因素，确定课时并将其加入培训计划和预算中。

评估内容：为了对讲解一项内容会花多少时间有一个感知，培训协调员通常会和该主题的专家进行交谈。主题专家通常对某个东西的繁杂和难易程度有很好的理解，因此也知道学习这个东西需要多少时间。例如：对新的电子邮件系统可能需要 1 个小时，对于时间管理等课程则需要 2 个小时。

考虑授课方法：在同步授课方法中，学员之间以及学员和教师之间有实时的互动。因此，同步授课法比自己决定节奏的授课方法时间要长些。这是因为培训师需要花时间来进行讨论和回答问题。当培训协调员和某个主题专家交谈时，假设专家建议的时间是根据实时培训计算的。如果培训是自己决定节奏的，培训协调员可以把这个时间去掉 1 / 3 到 1 / 2。

调查可能的班级人数：如果打算培训一大批员工（多于 20 人），培训协调员就要在主题专家建议的时间上加上 1 / 4 到 1 / 3。这是因为讨论和回答练习会因为参加的人数增加而延长。此外，组织学习活动和使同学们在休息后回到教室也要花较多的时间。考虑组织约束：组织约束常常在课时中有一定的影响。

确定开发还是购买培训。

确定哪些培训可以内部开发？确定哪些培训开发可以外包出去？确定哪些培训需要从经销商处购买？一般培训部门都根据如表 5-6 所示的内容进行检查，确定是否将此课程进行内部开发：

表 5–6　确定内部培训检查表

资源	注意事项
教学设计专业知识	避免开发的责任指定给主题专家。他们可能知道这个专题，但那并不意味着他们知道怎么教别人学这些专题，确保主题专家和教学设计资源整合起来
时间	如果试图在很短时间里开发出一个很大的课程，那么可能需要配备外部资源
内容专业知识	如果内容没有内容专家，可能需要从经销商那里购买一般课程或让经销商为组织定制需求的课程

可根据如表 5-6 所示的确定外部培训检查表进行检查是否可将内部开发的课程培训开发可以外包的课程：

表 5–7　确定外包培训检查表

需要交给员工的东西是你组织所持有的
从经销商那里购买一般的培训课程很昂贵；
内部没有开发培训所需要的教学设计专业知识；
内部没有开发培训所需要的时间；
内部没有开发培训所需要的专业知识；
平均每个人的费用不至于太多

可根据如表 5-8 所示的确定是否需要从经销商处购买课程：

表 5–8 确定经销商处购买培训检查表

可找到符合组织要求的课程，无需量身定做；
有可以用来购买课程的预算；
想要一门已经经过检验并被证明是有效的课程；
内部没有开发培训所需要的内容专业知识；
平均每个人的费用不至于太多

选择合适的培训师。

如通过第 5 步已经确定培训由内部提供，企业培训部一般根据以下几条原则确定是由培训部的主题专家讲课还是可以开发其他培训人才资源：

是否为技术类培训，如果是，通过 CDM（能力发展矩阵）选择合适人员；说明：CDM 为 S 公司特有的员工能力模型，为（Capability Development Mode）能力发展矩阵的缩写，在此矩阵中，会由培训部根据每位员工各个技能表现得从 1—5 分给予评估，可通过此工具了解所有员工目前的能力，从此数据库中选择出此部分主题专家。

其中 1 分：代表不具备相应知识或技能；2 分：代表有一定知识但没有接受过公司的培训；3 分：代表接受过培训并通过相应考核；4 分：代表能比较熟练地运用此部分技能或知识；5 分：代表能非常熟练地运用此部分技能和知识。

如果为非技术类课程，由培训部的主题专家进行授课。

因为非技术类的课程，需要经过专门的培训才能够上课。所以对于此类的培训在 S 公司仍然由培训部的讲师负责主讲。

通过 CDM 模型的引进，对于技术类的课程可开发更多的培训师资源，这样在一定程度上缓解了培训师的工作压力，因为 S 公司为客户提供 7 天 24 小时服务的特点，培训师必须跟着 3 班倒才能覆盖到所有的员工。

还有一个好处就是让更多的员工参与到培训过程当中来，更多地为公司开发培训人才，同时也增强了员工的工作积极性。

创建培训计划。

创建培训计划需要注意识别可能的经销商、为外包开发或购买的课程定价、为内部开发的课程定价、为课程的交付定价、将费用添加到课程计划和预算中几个环节。

识别可能的经销商：对每一门计划购买的课程，企业一般使用请求同事推荐、网络搜索等方法来识别潜在的经销商。为外包开发或购买的课程定价：和经销商联系并向其描述这门课程。包括：你的课程对象是谁（职位、人数、地点等等）？是什么课程？这门课的目的是什么？这门课程的课时有多少？计划用什么方式讲授这门课程？回答经销商的这些问题后，咨询关于课程费用的粗略估计。

为内部开发的课程定价：除了内部培训的工资费用，还需要支付在内部开发的课程的其他相关费用。这些费用可能包括教学设计人员为收集信息的差旅费、为研究课程主题而需要购买的图书或复印费、必须购买的课程材料、制作课程的软件费用及文具费等。

为课程的交付定价：在交付课程计算费用时，还需考虑选择的交付方法，需要提供多少期，以及每一期可能的费用。与交付有关的费用包括以下一些项目：受训者参加培训的差旅费、教师授课的差旅费、为了授课的租赁设备费、为培训提供的餐饮、为举办培训而需要提供的其他设施（如：宾馆）、为支持培训而需要的设备或软件、为支持培训所需的技术支持、将课程材料运送到培训地点的费用、为支持在线培训而升级服务器等。

三、企业工商管理人员能力的提升途径

（一）调整自身心态

优秀的工商管理人员往往是企业的中坚力量，其能力水平在一定程度上关乎企业的长足发展。除了专业技能，更需要工商管理人员拥有博大的胸怀、开放的心态、广阔的视野，为企业看长远、布大局、谋发展。在实际工作中，工商管理人员并非一帆风顺，往往难免遇到关口狭隘、瓶颈难题、批评指责，面对难题需要迎难而上、面对批评需要虚心倾听，始终保持包容开放、平和冷静的心态，避免故步自封、倒行逆施。同时，工商管理人员要始终保持认真先进的工作态度，在处理具体工作或问题中要努力适应社会的变化，用新颖思维与良好习惯鞭策自己不断进步，工商管理人员要积极听取他人提出的意见，高瞻远瞩地努力实现自我突破与发展。

（二）提高分析判断能力

工商管理人员往往需要处理错综复杂的问题、面对千变万化的外部环境，若想灵活自如地处理好工商管理工作，一定的分析判断能力必不可少。一方面，心态上要沉着冷静。工商管理人员要清醒地认识到工作中可能存在的风险、隐患和漏洞，保持镇定、认真分析、理性应对、提前预判，面对突如其来的问题或棘手状况，工商管理人员要采取积极的措施有效应对，并在这一过程中不断磨炼自己的坚韧意志品格与毅力信念，为分析判断能力的提升夯实基础。

另一方面，要保持敏锐洞察力。敏锐指的是对于市场、环境、内外部各类信息的敏锐感官；洞察指的是在纷繁信息中，能够进行信息筛选、数据清洗、获取有效信息、得出有用结论，以及在看似无效、无用的信息中“淘金”，挖掘利用价值、为我所用。信息的重要性对工商管理人员而言毋庸置疑，企业下一步的发展方向往往取决于收获信息的多寡及有效与否，工商管理人员需要具备敏锐性、洞察力，善于获取、分析、处理、利用信息，为企业管理和发展提供决策参考。

（三）增强竞争意识与创新意识

工商管理从业人员的竞争意识是一种精神振奋、拼搏向上、积极进取的精神状态，是百折不挠、坚持不懈的坚定勇气，工商管理人员需要保持竞争意识，不断迎难而上突破自我，同时，需要引导鼓励员工保持竞争意识，感受市场压力，使员工将企业发展与自身发展紧密结合，凝聚合力、团结一心共同推动企业成长。创新精神是企业长足发展的不竭动力、实现企业目标的关键环节、保持长盛不衰的重要法宝，是面对国际化市场、信息数据高速发展时代的必然要求。工商管理人员要具备完善的管理理念，努力帮助他人调整心态。工商人员要将这种竞争意识、创新意识运用到具体工作中，最大化地调动员工的工作积极性，不断引导他们制定更高的工作目标，从而协助企业获取更高的经济效益。在企业竞争自律意识的强化引导下，要对优秀人才培养给予充分重视与尊重，提供广阔的职业发展交流平台，不断拓展其视野，增强创新发展意识与自主创新能力等，这些都是作为现代企业优秀人才所必须具备的能力，工商管理工作人员

在企业管理中要自觉地树立创新创业精神，既不故步自封，也不完全单纯地依靠传统的管理经验，要用创新管理思维不断推动国内企业在国际市场竞争环境中的健康可持续发展，引导企业不断走出独具特色的发展创新道路。

（四）提高决策执行力

执行能力及决策能力与工商管理人员的工作经验、知识水平、眼界视野等方面息息相关。工商管理人员要不断提升自己的认知水平，除了精通工商管理专业知识，还需要掌握公司主营业务、主要技术等相关知识以及其他领域学科的信息，广泛涉猎、开阔视野、打开格局、积累经验，持续增强自己的组织能力与协调能力，不断提升执行决策水平。企业工商管理人员在工作中要保持高度的敬业精神，对待工作严谨认真、对待同事宽容和善，引导并营造团结和谐的团队氛围，在目标一致、团结和谐、互助共赢的团队中，员工也能够积极响应落实领导决策、反馈决策落地真实效果。企业要积极鼓励工商管理人员进行综合能力的提升，通过组织参加培训、参与讲座、交流调研、外出考察等方式，让工商管理人员打开视野、加强学习、拓宽思路。

（五）坚持调研与实践

没有调查就没有发言权，在工商管理人员进行决策的过程中，调查研究是重要的依据。工商管理人员要将调查研究贯穿整个工作，努力把握企业发展的正确方向。在作出决策之前，工商管理人员要切实地深入市场，积极收集当今社会对企业的具体需求，充分结合整个行业的社会发展前景与企业自身现状，从而做出准确判断。工商管理人员要清楚认识到实践是检验真理的唯一标准，只有不断进行实践才能对自己的想法与理论进行充分验证，只有不断进行实践才能促使自己的实际操作能力得到稳步提升。基于此，工商管理人员在自我发展中一定要重视实践并努力在实践中不断磨炼。在管理工作中，要敏锐判断员工的实际工作能力水平，与员工之间进行积极交流沟通、信任鼓励，促使员工的整体主动性和积极性能够得到有效地调动，从而有效推动企业长远健康发展。

第六章　工商管理模式创新中互联网技术的应用

第一节　互联网时代下工商管理模式存在的问题

一、互联网时代的特征及意义

“互联网 +”用互联网思维让传统产业旧的模式焕发出新的生机，创造出互联网生态圈，呈现出融合与创新、开放与重塑、直通与廉洁的新特征。“互联网 +”战略是中国经济新常态下抢占竞争制高点，引领企业创新、驱动产业转型、推动众创时代到来的重要引擎。

（一）“互联网 +”的时代特征

“互联网 +”用互联网思维让传统产业旧的模式焕发新的生机，创造出互联网生态圈，呈现出与众不同的新特征。

1.“互联网 +”的融合与创新

“互联网 +”传统产业不是简单相加而是融合。“互联网 +”对传统产业不是颠覆和替代，也不是单纯地构建互联网平台，而是突出强调互联网和传统产业的深度融合，是传统产业借助互联网，解决原有业务中的信息不对称问题，实现效率重建。随着互联网技术的发展和普及，互联网产业将触角伸向各个经济领域，如制造、金融、物流等，从而实现产业融合。基于技术融合的互联网与实体经济融合，将不同产业的交叉资源进行信息化、数据化处理，开辟产业合作的新途径，可以有效整合资源，提高资源利用率，降低企业业务门槛，模糊传统产业边界，推动企业平台化、跨界化发展。

“互联网 +”不仅是一种技术手段，更是一种经济形态，推动了知识社会以“协同创新、开放创新、大众创新、用户创新”为特点的新一轮创新，也引领了创新驱动发展的“新常态”。“互联网 +”在一定程度上打破了地域、组织、技术的界限，促进创新成果和前沿技术及时转化，加强了创新资源的合作与共享，构建起更具活力的创新体系。传统产业长期积累形成的人力、技术、资本、管理等各种资源是“互联网 +”传统产业发展模式的潜在优势，要把这种潜在优势转化为现实竞争力，就必须按照互联网经济的要求进行生产和产品的设计创新，变革企业的生产方式、组织结构及经营理念，运用好互联网、大数据提供的供求信息，建立一整套反馈机制，用互联网思维自我革命，推动产业转型升级。

2.“互联网 +”的开放与重塑

“互联网 +”向社会开放企业能力与服务。在互联网平台上，企业可以向产业链或社会开放自己的数据，过去，各行各业的能力与资源基本固化封锁在企业内部。现在，电商促进企业向消费者开放；互联网社区也促进企业向消费者开放；随着资本风投、股权激励的实行，企业的治理结构、人才也会社会化，整个社会众多企业就如同虚拟的互联网一样连接在一起。“互联网 +”用开放的思维重构商业模式和生产模式，各行各业可以结合自己的业务优势，通过“1+1>2”的跨界创新，创造出新的产品、新的服务、新的盈利模式，大家共享“互联网 +”红利。如“互联网 +”传统交通业诞生的滴滴打车，大大提升了乘客和司机的对接效率，既有效提高了车辆利用率，也有效促进了节能减排；“互联网 +”传统医疗业，实行网上挂号和医疗信息共享，既为人们求医问药节省了大量宝贵时间，又让更多患者享受快捷便利的就医体验。

“+”就是跨界，就是重塑融合。信息技术革命、经济全球化打破了原有的经济结构、社会结构、文化结构、地缘结构，在互联网上形成了越来越多的共同利益相关者，他们组成不同的群体，构造起新的学习业态、商业生态和生活生态。“互联网 +”渗透进各行各业，改变着传统产业，也在重新塑造我们的衣食住行及生活习惯。如，“互联网 +”金融，支付宝、百度钱包、微信钱包等第三方支付工具，使得我们的金融交易可以随时随地发生；“互联网 +”教育，在个性化、自主性、互动性的教育模式中，知识的线上共享功能进一步扩大；“互联网 +”家居，人们通过智能手机、智能手表、平板电脑甚至智能电视控制家中的智能家居系统，生活质量及生活品位得以提升。

3.“互联网 +”的直通与廉洁

“互联网 +”时代，各类中介机构、中间环节、代理机构面临很大的挑战，除非他们能演变成平台型企业，否则受冲击很大。因为互联网压扁了流通渠道，厂家可以直通最终客户，让客户参与进来。由于企业直接与最终客户打交道，中间环节会感受到压力。虽然企业不可能把所有的产品都通过电子商务去售卖，在销售环节可能还会使用中介机构，但是企业的市场控制力会大幅度提高。“互联网 +”还改变了市场上的信息不对称状况，一旦某个客户在互联网上发出声音，就会迅速传播到全国以至世界各地，形成巨大的社会压力。企业对客户不得不有敬畏之心，消费者开始有了越来越多的选择权和话语权，商业环境日趋公平公正。“互联网 +”也迫使很多权力部门改变工作方式。人们与各类机构打交道时，可以通过互联网预约，很多事情可以在网上办理，包括网上申请、网上交费、网上审核等，这样就大大减少了权力寻租的机会，整个社会的廉洁水平不断提高。同时，互联网作为监督约束的有效工具，可以方便地举报一些不法分子的行为。所以，“互联网 +”的廉洁对规范市场秩序有很大帮助，必将加速中国经济社会转型。

（二）“互联网 +”的时代意义

“互联网 +”战略是中国经济新常态下抢占竞争制高点，引领企业创新、驱动产业转型，推动众创时代到来的重要引擎。

1.“互联网 +”拓展国家竞争新内涵

在全球新一轮科技革命和产业变革中，互联网特别是移动互联网成为各行各业发展的新干线。以互联网为平台，信息技术与工业、新材料、新能源等领域的技术交叉融合，一方面催生新兴产业快速发展，另一方面通过与传统产业的融合渗透，助推传统产业转型升级，使国家间的竞争不再局限于传统产业，而是有了新的内涵。

以“互联网 +”工业为例，世界各强国纷纷提出新概念，部署新战略，落实新举措：美国提出建立“工业互联网联盟”，利用互联网优势激活传统制造业的创造力；德国提出建立“工业 4.0”，部署传统制造业与互联网融合；我国制订“中国制造 2025”计划，主攻方向是“智能制造”，其实质也是通过“互联网 +”工业，在与世界各国竞争中抢占产业变革先机，使我国由工业大国历史性跨越为工业强国。

2.“互联网 +”打造创新驱动新引擎

“互联网 +”促进思维模式创新。互联网思维的突出特点是自由、平等、开放、免费、创新、共赢。随着互联网思维的不断扩散渗透，消费者逐渐形成便捷化、个性化、免费化的消费需求，这就促使企业经营者必须转变传统思维模式，对产品的生产、流通及销售流程进行重新架构，以适应消费者这种新的消费习惯，从容应对互联网经济浪潮的冲击。“互联网 +”促进生产方式创新。大数据、云计算的广泛应用，使区域内企业横向互联、上下游企业纵向互联、生产者与消费者直接互联常态化，供给端与需求端数据搜集、统计、整理和分析实时化。企业可以通过客户反馈信息改进设计，实现生产的柔性化、个性化与智能化，根据用户意见进行订单式生产，从而摆脱产能过剩困局，高效利用原材料和资金。比如，淘宝品牌商就是利用消费者的点击、收藏、购物车和评论数据，精准分析客户消费偏好和销售数据，再实时传递给工厂，工厂再根据销售和库存情况进行物料和产能调整，从销售相关数据中找出潜力畅销款，实现最优化高效生产。在生产技术上，伴随着电子信息、互联网、新材料、新能源、工业机器人、3D 打印等技术的加速推进，不同生产环节分工会进一步细化和专业化，这促使生产者不断改进生产技术以淘汰落后产能。

未来工业生产的发展方向是以“智能制造”为核心的工业 4.0 革命，“中国制造 2025”就在推动我国从“中国制造”向“中国智造”升级。“互联网 +”促进驱动模式创新。随着互联网平台的加速发展，大数据、物联网、云计算等新技术不断融入传统产业，出现了互联网电商、互联网金融、互联网物流、互联网教育和互联网医疗等新业态，并倒逼服务业、传统制造业甚至农业投入创新升级的浪潮中。比如，大量农民加入农产品电子商务产业链的方式是或者直接在网上开店，或者成为电商供应商，从而形成农产品新型流通模式，这成为传统行业互联网化的典型案例。正是“互联网 +”的网络化、平台化、信息化、智能化和扁平化特点，促使传统产业从要素驱动、投资驱动向创新驱动转变，促进经济结构调整，增强经济持续健康发展的活力。

3.“互联网 +”推动众创时代到来

“互联网 +”思维和模式，可以有效改善就业环境，让更多人成为创业者，从而带动就业。在“大众创业、万众创新”的政策导向下，一批受过良好专业教育的创业者不满足于安逸的工作，以互联网思维推进个性化创新，孵化出一批高估值的新创互联网企业。以创客为代表的创业者们促进了中关村创业大街、创新工场等创新服务平台的兴起，这些创新服务平台集聚了资金、人才、科研、网络、数据等知识要素和创新要素，营造出良好的创业生态，反过来又推动相关体制机制创新，促进人们多方式、多渠道就业，助力实体经济发展。“互联网 +”真正把创业的广度扩展到了所有行业，随着互联网和各行各业的进一步深度融合发展，最终所有的行业都可以统称为“互联网 +”行业。

二、企业工商管理互联网建设的作用与意义

在企业自身的日常经营和发展过程中，工商管理的作用不可小觑，其能够有效提升企业在市场的竞争能力。科学地整理和分析相关信息，可以显著提升企业工商管理工作的效率和质量。当前时代背景下，社会科学技术快速发展，人们在工作和日常生活中，对于信息技术的应用越来越广泛，所以互联网工作已经不再局限于生产经营环节，互联网管理已经成为新时代下企业工商管理的关键所在。企业应用互联网管理模式开展工商管理工作，可以让工作队伍得以强化，并使得其管理职能得到有效提升，在强化工作技术水平方面，也能够起到无可替代的作用。

企业工商管理整体较为复杂，在当前时代背景下，想要促进工商管理的互联网发展，就必须要转变传统的职能，提升企业对于内部相关资源的利用效率和利用效果。提升工商管理的互联网建设速度与力度，可使相关工作更为便捷，更加突出实用性，从而更深入地了解相关工作细节，提升远程监控系统的有效性，让其工作的稳步、有序开展得到保障，而且对互联网技术的合理使用，能够有效提升人们的工作能力与效率。为加强建设和发展企业工商管理互联网，企业必须要为相关的工作人员安排互联网技术的培训学习活动，确保其可以掌握相关技术，并让自身的相关能力得到提升，挖掘自身潜力，积极创新互联网管理，这样才能够让企业的工商管理得以实现良性发展。

三、企业工商管理互联网的特点

（一）企业的工商管理互联网存在依赖性特点

目前，科学技术在世界范围内快速发展，这对互联网发展能够起到较强的促进作用，互联网的优势会逐渐在企业所开展的工商管理工作中得以体现，并且渐渐形成依赖感，久而久之可能会产生消极的情绪。工商管理工作涵盖多个角度与方面，其拥有的管理编制是独立的，并具备共享资源的机制，在当前工商管理中使用信息技术，能够有效提升工作效率。信息技术快速发展和信息技术的合理应用是保障互联网管理工作顺利开展的重要基础，因此工商管理人员必须形成充分认知，并对自身准确定位，重点关注互联网发展趋势，让互联网技术更好地服务于企业工商管理。

（二）企业的工商管理互联网存在标准统一性特点

为妥善协调工商管理在企业各方面的应用，对于统一性相关问题需要予以高度重视，并基于此对科学措施合理利用，制定相关标准与制度，以推动各项工作的有效落实。在企业的工商管理工作开展过程中，必须有效共享各模块间信息，并保证上下间的协同工作，如此才能有效完善互联网建设的基本流程。而且，企业的工商管理互联网实质上是系统过程，对此系统过程实施的时候，要持续予以完善，工商管理对信息技术的应用，要予以坚持，大力推动信息技术及工商管理的融合，达到有效、持续发展工商管理互联网的目的。

（三）企业的工商管理互联网存在复杂性和基础性特点

企业工商管理工作存在复杂性特点，所以必须遵照相关的标准和规范，由工商管理部门及工作人员开展相应工作，以妥善处理各方面问题，并且要全过程持续监督。在具体开展工商管理工作过程中，形成的监管数据与主体数据等都在基础类信息范畴内，能够有效维持企业的内

部经济秩序，让企业得以稳步发展，而且可加速其改革与创新，引导其转变经济的增长模式，使得工商管理的职能得以充分发挥，让企业得以更好发展。

四、互联网发展中企业工商管理分析框架

（一）确定企业战略目标

互联网发展中的企业工商管理分析，需要提前判断企业业务未来发展的关键趋势，明确企业转型、升级的发展方向，它具有企业工商管理顶层设计的前瞻性，以互联网化的企业工商管理发展为核心，融入智能化技术创新的业务服务建设。与此同时，还要建立健全互联网发展中的企业工商管理分析制度体系。一定程度上，这不仅能够约束、规范互联网在企业工商管理分析中的行为，还能够对互联网化的实施进行有效监测、评估。随着互联网技术的发展，我们需要对企业工商管理分析的过程进行实时、动态化管理，了解企业工商管理发展的风险性，起到预警的作用，进而弱化互联网发展中企业工商管理分析风险带来的不良影响。此外，互联网化作为企业工商管理发展的应用主体，应该采取先用先试的积极态度。一定程度上，这能够对互联网发展中企业工商管理试行过程中的风险，提供备案。基于互联网化的企业工商管理分析，遵循互联网化的整体部署原则，推出企业工商管理分析的新型模式，使其成为经济基础和上层建筑相结合的企业工商管理的长远战略目标。

（二）培养技术性高端人才

互联网发展中的企业工商管理，看似工作主体不再是劳动力，实际上是对技术性较低的普通劳动力的淘汰。基于互联网化的企业工商管理分析工作人员，需要具备综合多学科交互的能力，以及热衷于研发互联网化的核心技术。随着互联网化的发展，企业工商管理分析在使用智能化后台开发、业务信息数据分析等前端工作时，都需要高精尖技术人才。因此，企业不仅要及时培养内部有发展潜力的部门员工，还要通过招聘的方式，建立起企业工商管理的智能化储备人才机制，在保证互联网化发展中企业工商管理的战略发展目标时，均衡高精尖技术性人才的供给，大大提高企业的工商管理组织能力。因此，培养投身于互联网化的技术性高端人才，是适应企业工商管理智能化发展的关键因素。企业的工商管理需要互联网化技术的稳定发展，而互联网化行业可以为企业的工商管理提供智能化技术支持，双方可以建立起长期、稳定的合作关系。

（三）设计互联网发展中企业工商管理分析框架

企业工商管理分析要实现智能化的转型、发展，企业管理人员需要明确互联网化技术自身业务的适用范围，并确定发展总目标。与此同时，构建互联网发展中的企业工商管理分析框架，需要建立起钢筋结构的稳定基础，这直接影响着互联网发展中的企业工商管理分析是否具有长久性。基于互联网化的发展，企业工商管理在决策方面，要提出企业业务发展的重点及总体布局；注重企业业务的服务需求，建设互联网化技术服务领域的基础设施。设计互联网发展中的企业工商管理分析框架，需要企业从根本上创新设计企业工商管理的结构及流程，及时应对企业工商管理中的监管及安全性风险。

此外，在互联网发展中的企业工商管理分析框架中，要对企业工商管理的信息数据进行安

全防护，保护企业发展的关键性信息，可以对企业工商管理分析的重要因素进行加密处理，积极避免携带敏感、关键性信息，以降低重要数据的关注价值。与此同时，要时刻关注互联网化在企业工商管理中的基础算法，避免其他外物模仿互联网给企业工商管理传递虚假信息。

（四）实现企业工商管理数据共享化

对于企业工商管理互联网化的发展，数据共享化能够实现企业社会经济效益最大化。基于互联网的发展，企业工商管理可以筛选企业互联网化发展的战略目标，这不仅能够保证企业工商管理分析数据的公共安全，还能够注重个人隐私不被泄露。通常情况下，互联网发展中的企业工商管理分析框架，可以选取可公开且基础的数据与其他企业进行信息资源的共享，打造合作共享信息数据库。基于已有的企业工商管理模式，可以通过与互联网化发展的有效融合，为企业的工商管理带来巨大的发展潜力，以及实现企业工商管理分析的利益最大化。企业工商管理可以通过互联网化的发展，对企业工商管理的整合数据进行分析。在企业工商管理原有的数据上，确定目标群体，利用互联网化做出及时、准确的判断，构建互联网发展中的企业工商管理分析框架，真正做到互联网与企业工商管理变革的有机结合。

五、我国企业工商管理互联网的现状

（一）企业缺乏足够认知

当前很大一部分企业对工商管理互联网缺乏正确认知，未能认识到互联网技术的应用为企业工商管理带来诸多便利，对于所形成的工商管理互联网体系的应用也缺乏必要的积极性和主动性，所以此类企业内部，普遍存在管理层全凭自身经验开展工商管理工作的消极现状。企业层面的工商管理工作，除基本的设置相关网络、管理软件编制等工作外，还必须要优化和完善相关的操作组织结构与业务流程，通过互联网活动，帮助企业及时放弃已经无法在当前有效应用的管理思想。但部分企业管理层认为此类组织变革活动会对自身利益产生影响，从而排斥企业工商管理等互联网的发展，这对企业工商管理互联网的发展进程产生严重影响。

（二）企业工商管理基础薄弱

基础薄弱问题，在我国大部分企业的工商管理方面普遍存在。能够掌握专业知识的综合型高素质人才数量较少，现有的企业工商管理人员在管理经验、管理知识储备方面都存在不足，同时缺乏必要的互联网设备设施予以支持，这导致企业工商管理互联网建设进度较慢。

（三）对于互联网的应用存在欠缺

科学技术快速发展，互联网基础设施也在不断普及和完善，入网的个人和企事业单位数量大幅增加，尽管我国互联网普及率逐年上升，但互联网所提供的信息服务水平尚处于较低层次，大部分企业仅接入互联网，却未能充分运用互联网相关资源和信息技术开展企业的工商管理工作。而且，我国市场经济目前还在初期起步的阶段，相关的制度和信息系统都无法做到完全配套，这导致互联网应用欠缺的情况出现。

（四）存在信息安全问题

传统企业的工商管理工作，其信息记录普遍采用纸质文件的形式进行存档，由于此类纸质文档普遍由多个部门共同形成，所以如果出现突发情况，可能导致一个或数个部门的文档出现损毁，不会出现企业所有纸质文件都被破坏的情况，后期对于文件信息的恢复也更为容易。但企业工商管理互联网后，尽管在文档信息的存储、处理方面都实现质的飞跃，但可能会存在泄露信息的风险，借助计算机相关技术窃取与破坏信息的难度及成本也大幅下降。提升网络系统安全性是所有企业都应当高度重视的问题，但部分企业在互联网建设与管理过程中存在误区，如在未充分了解自身实际情况的前提下盲目追求互联网，虽然在速度方面能够满足要求，但缺乏长远规划，在采购相关互联网设备时只买贵的不买对的，这导致其所引进的设备设施并不能够完全满足企业实际需求，出现浪费资源的情况。

（五）企业工商管理缺乏专业人才

与计划经济相比，市场经济对于工商管理的需求更高。在当前互联网时代背景下，企业现有的工商管理人员已经无法有效应用互联网相关技术落实工商管理工作，由于缺乏工商管理专业人才的支持，互联网相关优势无法被充分应用到工商管理工作中，无法对企业当前经济环境下的稳步发展起到应有的促进作用。

第二节　用互联网对工商管理模式进行创新的策略

一、企业在推行电子商务的过程中逐渐促进互联网发展

对信息技术进行创新应用，可以让企业在工商管理工作方面的需求得以满足。因此，针对工商管理工作的特殊性质，我们需要对其进行深入的分析。在日常开展工商管理工作的过程中，我们针对具体的问题予以具体分析，通过此方式确定最为合适的企业工商管理措施，以有效解决企业当前存在的各类问题，有效弥补和完善电子商务存在的不足之处，提升企业对电子商务控制的有效性。电子商务是互联网时代下的产物，其作为全新的商业模式之一，在当前的市场经济环境下处于极为重要的地位，对市场经济发展能够起到较大的促进作用。

（一）电子商务

为了更好地了解电子商务对工商管理的影响，本部分首先对新时代的电子商务进行系统科学的分析。首先，电子商务模式极大拓展了商业准入门槛，许多在传统商务模式之下受限制的企业公司也能积极参与到电子商务领域中，这无疑壮大了电子商务主体的实力，营造出了良好的竞争发展态势。消费者所面对的电子商务市场也将更加宽容、广泛，给具有不同需求的消费者提供更为全面的服务与帮助。其次，电子商务突破了传统商业模式所受到的时空限制，电子商务的便捷性为人称道，消费者在利用电子商务平台满足消费需求的过程中，能够充分感受到电子商务交流过程的方便与快捷。

另外，电子商务模式十分考验互联网信息技术与人工操作结合的整体性，电子商务依赖于以互联网信息技术为代表的信息技术的应用，而人工的管理与操作也是保障电子商务工作质量与效率的重要元素。最后，协调性也是电子商务的一大特点，电子商务模式能够有效协调商业活动的各个环节，对比之下传统商业模式在其商业活动的各个方面都是相互独立的，信息与资源的流动极其不顺畅，而电子商务能有效整合供应主体、经销主体、服务主体的力量与资源来

提高服务质量。

（二）电子商务对工商管理的影响

1. 对营销模式的影响

产品是传统营销模式中最为重要的元素，传统企业在营销方面大都以产品为中心，并以此作为开展管理工作的依据与要求，在这样的传统管理模式之下，企业较为重视的是对产品及其价格与销售渠道等手段的调控与把握。但从实际情况看来这种营销手段在电子商务时代严重不符合新时期工商管理的需求，在使用过程中也存在较大问题。随着社会服务意识增强，各行各业都更加重视对消费者的个性化服务，电子商务能够为广大人民群众提供生活所需保障，更重要的是电子商务能够根据消费者的个性化需求提供更有针对性的、更为细致的服务与帮助。

另外，在电子商务时代商品服务的价格越来越透明化，消费者能够通过互联网及相关电子商务平台对同一物品的价格进行多方比较与考评，在这样价格透明化的背景下企业之间的竞争越发激烈。电子商务对营销管理模式产生了极大影响，甚至可以说电子商务的出现是对传统商业营销管理模式的颠覆。在电子商务时代营销渠道传统的结构被打破，传统营销模式之下的多级经销商层层递进无疑造成成本升高与资源浪费，电子商务模式能够完成交易模式从厂家到消费者的转变，营销渠道的扁平化趋势越发深刻。

最后，电子商务时代的营销模式也需要与之对应的辅助要素，比如电子商务的宣传常常有网络广告促销，网络广告促销的形式多种多样不断创新，这给当下的企业营销管理带来了新的机遇。

2. 对财务管理的影响

财务是企业运营的核心也是管理工作中最重要的内容，财务问题决定着企业的生存。企业的财务管理工作包含融资、投资、运营等诸多方面，这些内容又涉及预算计划、决策，涉及具体工作方面，对于企业的发展与运营具有重要意义。互联网时代电子商务的发展也给财务管理工作带来了一定影响。

首先，电子商务背景下财务管理的对象实现了由流动资金到经济信息的转化。

其次，在电子商务背景下逃税漏税的情况给电子商务财务管理工作带来了巨大影响。

再次，电子商务模式所接收到的信息资源极为丰富，在帮助企业更正确决策的同时，企业也可能由于鱼龙混杂的电子商务信息导致判断错误。

最后，电子商务运营之下的税务征收也受到一定阻碍。由于电子商务模式发展较为迅猛，法律政策的相关规定存在一定滞后性，这导致法律在定性方面缺乏精确标准。

3. 对人力资源的影响

无论在任何阶段，人才始终是企业运营管理过程中的核心要素，也是企业发展进程中的关键性因素。传统商业模式与电子商务都对人才有较大需求，但电子商务涉及许多新领域的开拓，因此对电子商务人才提出了更高的要求。电子商务的蓬勃发展，对电子商务专业人才的需求越来越多，而放眼世界电商人才的匮乏已成为普遍现象。在新的电子商务驱动模式之下，企业的人力资源组织结构也会发生较大变化，阶层明确的传统商业模式一般遵循由上至下的管理理念，而电子商务的人力资源结构打破了原有的阶层划分，致力于构建扁平化的人力资源组织结构。人力资源的需求也是多元化的，需要不同领域的人才组成新时期电子商务人才队伍，积极应对电子商务在运营与发展过程中所遇到的问题，因此企业应重视对电子商务人才的培养，提升人才队伍建设水平。

4. 对物流管理的影响

在传统的企业运营过程中物流的应用并没有那么广泛，企业对物流的重视程度也不高。而电子商务时代十分依赖于物流进行商品输送及供应商、消费者等多个环节的流通，电子商务的发展给物流管理工作带来了巨大挑战，传统的物流管理模式难以与电子商务背景下的物流需求相适应，物流管理工作亟待改革与创新。

（三）电子商务背景下工商管理工作的应对

1. 更新工商管理观念

电子商务伴随着信息技术在市场中发展，根据当前的市场变化与人们对电子商务的青睐，我们可以发现企业进行电子商务模式的改革与发展已经成为当下企业发展的必然趋势。并且，为了更好地在电子商务背景下取得良好的发展效益，我们就必须进行新时期工商管理工作的改革与发展。更新思想观念是实施变革的先导，进行工商管理观念创新是保障新时期电子商务背景下工商管理工作发展质量的前提。在企业内部要形成良好的电子商务创新管理氛围，从公司领导层到普通员工，每个人都需要树立电子商务背景下工商管理创新思想。传统工商管理理念在当前电子商务时代已经不能满足企业的转型发展需求，在人力资源管理、财务资源管理、营销、运营管理等领域都需要树立工商管理理念创新思维，紧跟时代进步与发展的脚步，依托新时代的电子信息技术与网络进行电子商务背景下的工商管理理念教育，促进管理理念的创新，使得企业能在电子商务不断发展的市场竞争环境中更好地生存与发展。

2. 企业经营模式优化与改革

传统企业的工商管理工作要实现向电子商务背景下的工商管理工作转变是比较困难的，其受到传统商业模式的影响很深，必须经过彻底的革命性变革，才能进行更为有力的改变。因此，当下许多传统企业为了在电子商务时代获得更好的发展前景，将进行企业的组织结构优化甚至是重建，企业要重新进行经营理念与业务方向的考虑，要根据时代需求结合自身的发展特点，积极进行企业业务优化与市场拓展，并且在企业内部也要积极推动内部组织结构的优化与重建。比如以产品为中心的传统经营营销理念难以适应当前社会服务型企业的建设需求，应当改变传统理念，更新为以客户为中心的电子商务经营模式。

电子商务十分重视消费者与客户的利益需求，以客户为中心的管理形式有着诸多优势，首先电子商务形式突破了传统企业运营过程中的时空限制，商品或服务能满足广大用户需求，这极大地拓展了电子商务客户覆盖面，也反作用于电子商务的发展，营造出良好的发展前景。

其次，电子商务形式缩减了供应商到消费者之间的距离与流程，中间环节被减少能够极大降低运营成本，更多质优价廉的商品与服务能够直接满足客户需求。

最后，依托大数据等信息化技术，电子商务模式能够更好地了解客户需求，通过数据分析对市场进行更深层次的研究，企业便可及时调整经营策略满足客户需求，践行以客户为中心的经营理念。

3. 开拓全球战略

全球化趋势是当下电子商务发展的重要方向，通过互联网平台与信息技术，越来越多的企业能够面向全国乃至全世界进行商业活动的拓展，仅仅着眼于原有的市场环境难以满足企业在电子商务时代的发展需求。为谋求更大的发展前景和利益，企业应紧跟时代步伐提升企业自身实力与水平，重视客户资源利用，拓展广阔市场。而市场的拓展需要企业自身水平的不断提高，其中包含着企业的产品研发水平、市场营销水平、客户服务水平等多方面能力。并且，企业应对产品的质量提出更高的要求，不断提高投入加强研发水平，优化资源配置。在完善客户服务工作方面，要强化服务队伍建设，打造良好的专业服务团队，根据对本企业产品的深刻了解实行有针对性的服务措施，满足广大客户与消费者的个性化需求，并且在电子商务运营方面要加强线上的市场拓展管理工作，在不断拓展国内国外市场的同时也要保障原有市场的稳固，为企业的不断发展提供更有力的保障。

二、确保互联网发展措施科学合理

就当前企业工商管理情况而言，对我国企业工商管理工作效果进行分析，想要实现企业的互联网管理，企业必须要积极采取诸多措施促进工商管理互联网的合理发展。与此同时，企业要能够明确当前的经营管理措施中所存在的不足之处。问题和不足在发展工商管理互联网的过程中势必存在，这导致各部门难以对所出现的问题妥善处理，从而出现工商管理部门在企业中的整体形象下降的情况，甚至会使其他部门开始质疑企业工商管理部门的信誉度，如此会严重阻碍企业工商管理部门工作的有序开展。为尽可能降低对于工商管理部门的影响，工商管理部门必须要能够明确自身情况，并结合自身具体情况，完善发展互联网的方式与方法，以保障自身的顺利发展。工商管理部门需充分认识当前所存在的问题，并深入地分析思考，从互联网角度寻找问题的解决措施，完善互联网发展模式，并及时修正与优化工商管理部门当前存在的不合理地方，确保所建立的互联网发展进程更好、更完善、时效性更强、更为科学，通过此方式强化企业工商管理部门的创新和自主意识，使得其可以更好地适应我国当前社会发展的节奏，让工商管理工作可以有效满足社会需求。此外也需为工商管理部门有针对性地定制可促进互联网管理工作开展的制度和原则，促进工商管理互联网工作的建设及发展，提升其对于相关问题的处理效率，从整体上提升企业工商管理的互联网水平，提高企业的经济效益。

（一）引进和培养互联网人才

1. 引进互联网人才

互联网时代也是需要互联网人才的时代，如何招聘到符合企业的互联网人才是企业需要解决的问题。企业可以通过推荐或引进的方式招聘互联网人才。在招聘的过程中，企业要筛选出熟悉互联网行业的互联网人才，他们不但要掌握互联网的相关知识，还要有很强的管理能力，能够掌握互联网的技术和工具的使用解决项目中的问题，能够很好地做到向上、向下沟通，平级沟通和跨部门沟通，可以带团队在规定的时间期限内共同完成企业相关互联网的研发工作，还有项目中的所有成员要有道德和上进心，成为一支学习型团队。

2. 培养互联网人才

企业牵头，将国家高校中的互联网相关的教师与具有互联网分析能力的互联网企业中的高级技术人才联合在一起，对社会人士和高校学生进行招生教学，以实现培养互联网人才的目的。如清华、北大、复旦、浙大等高校联合百度、腾讯、阿里巴巴、华为这些已经拥有互联网和进行互联网分析的公司合作，高校的教师主要以基础理论知识进行教学，而拥有互联网实操的技术人员以项目实验导师的角色进行实战培训，被培训人员通过上述各公司的真实项目的培训和学习，最终能通过考核的学员会被颁发证书，以达到真正培养互联网人才的目的，将优秀学员招聘到本公司，为企业服务。

3. 人才的技术更新

为了使企业的研发人员在互联网技术的复杂性、难度大且发展迅速等条件下一如既往地保持对新技术的敏感度和不断提升解决企业问题的能力，企业要定期组织本企业内的技术人员进行技术交流，不定期组织与其他企业的技术交流。另外企业要与参加技术培训人员达成一致意见并签订协议，在公司继续服务一定时长可享受报销全额学费的优厚条件，企业还可以为解决某项互联网相关的技术问题创办比赛，激励大家不断地学习新技术。

（二）运用互联网优化课程产品设置

企业长期的发展历程会积累海量的数据信息，不但有结构化的学员基本信息、学习成绩信息，还有半结构化的系统登录日志、学习日志。客户在登录或非登录状态下浏览在线平台中的各个课程产品时，系统会生成半结构化的日志文件。根据日志文件，通过互联网系统进行数据收集、清洗、挖掘、统计分析，预测近期某一课程产品的班级报名客户数量，以便设置合理的班容和班级数量。

（三）运用互联网提高教学质量

互联网能够提高教学质量，表现如下。

一是根据结构化的数据分析，找出学员在网上学习时长、某一知识点停留的时长和次数，或在网上被学员提问次数较多的知识点或对近一段时间学员的学习成绩等信息进行统计分析，得出规律。可以根据分析后的数据，调整各种分类课程产品的课程时长，针对少儿、老年学员，课程时长可适当缩短；增加或删减某一知识点的详细讲解。

二是根据半结构化数据的整理、结合人口学特征（年龄、性别、空间、文化、职业、收入、生育率等）分析，找出学员的学习情况和学习习惯进行个性化辅导，设计出个性化的学习方案。可以根据分析后的数据，对关注最多的知识点进行重点讲解，对于感兴趣的学科进行扩充讲解。

三是对学员特征、平时的学习表现和课程结束时的课程评价问卷调查等数据进行整理和分析，给学员进行分类，预测学员的成绩，发现高危学员（贫穷家庭或单亲家庭、发展明显迟缓，以及有攻击性行为或退缩行为的学员）。可以根据分析后的数据，让同类学员或成绩相近的学员使用同一课程产品；对预测成绩有所下降的学员增加知识补充课程；可对高危学员设置生动有趣的课程产品，并增加与学员情感沟通的次数。

根据结构化、半结构化和非结构化的数据分析，对系统中教师任一教学知识点的碎片化评价，可以实时有效地分析出教师教学过程中讲解精彩的部分和讲解不到位的部分；对学员在网上学习某一知识点停留的时长和次数的统计，或在网上被学员提问次数较多的知识点的统计，教师可对此知识点进行贴切比喻和详细讲解，提高教学质量。运用系统对学生试卷可做评分分析外，还可以统计人工难以完成的单词使用频次、答卷时长，任一题的答错率等。教师根据数据分析，得知学员的表现，并以此作为调整教师教学的基础，最终可以帮助教师提高教学水平。教师可以利用互联网分析需要在何种时机对哪些学生以何种方式安排相适应的教学内容。

（四）运用互联网洞察客户

在竞争日趋激烈的市场环境中，客户是企业最重要的资产，对企业客户如何进行分析，不同的分析方法得出不同的结果，这些结果最终将会影响企业的相关决策。如何为企业争取更多的优质客户是企业生存发展的基础。企业的客户群体被划分成三类，而第一类客户对企业是最忠诚的客户，很难动摇。那么如何将第二类以利益取向为主的客户和第三类随机动荡型客户精准定位，变成企业的客户就是关键所在。利用数据挖掘技术对客户类型进行识别分为下列几个步骤：首先对客户进行分类。通过聚类方法对客户进行划分，再根据模式分析标识出每类客户的不同特征，分析出企业的价值取向型客户、利益驱动型客户和随机动荡型客户，帮助企业为每种类型的客户找出相应的营销方式，从而降低成本，提高营销的成功率。其次对客户进行关联分析。利用购物篮分析技术分析客户对课程产品的消费模式和关联情况。挖掘客户在购买一种课程产品的同时还会不会购买其他课程产品，从而有效地决定课程产品的展示组合。关联分析也可以使企业从客户的消费模式中推知他们的购买偏好，从而提高交叉课程产品的销售效果；最后是对客户进行预警分析。有研究表明，开发一个新客户比保留一个老客户要多花 4 倍多的费用。因此，要想方设法地保留现有客户是许多企业关键问题所在。而客户消失往往又没有任何事先的征兆，所以它成为一个很难以控制的问题。但凡客户已经决定不再购买企业的课程产品，就很难再将他说服留下。而随着信息处理能力的增强，数据挖掘的结果能为企业很好地控制住客户的流失率，企业可以利用数据挖掘工具对客户以往的购买课程产品信息、及其他信息进行分析并对已流失客户的模式建立模型。然后企业针对不同的客户流失模型，分别采取不同的应对方式，比如主动采取优惠的营销活动来留住客户，而非客户离开后才被动应对。

另外互联网时代，消费者的各种行为特征和模式都可以被记录下来，人类的细微行为，会直接暴露内心的真实想法，如客户点击、浏览、留言某些资料的足迹，系统将会根据客户的这些信息推送相关信息，比如最喜欢什么类型的课程产品、什么上课时段或价位的课程产品、浏览课程产品花费的时长、购课的频次等，从海量资料中分析出每种类型客户群的喜好，再根据其喜好，制定相对应的营销方案，做到精准营销。

对于现代企业来讲，根据客户对企业利润的贡献性，客户可划分为 VIP 客户、主要客户、普通客户、小客户四类。根据帕雷托的 80/20 原则，20% 的客户贡献 80% 的销售业绩。但根据克里斯·安德森的“长尾理论”中那条细长的尾巴那样，普通客户或小客户也是支撑销售业绩的大军，只有积少成多，才能提高整个销售业绩。所以对于第三类随机动荡型客户，要变被动等待转为主动联系，根据互联网挖掘的结果，有效地使用营销策略，有针对性地推荐产品，直至被转化为本企业的真实客户为止。

对于企业中的客户，根据是否已报名又可以分为两种，一种是已经报名企业的老客户，另一种是还未报名企业的潜在客户。在企业原有数据中定位到有继续接受培训需求的客户可以形容成在小河里捕鱼，而在全国定位到有培训需求但未参加过本培训企业培训的客户可以形容成在大海里捕鱼。先得确定这个“大海”。企业可能通过合法化地购买百度、腾讯 QQ、新浪微博、微信、淘宝、京东、当当、亚马逊、爱奇艺、PPTV 助力、优酷土豆的数据，将这个“大海”建成。在保护好个人隐私的情况下，利用 Hadoop 探索数据之间的关联模式，挖掘互联网中的信息对人们状态和行为进行预测。

老客户是已经通过前台客户端、企业官网、移动端 App 等各种渠道报名的客户。可以根据报名信息中的性别，职业，教育水平，兴趣爱好与已报名课程的学费金额等信息分析推测其收入水平，未来的教育需求等信息，进而将符合其消费水平、职业发展、个人兴趣的课程加以营销。例如通过对老客户报名时留的身份证信息、未留下身份证信息的客户通过各种登录日志关联 QQ 或其他注册账号中的出生年月日等数据，分析得到客户的生日信息，为其提供优惠券，通过有针对性的营销活动粘住老客户。

潜在客户是指在语言方面有接受培训的需求，但不一定成为语言类教育培训 TC 企业的客户。而互联网技术为收集、分析这些潜在客户提供了有力的支持。

1. 针对个体的精准营销

运用购买到的百度搜索统计数据，分析哪些地区的哪些人群经常需要通过百度查询单词或翻译，锁定目标客户，根据查询的语种有针对性地做相关语种的课程广告推送，并附带针对此类客户专门设计的优惠券，首次报名可使用此优惠券。通过使用此类优惠券的报名人次，可统计通过此方法的转化率。

2. 针对群体精准营销

通过互联网的关联关系，定位到微信、微博中类似于英语广角的特定客户群体由企业中资深的、具有感染力的教师加入，经过一段时间的深入了解和适当引导，针对每个群体的特征营销适合于他们需求的课程产品，可将其群体成员导入企业。

3. 基于特定条件组建群体精准营销

通过互联网的聚合关系，定位到当当、亚马逊中购买某一类书籍的客户；爱奇艺、腾讯视频、优酷土豆等观看同一国家影片的客户，通过半结构化或非结构化的数据，分析找出手机、QQ、邮箱、地址等联系信息，将同一地区具有相同需求的客户组建成群。针对不同地域的不同群体营销不同的课程产品。通过对这些潜在客户的精准定位和营销，增加语言类教育培训 TC 企业的客户数量。

4. 基于更新的用户画像进行精准营销

用户画像的数据不是一成不变的，也需要定时更新，那么更新用户画像数据的触发条件通常有三种方式：

一是设置阈值，当获取的实时画像数据量超过这一阈值时，根据存储的画像数据结构建立新的用户画像。

二是设置时间周期，每隔该周期时间后，对存储的画像数据重新构建用户画像。

三是增量更新，针对上次至本次增加的数据中挖掘用户画像，然后与原用户画像进行比对，若有需要更新时进行用户画像的更新。每种方式适应于不同的场景，第一种适合数据敏感型的用户画像，第二种则适合时效性要求较高的用户画像，第三种方式适合相对稳定的用户画像。而对于企业来讲，一般的培训课程都要经过一定时长的周期，所以采用的是第二种方式，设置周期为一个月，每隔一个月时长就对存储的画像数据重新构建，以便更好地配合推荐系统，为企业及时获取有意向的客户。

较短的时间周期完成用户画像的更新动作，就得需要降低计算复杂性，用降低对数据的精确性换取时间的紧迫性，为了缩短周期而放宽对数据的精确性的要求，确保实现在某个时间节点前以迅雷不及掩耳的速度将这些处在放假阶段潜在的学生转换成本企业的真实客户。

用户画像库是由 N 多个特征标签组成，客户基本信息相关的特征标签是固定不变的；而按周期统计的客户行为指标有些是定期变化的。此外由于更多数据源的加入，以及更详细的划分维度，这些特征标签的数量可能会改变；对于一些无用标签或者过期标签进行清除操作，对于一些新标签进行添加操作，这样才可以不断地完善和持续更新客户画像。

客户数据总是处在不断变化之中，随着时间的流逝，原来初三的学生就会转成高中生，而此时的客户也因为时间的流逝原来的用户画像已经严重不符合现在的客户现状，此时如何对已经得到的用户画像进行更新维护是需要解决的重要问题。一个最简单的最直接的办法是完全更新，读取客户所有历史数据重新生成用户画像的问题就是计算量大、耗费时间长。使用增量式更新算法是滑动窗口过滤算法，该算法强调的是滑动时间窗口，当数据库中的数据集更新后，只需要调整时间窗口，删除原有的数据集，然后加上新增的数据集。当然对历史客户数据需要进行计算并存储中间值，中间值和新增数据计算得到新的客户画像。因中间值应该涉及不同的粒度，所以中间值具有较大的冗余，且需要较长时间存储中间结果，占用大量空间，由于冗余的中间值使得增量更新时能够在不同粒度进行灵活计算。

三、企业工商管理系统的设计与实现

所有企业在实际运行过程中，都需要依靠完善且合理的管理系统对企业的工作进行支持和约束。完善的管理系统是保障企业经营活动顺利开展的关键。但当前时代背景下，市场经济快速发展、经济形势飞速变化，企业自身的管理模式也需要根据市场的变化而及时进行调整。工商管理部门必须要积极引进和创新科学技术，以更好地适应当前我国社会发展需求，以提升我国企业管理系统的有效性与科学性。

先进技术和创新思维是用于持续创新企业的工商管理工作的关键，能够显著提升其工作水平，将科技创新的成果应用到企业工商管理中，可以让其互联网的程度得到显著提升，强化企业在工商管理方面的控制能力，达到提升其自身核心竞争力的目的。企业在开展科技创新的过程中，需要适当增加工商管理方面的资金投入，并结合实际情况合理调整工商管理的科技创新内容，确保科技创新可以有效满足企业实际需求，促进企业的长远、稳定发展。

工商企业智能监管系统的上线，给工商企业和行政监管双方均搭建了一个互动平台，将传统事务从线下搬到了线上，不仅方便了工商企业个体事务的申请办理，也提高了管理部门监管的工作效率。

（一）系统总体架构设计

工商企业智能监管系统能够实现对工商企业基本信息录入、信息审核、工商企业分类、经营状况监测、经营状况分析、信息公布。系统设计有移动端也有 PC 端，不同内容在不同终端进行操作。工商企业基本信息录入就是能够采集到所辖区域内所有工商企业的信息以及每个登记企业的全面信息，这是整个系统运行的基础，可以用移动端进行录入，也可以在电脑主机上录入。信息审核，因为审核工作在室内就可以完成，且操作人要具有一定专业知识，所以放在 PC 端完成。根据工商企业分类标准及经营状况分析，这些工作也只需要在 PC 端完成。信息公布，将管理系统中的公布信息推送到管理部门的网站主页上公布。整体架构图如图 6-1 所示。

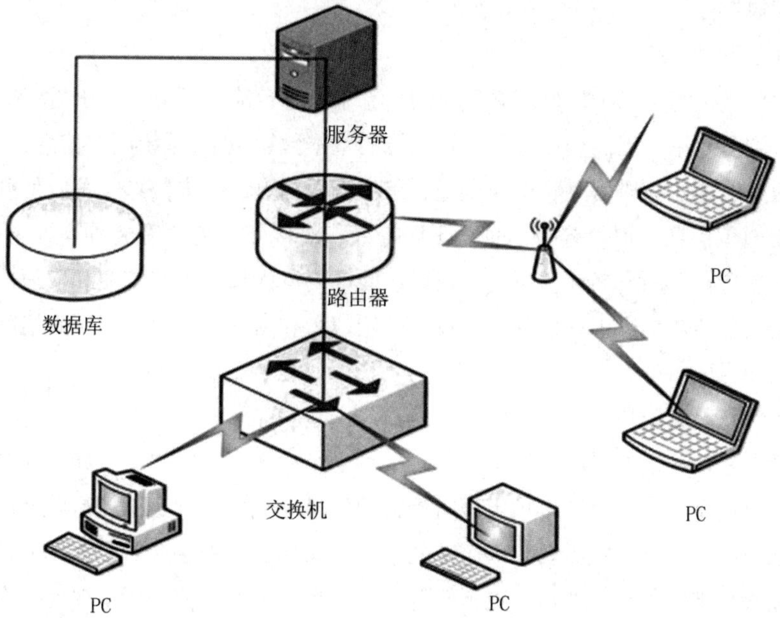

图 6–1　系统实现架构图

（二）系统设计的相关技术及工具

1. Microsoft Visual Studio

Microsoft Visual Studio 简称 VS，是美国微软公司研发的一套包括整个软件开发周期中所需的各种工具的集成开发包。VS 也集成了 .net Framework 类库，支持基于不同版本 .net framework 环境下的开发。VS 也支持不同开发语言，如 C#，C++，BASIC 等，还可以多种语言混编，在使用开发语言方面具有灵活性，方便了习惯不同语言的开发者。基于 VS 开发的软件可以在 Windows 平台上运行，且运行效率非常高。

2. C#

C# 是美国微软公司开发的一种面向对象运行于 . net framework 之上的高级程序开发语言。该语言与 Java 非常相似，包括了封装、继承、接口等一系列面向对象语言特点，编程功能强大。因为 C# 是从 C 和 C++ 衍生出来的，所以使用习惯上十分接近于传统高级语言 C 和 C++，但它在安全性方面又有很大提高。

3. SQL Server 数据库

SQL Server 是微软公司设计的，基于关系型数据库的管理系统，也是一个高性能、可扩展的、为分布式客户机 / 服务器设计的数据库管理系统。它能与基于 WINDOWSNT 为内核的服务器操作系统进行有机结合，提高运行效率。

工商企业智能监管系统使用微软公司开发的编程语言 C# 语言来编写。用 .net 专用开发集成环境 Visual Studio 的 2010 经典版本作为开发工具。因为需要处理的信息较多，所以租用阿里云作为数据库存储空间，网络带宽达到满足千人并发访问量。

（三）系统设计

1. 功能模块设计

基础数据及登录模块。

基础数据模块是每个系统软件都必须有的，它不是前台应用部分，属于后台部分，只能系统管理人员看到和使用。工商企业智能监管系统的基本数据包括：系统用户信息、省市县（区）街道等地区信息、企业性质信息、企业类型、审核流程结点、基本信息、民族信息、年份和月份信息、政治面貌信息、评价等级信息、预警等级、对接外系统数据接口等。登录模块包括：登录用户的类型选择、用户名和密码输入窗口、验证码输入口、提交按钮和取消按钮。提交后的用户名和密码会与数据库中存储的相应权限的用户名和密码进行比对，正确地就会通过验证并进入相应操作界面。

（1）企业信息采集模块

企业信息采集按输入的来源分以下三种：一种是企业本体自主提供，如企业进行注册时要自主提交的材料信息，又如年度事项申报时进行的信息提交。一种是工商行政部门主动采集的信息，如按某项企业相关规定需要录入企业的信息，又如在抽查企业后录入企业抽查结果。一种是外部系统共享来的信息，如水、电、气等企业共享过来的企业使用情况等。企业信息采集按输入的途径也分为三种：一种是通过移动 App 端录入，一种是通过监管系统数据录入窗口录入，一种是外部系统导入数据。

（2）企业预警处置模块

科学设置可预见性的报警机制是衡量软件是否实用的一项指标。企业预警机制功能以大数据为依据，这些大数据包括：企业经营情况、监管部门随机抽查结果、消费者投诉举报、舆情监测结果、媒体报道事件、社会调查结果等，大数据通过数据采集模块获得。在大数据的基础上，采用智能评估的方法保障预警机制的成立。智能评估模型是在企业行政管理部门监管实践过程中总结提炼出来的，再经过行业专家反复论证后使用，确保了评估模型的科学性。模型中的参数经过全面实践检验—调整—再实践三个阶段的调试修改过程，确保了评估模型判断的准确性。预警处置的级别由轻到重分别为提醒、约谈、告诫、处罚四种，四种预警状态具有自动生成，自动推送功能，这使得本功能真正具有了预警的意义。

（3）企业考核评价模块

工商企业考核评价分为两种，一种是分块评价，一种是综合评价。分块评价里，从企业经营的信誉度上可以从“诚信经营”到“不诚信经营”进行考核。从企业经营状况上可以从“盈利经营”到“亏损经营”进行考核。从企业服务态度上可以从“文明经营”到“不文明经营”进行考核。分块评价指标和依据相对单一，只在某些方面具有参考和指导作用，而综合评价结果对整个监管工作具有指导意义。综合评价依据随机检查结果、智能评估结果和预警信息、消费者投诉举报、第三方评估数据等进行综合考核，考核结果分为一级、二级、三级、四级企业。考核结果也作为企业重大项目扶持、融资贷款、政策扶持、减退税收的主要依据。

（4）信息查询、公示、推送模块

查询包括监管部门对企业基本信息的查询，也包括考核评价结果、预警状态的查询。企业个人法人能通过登录该系统或者 App 端进行企业信息的全面查询，当然也可以查询相关企业管理及国家扶持政策。监管部门通过本模块将企业考核结果、企业预警状态公示到监管部门网站主页，起到信息公开作用。同时可以将企业相关信息推送到政府其他部门，达到共享市场数据效果。系统功能模块如图 6-2 所示。

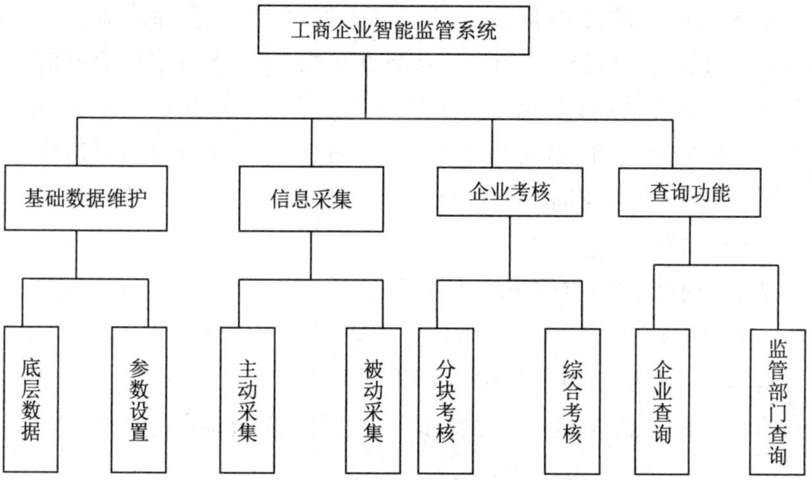

图 6–2　系统功能模块

2. 系统数据库设计

根据系统功能模块需求，系统中数据库有如下数据表：登录用户表，字段包括：自增主键、用户名、密码、真实姓名、用户类型、用户权限、用户状态。企业基本信息表，字段包括：自增主键、企业名称、企业类型、企业法人、法人联系方式、企业地址、注册时间、注册资金、企业经营方式、企业经营类型。企业预警等级表，字段包括：自增主键、企业名称、记录时间、预警等级。企业考核等级表，字段包括：自增主键、企业名称、记录时间、考核等级。系统基础数据表是一系统数据表，是支撑系统运行的基础。

（四）系统实现

1. 系统首页

系统首页也是登录页面，登录页面分为企业法人登录和行政监管部门登录两个部分，两部分用户使用不同权限类型账号和相应密码登录，在经过与数据库内账号及密码比对后，进入相应页面。为防止系统遭到暴力破解，登录页面也设置了图形验证环节。

2. 注册页面

首次登录的用户系统中没有账号密码信息，可以进入此页面进行注册。为防止随意注册和重复注册等不良行为的产生，注册页面需要注册人提供个人其他信息，特别是手机验证信息。一旦注册成功，系统会自动连接跳转到登录页面。

3. 密码修改

页面监管人员和企业法人都可以进入该页面进行密码修改。一种是知道旧密码情况下修改新密码，用户只要将旧密码输入相应文本框，将新密码重复输入两次，对话框提醒修改成功即可。一种是用户忘记密码情况的重置密码，用户按照操作提示输入手机号及完成提示语回答，经过手机验证后可以重新设置密码。

4. 企业法人操作页面

企业法人操作页面，在左侧导航栏中有新企业注册、修改信息、查询企业信息、注销企业、国家政策几个导航按钮，右侧是内容显示及操作区。“新企业注册”提供法人注册新企业时需要提交信息及相关材料上传功能，同时可以查询监管部门的审核进度；“修改信息”提供企业基本信息更新修改；“查询企业”信息可以查询到监管部门对企业的一些通知、相关考核评价、预警等级、第三方机构评价、顾客投诉情况等；“注销企业”提供给法人申请注销自己企业的申请；通过“国家政策”可以查询到政府针对企业制定设施的优惠政策。

5. 监管人员操作页面

监管人员操作界面也分为左右结构，左面导航栏里有事项办理、查询数据、对外发布、外接查询等按钮，右侧为查询显示、数据录入、提交数据界面，上部工具栏有相应功能按钮。“事项办理”监管范围内事务可以进行如企业申请的审核审批等。“对外发布”将需要发布的监管企业信息发布到网站主页上供查询。“外接查询”连接外部系统调取企业相关信息。

四、企业工商精细化管理中数字化综合管理

现代企业要紧跟时代发展的步伐，就要做好精细化管理，使企业整体都步入精细化管理的状态中，使精细化管理可以在各个方面发挥作用。在信息技术不断发展的今天，数据逐渐成为生产要素之一，合理运用数据技术可以促进精细化管理的发展和进步。然而，企业在运营过程中需要面对复杂的经营环境，所以管理体系比较复杂烦琐，如果采用独立的办公系统，会造成信息割据，进而影响管理效率，不利于精细化管理的推行和落实。为了解决此类问题，应该开发数字化综合管理系统，将设计、生产、财务、经营等多个环节集合在一起，实现信息和资源的传递共享，从而促进精细化管理在企业中落实。

（一）精细化管理的基本含义

精细化管理不仅仅是一种管理方法，更是一种文化和理念。具体来说，落实精细化管理，就是各项管理责任的全面落实，确保责任的明确具体，使每个管理者都能够在其位司其职，从而充分发挥各个岗位的作用。在企业运行的过程中，精细化管理是核心工程，企业要不断发展和壮大，就要充分发挥文化、技术、智慧等企业精华的作用，利用这些精华内容来引导企业发展，带动企业创新。从本质来看，精细化管理是对目标和战略进行分解、细化、落实的过程，可以

在各个环节中贯彻企业战略计划，并充分发挥战略计划的作用，从根本上促进企业执行能力的提升。

（二）运用数字化综合管理系统助力企业精细化管理

1. 企业战略精细化管理

在企业的发展过程中，每个企业都要制定有效的发展战略，其具有长期性、整体性的特点，且种类较多，包括营销战略、品牌战略、技术开发战略、融资战略等。从目前来看，虽然大部分企业都具备相应的发展战略，但战略落实效果并不理想，许多企业并没有将发展战略落实到日常工作中，也没有详细的执行规划、时间表或路线图，进而造成发展战略落实不全面，甚至得不到落实，最后浮于表面，并不能发挥作用。实际上，企业战略管理并不是固定的过程，而是动态变化的，其可以分为四个阶段，分别是分析、设计、实施和控制。在这四个阶段中，必须要有充分的数据支撑，才能确保各个阶段的顺利展开。数字化综合管理系统具有丰富的数据功能，包括数据事务处理、数据读写等，可以有效避免“信息孤岛”的问题，系统可以对数据进行整合分析，然后将有利于企业战略实施的数据留下，促进企业发展战略的完善和优化，使发展战略具有更强的操作性。然后，利用数字化综合管理系统将各个环节、模块的数据收集和汇总在一起，实现对发展战略的有效控制，进而为精细化管理奠定坚实的基础。数字化是推动企业发展的关键动力，以汽车行业为例，大部分汽车企业都在向新能源创新和数字化的方向转型，比亚迪公司对数字化转型战略进行布局，将企业发展的重心转移到数字化建设方面，通过数字化技术完善解决方案、促进产品开发、优化运营决策等，从根本上带动企业的进步与发展。

2. 企业生产经营精细化管理

在市场经济中，企业是生产单位，企业的生产经营管理过程包括很多要素，如土地、资本、设备、劳动力等生产要素，这些生产要素通过技术进程实现转化，进而变为产出的过程。在企业生产过程中，如果长期依靠传统经验，则容易出现各类管理问题。一方面，客户和项目的信息会不断增加，回访和跟踪的难度也会随之增加。另一方面，企业部门难以进行整体经营状况的把控，管理过程中很容易出现错漏。包括合同和收款记录混乱，对收款情况掌握不全面等。

此外，客户、合同、经营项目等信息总量较大，很有可能会出现信息遗漏、信息错误等问题，且登记维护工作也会变得十分烦琐。针对此类问题，可以运用数字化管理系统，该系统可以对开发商企业的经营情况及市场情况进行掌控，采用最先进的信息处理技术来采集客户信息并进行管理，可以提供多项信息内容，不仅有客户的基本信息，还存储了客户的服务信息，具体包括满意度、投诉记录等，可以对信息进行查询、修改、存储、分类等处理。该系统的应用，可以为企业判断用户信息提供更准确全面的依据，使企业可以更有效地进行客户的追踪与回访，进而提升企业的服务水平。在合同管理方面，该系统具有合同台账、合同权限、合同审批等管理功能，可以对合同进行精细化的分类管理。在收付费和发票管理上，该系统可以对合同、发票、款项之间的关系进行详细的分析和梳理，并且构建相应的数据结构，使信息内容更加完善准确。利用该系统也可以实现信息和资源的共享，其具有查询、统计、报表等功能，可以为企业决策提供更多判断依据。

3. 企业项目经营精细化管理

现如今，大部分企业都存在以下几个方面的管理问题。

第一，企业规划不够完善和规范，具有随意性的特点，在落实的过程中经常会发生变化，并且难以做出及时有效的纠正或调整，进而导致客户的满意度受到影响。

第二，成本核算不够精细准确，存在一人兼顾多个项目的情况，进而导致多项成本打入单个项目之中。

第三，人员管理存在问题，对员工的工作负荷掌握不足，尽管每个员工都在忙碌，但工作效率并没有得到提升，这不仅影响了企业运营效率的提升，还在一定程度上增加了考核、评价的难度，进一步引发收入分配不公平、员工积极性下降等问题。

第四，在产品质量方面，难以全面观测 ISO 质量控制过程，进而出现“两张皮”的现象。

第五，在项目经营的过程中，没有累积足够的经验，造成同类问题反复出现，严重影响项目的落实效率和质量。针对这些问题，可以利用数字化综合管理系统来解决，以成本管理为核心，根据进度计划和合同管理，从项目投标报价入手，保障报价的准确性和投标质量。利用该系统，可以对现场进度、费用、计量人员、质量、安全等内容进行管理，使管理更加统一、有效。在成本核算方面，可以将项目预算、收入确认、成本核算等过程和结果的信息作为管理体系的构建组成部分，管理人员可以从预算、收入、成本等方面入手，做好管理、查询、统计等工作，利用数字化综合管理系统获取更多信息，使管理者对项目的执行情况、盈利情况更加全面、透彻的掌握。

4. 企业人力资源精细化管理

现如今，人力资源管理是每个企业都关注的重点问题。利用数字化综合管理系统，可以解决管理粗放化的问题。该系统可以存储多项信息内容，包括员工基本信息、工作业绩、人事档案、学历学位等，管理者可以随时进行这些信息的查询、更改或增删。系统可以对信息进行分类，以此为基础，可以实现人事信息的动态化管理，进而促进人事管理效率的提升。

五、积极培养和引进互联网技术人才

在建设企业工商管理的互联网架构时，务必要依靠大量掌握专业技能和具有综合素养的互联网工商管理人才的支持。企业在引进相关人才后，需要定期为互联网工商管理人才安排教育培训活动，通过聘请专业人员的方式为其传授相关信息技术和先进的工商管理理念和知识。企业需要在内部建立完善的竞争机制与奖惩机制，务必确保奖惩分明，对于在工商管理工作中表现较好的员工，应当予以奖励；对于工作消极、表现较差的员工需要给予处罚。为更好地吸引优秀的互联网技术人才，需要从福利待遇方面给予一定的倾斜和支持，除了需要完善其晋升通道，还需要应用合理的薪资福利待遇机制，使得优秀的互联网技术人才能够被固化到企业中。此外，企业还需要积极建立优秀的企业文化，采取文化影响的方式，让员工的向心力和凝聚力得以强化，借助潜移默化的影响，让建设互联网工商管理体系的重要性在全体员工范围内得到深度认知，并对工商管理的意识及观念充分理解，通过此方式培养出优秀的互联网技术人才，保障企业的核心竞争优势，促进企业的可持续、健康发展。

（一）“互联网 +”时代工商管理人才需求的特点

1. “互联网 +”时代要求以水平思维为主的思维模式

传统思维是“垂直思维”，是运用逻辑思维来思考问题，这里的逻辑是建立在原有的三维结构下的。而“水平思维”是打乱原来明显的思维顺序，从一个新的维度找到解决问题的方法。水平思维是一种通过非常规的、明显不合逻辑的方法和原理去寻求解决疑难问题的思维方式，是被传统逻辑思维所忽略的。其实这里的不合逻辑指的并不是不符合客观逻辑，而是我们自己在成长过程中封闭已知的主观逻辑。因此，要想创新需要用水平思维打破原有逻辑，前面提到的互联网两大特征明显需要用水平的思维模式。在高等教育中，对学生的培养则要跳出传统逻辑思维教育的模式，让学生的想象力丰富起来，思维活跃起来，要素连接起来，形成多角度的不平连接的思维模式，从而产生出产品创新、技术创新和管理创新。

2. “互联网 +”时代要求学生具有广博的多领域知识储备

互联网的六大特征，不仅要求学生具有水平思维的互联网思维模式，同时还要求学生有广博的知识领域储备，否则如何进行跨界，又如何进行创新。“互联网 +”时代创新的产品往往要求在传统领域中加入互联网的元素，甚至很多创新是以互联网技术为核心加入几个传统行业，并且还要在此基础上加入创新的管理思维。因此，“互联网 +”时代下的学生应该比之前的学生们懂得更多的知识领域。

3. “互联网 +”时代要求学生具有终生学习的能力

“互联网 +”时代要求在工作和学习中不断跨界、连接和创新，这就要求学生要具有不断学习的能力，能够不断把已知的知识和新学到的知识进行融合，从而形成创新力。而这种学习能力不是简单对于知识的记忆和理论的理解，而是创造知识。

（二）工商管理专业创新人才培养体制的思路

1. 将企业流程重构的理念用于专业方案设计

随着时代的进步，不能再像传统的培养方案改革模式那样，在原来的培养方案基础上进行调整完善，而应该像企业那样，根据“互联网 +”的时代特征进行全新构建。专业培养方案的设计犹如企业的产品加工流程，应该强调以关心用人企业和学生的需求和满意度为目标，以培养方案、课程设置和开课程序为改造对象和中心，对现有培养方案进行根本的再思考和彻底的再设计。利用先进的教学方法和管理手段，最大限度地实现课程内容的功能集成，以打破传统的教学方式和学生的管理模式，建立全新课程结构体系，从而实现在学生培养质量等方面的突破性改善，以实现“互联网 +”时代的要求。

2. 在专业课设置上增加多知识领域的选修课程

一是以工商管理专业为核心思考学生应该掌握的理论知识和技能要求，并以此为核心设置管理课程集成，这一集成多数为工商管理类必修课程。

二是根据社会发展需要设计其他的功能和职能集成类选修课，这个集成系统可以是一门课程，也可以是一类课程集成，如可根据某一类创新产品的设计与制造而必需的产品设计原理、互联互通技术、设备生产技术等前沿信息知识作为一个集成系统，可以让学生通晓在该类产品设计与制造过程中所需要的相关领域的知识信息，从而为跨界、连接、创新储备更多的知识信息。

3. 鼓励教师更多利用互联网技术与方法来改革教学方法

“互联网 +”不仅对工商管理专业的人才需求提出了新的要求，也为人才培养提供了一种全新的方式和方法。现在很多课程采用慕课或微课的方式，还有一些课程采用网络视频媒体作为中介的方式，更有一些创新实践课程不仅开发了软件，还在局域网甚至互联网上成立了云平台，利用互联网和移动互联网作为渠道进行网络上的实践与实训。这些新教学方式与方法的改进，不仅增加了学生学习知识的渠道，而且在教学过程中利用教学方法给学生一种全新的互联网思维和方法体验，更重要的是通过这种方法的运用，让学生更多地体会到了自主学习和相互学习，增进了师生之间互动交流，从而真正提高学生的终生学习能力。

4. 增加自主实践环节

增加学生的自主实践环节，学生可以利用课余时间进行市场调研，参加大学生创新创业活动，参加企业经营模拟竞赛、决策模拟竞赛和“互联网 +”创业竞赛等方式进行自主实践，教师只是作为指导者和辅助者的角色参与其中，从而锻炼学生的自主学习能力。

六、企业互联网信息平台建设的设备检测与维护

企业发展的重要支撑，各企业都依托于互联网信息平台不断进行发展路径的探索，做好互联网信息平台建设的被检测与维护也就显得极为重要。相比较前些年来说，企业互联网信息平台建设的设备检测与维护质量程度的提高，企业互联网信息平台搭建方面均予以不同程度的优化，但其中存在的问题依然不能忽视，做好互联网信息平台建设，对其设备检测与维护予以高度重视依然是企业所需要关注的重要内容。

（一）基于互联网信息平台建设的设备检测与维护重要性

伴随着现代计算机、通信与互联网的飞速进步，设备状态检测技术的信息化应用，已发展至全新阶段。通过基于互联网信息平台建设的设备检测与维护工作的开展，有助于重要生产装置运行效率的提升，进而加快促进设备运行管理活动的高效开展。针对设备状态而言，利用相关检测与分析活动的开展，有助于设备状态检测技术推广活动的进行，并在此基础上，实现设备状态检测技术应用范围的扩大，强化设备管理的现代化能力和水平。这样可以对设备运行中所存在的故障，开展相关预测活动，并针对性制订相关检修计划，确保企业各项生产活动能够正常开展，为企业节约更多的成本费用，实现企业经济效益的增长，帮助企业树立良好的社会形象，使企业能够在愈演愈烈的社会竞争中占据不败之地。

（二）企业互联网信息平台建设的设备检测与维护优化路径

1. 做好系统平台搭建

为了加快推动系统平台搭建活动的顺利完成，企业可以全面开展三级点检体系的建设活动，其主要包含岗位、专业与精密点检。岗位点检属于生产人员巡检活动，主要负责开展传统的巡检工作，在进行有关巡检活动的过程中，主要利用五感作出判断。关于专业点检方面，主要以时间与周期需求为依据，以有关标准的要求与规定为依据，针对区域内的有关设备，开展认真的点检活动。关于精密点检方面，企业需要完成油品分析实验室的建设活动。关于振动动平衡方面，针对有关的重要设备，企业可以通过手持诊断仪定期组织开展诊断活动。关于已经

建设完成的三级点检体系与精密点检体系，企业可以利用电子文档形式，对所有数据信息进行记录。管理人员在开展有关点检工作的过程中，注重利用科学高效的检测方式方法，有效监控整个过程与内容。关于点检的区域与路线方面，还可以认真开展有关规划活动，所有管理人员都可以随时随地对设备状态信息进行掌握，这样有助于设备保护活动的开展，还可以保证生产活动的安全性。关于设备状态综合管理信息平台方面，主要由三个部分构成，即设备离线点检管理子系统、ERP 系统接口，以及设备在线监测与故障诊断子系统。

2. 设置总体业务流程

关于总体业务流程方面，其具体内容主要包含以下几个方面：

第一，关于企业互联网信息平台与 ERP 系统设备清单方面，可以对二者的同步关联进行建设。

第二，通过有关的基础数据信息，例如：人员信息、设备清单完善设备台账等，可以以点检计划、实施、实绩、统计的流程为依据，进行有关的点检工作，并在此基础上，通过统计数据信息，开展业务管理与考核活动。

第三，通过有关设备台账，可以开展在线监测设备清单建设活动，并对报警指标作出明确。利用有关的数据信息，可以对设备的故障与状态开展诊断与评估活动。

第四，倘若现场设备出现报警情况，设备状态综合管理信息平台就会在 ERP 系统中上传有关信息。在处理完有关信息之后，就会将信息回传至上述平台，进而确保流程闭环活动的完成。

第五，在设备的履历中，会对各个设备点检实绩、报警信息、报警处理信息，开展归纳与收集活动。关于系统管理对象的划分活动方面，在设备离线点检管理子系统中，针对各个设备的日常与专业点检内容，会开展有关的划分与详细划分活动，并以有关流程为依据，确保实施活动的规范。

3. 丰富系统平台功能

（1）设备离线点检管理

子系统在该系统中，系统管理、基础管理、设备管理、标准管理与点检管理的内容，属于功能模块的范畴。关于该系统的功能层级划分方面，主要分成点检员与三级点检。其中，在离线设备点检管理子系统中，其主要的使用者就是点检员，其可以对设备基础台账做出健全，并对点检活动的标准与路线作出制定，确保有关计划的形成，并在点检仪现场对其进行下载与实施，之后将结果上传至该系统中进行技术分析。通过点检管理系统业务流程我们可以得知，为了更好实现信息平台的设备检测需要定期做好设备检查，结合调查现状就其中的问题予以发现和总结，结合所发现的问题进行相应的维护维修计划并做好落实，同时需要做好措施保证的准备，以达到设备检测和维修的高质量。设备检测与维护过程中还需要做好相应的实施管理，结合管理现状进行实际分析，在分析的基础上做好巩固提升，让信息互联网平台建设的设备检测与维护真正达到标准要求。

（2）设备在线检测子系统

在设备在线检测子系统中，主要将在线状态监测的方式方法提供给关键设备，或很难开展离线点检的设备。利用所收集的历史数据信息，针对设备运行情况，开展研究与分析，在此基础上，对运行优化模型进行建构，以此来实现能源消耗的缩减，实现设备运行效率的提高，进而对设备的状态信息作出整体掌握。关于设备在线监测子系统构建框架方面，其主要包含 8 个方面的内容，即监测对象、监测手段、数据来源、采集流程、设备监测与评估、客户端、远程客户端以及企业。其中，关于设备监测与评估方面，利用现场的实时数据信息，针对重要旋转部件的运行，开展监测活动，运用系统的专业分析工具，科学分析设备故障问题，并评估运行情况。

参考文献

[1] 林小梅 . 浅谈企业财务会计决算工作的重要性与企业财务决算体系完善 [J]. 知识经济，2017(24)：120，122.

[2] 孔艳丽 . 通信企业财务会计集中核算问题的策略分析 [J]. 知识经济，2017(24)：115—116.

[3] 冷斌，郭翠梅 . 企业财务会计如何向管理会计转型——以 Z 公司为例 [J]. 中国总会计师，2017(11)：38—40.

[4] 张芸 . 加强新经济环境下企业工商管理水平的思考 [J]. 产业与科技论坛，2018，17(05)：249—250.

[5] 杨光 . 工商管理培训在企业管理中的作用、问题与策略 [J]. 现代营销（下旬刊），2018(02)：125.

[6] 麻新 . 企业工商管理的未来发展方向探索 [J]. 时代金融，2018(06)：143，147.

[7] 黄婷婷 . 中小企业工商管理现状及发展方向分析 [J]. 商场现代化，2018(02)：96—97.

[8] 李磊 . 强化企业工商管理培训的做法及实践意义论述 [J]. 中国国际财经（中英文），2018(01)：145.

[9] 张芸 . 企业工商管理的未来发展方向探索 [J]. 中国国际财经（中英文），2017(24)：123.

[10] 张鸿全 . 互联网 + 背景下的工商管理专业创新模式研究 [J]. 智富时代，2018(7).

[11] 曹铖 . 互联网 + 背景下的工商管理专业创新模式研究 [J]. 现代交际，2018，000(014)：165—166.

[12] 赵冬、吴斯怡、张铁 . 互联网 + 背景下企业管理创新策略研究 [J]. 商展经济，2020，22(14)：117—119.

[13] 王晋 . 互联网 + 背景下物流企业管理模式创新策略研究 [J]. 现代经济信息，2020(01)：51，53.

[14] 宫伟 . 企业工商管理人员应具备的能力及提升途径研究 [J]. 经济管理文摘，2021(18)：95—96.

[15] 池荷芬 . 企业工商管理人员应具备的能力及提升途径分析 [J]. 营销界，2021(33)：118—119.

[16] 张静怡 . 企业行政管理人员应具备的能力及提升途径探究 [J]. 中外企业文化，2020(7)：65—66.

[17] 何杨 . 企业管理人员应具备的能力及提升途径 [J]. 企业改革与管理，2018(2)：89—90.

[18] 苏萌．企业工商管理人员应具备的能力及提升途径 [J]. 山西农经，2016(17)：105.

[19] 刘浩亮．企业工商管理人员应具备的能力及提升措施 [J]. 商，2016(32)：49.

[20] 麻永刚．企业工商管理人员应具备的能力及提升途径 [J]. 中国市场，2015(15)：140—141.

[21] 王萌．思考新经济环境下如何加强企业工商管理水平 [J]. 消费导刊，2019(041)：241—242.

[22] 曹鹏．分析经济结构转型发展下企业工商管理模式的对策 [J]. 现代经济信息，2019(025)：18—19.

[23] 田莉．国有企业工商管理模式创新的探索 [J]. 信息周刊，2020(001)：1.

[24] 金生路．浅谈企业文化在中小企业现代企业管理中的价值作用 [J]. 科技资讯，2011(32)：151.

[25] 王婷婷．经济结构转型背景下企业工商管理模式的对策分析 [J]. 科学大众，2020(001)：203.

[26] 潘华远．浅析工业企业财务管理信息化的问题与应对措施 [J]. 市场周刊 · 理论版，2019(27)：0064—0065.

[27] 朱佳．会计信息化在企业财务管理中存在的问题及应对措施 [J]. 经营者，2019，033(010)：65.

[28] 张越颖．关于会计信息化对企业财务管理的影响分析及应对措施探讨 [J]. 现代经济信息，2019(11)：1.

[29] 翁刚．试论企业信息化项目管理的问题与应对策略 [J]. 中国新通信，2020，22(03)：101.

[30] 孟燕．工业企业财务管理信息化的问题与应对措施 [J]. 中国乡镇企业会计，2019(08)：238—239.

[31] 张瑞娟．经济新常态背景下企业工商管理的创新路径探索 [J]. 中国市场，2021(9)：85—86.

[32] 李俊杰．互联网背景下工商管理模式的创新发展研究 [J]. 河北企业，2021(3)：117—118.

[33] 郑杰帆．新时期企业工商管理模式创新探究 [J]. 今日财富，2021(5)：48—49.

[34] 赵洁琼．浅析企业工商管理的职能和实施 [J]. 现代商业，2021(6)：166—168.

[35] 周密．探析工商管理对企业科技创新的推进作用 [J]. 财经界，2021(5)：71—72.

[36] 董常凯．工商管理对于企业科技创新发展的重要作用研究 [J]. 今日财富（中国知识产权），2021(2)：68—69.

[37] 余佳．解读新时期提升企业工商管理有效性的方法 [J]. 今日财富，2021(3)：85—86.

[38] 王虹懿．创新企业工商管理模式 [J]. 人力资源，2021(2)：24—25.

[39] 唐磊，程正翠．经济新常态背景下企业工商管理的创新路径 [J]. 北京印刷学院学报，2021，29(5)：29—31.

[40] 杜军 . 经济结构转型发展下企业工商管理模式的对策 [J]. 中小企业管理与科技（下旬刊），2021（5）：110—111.

[41] 林小龙 . 人工智能发展中企业工商管理分析框架构建 [J]. 中国储运，2021（5）：208—209.

[42] 梁瑶 . 试论中小企业工商管理存在的问题与对策 [J]. 今日财富，2021（8）：66—67.

[43] 余星云 . 关于企业工商管理的未来发展方向及管理模式探索研究 [J]. 现代营销（经营版），2021（4）：164—165.

[44] 张瑞娟 . 经济新常态背景下企业工商管理的创新路径探索 [J]. 中国市场，2021（9）：85—86.

[45] 陈劲，阳镇，尹西明 . 双循环新发展格局下的中国科技创新战略 [J]. 当代经济科学，2021，43（1）：1—9.

[46] 丰若旸，温军 . 风险投资与我国小微企业的技术创新 [J]. 研究与发展管理，2020，32（6）：126—139.

[47] 张国兴，冯祎琛，王爱玲 . 不同类型环境规制对工业企业技术创新的异质性作用研究 [J]. 管理评论，2021，33（1）：92—102.

[48] 尚洪涛，王士晓 . 创新补贴、企业技术产出与价值实现 [J]. 科技进步与对策，2020，37（23）：108—114.

[49] 常曦，郑佳纯，李凤娇 . 地方产业政策、企业生命周期与技术创新——异质性特征、机制检验与政府激励结构差异 [J]. 产经评论，2020，11（6）：21—38.

[50] 余长林，杨国歌，杜明月 . 产业政策与中国数字经济行业技术创新 [J]. 统计研究，2021，38（1）：51—64.

[51] 余明桂，范蕊，钟慧洁 . 中国产业政策与企业技术创新 [J]. 中国工业经济，2016（12）：5—22.

[52] 康志勇，刘馨 . 政府支持与市场竞争对企业创新绩效的交互影响 [J]. 研究与发展管理，2020，32（6）：66—77.

[53] 曾卓然，韩仁杰，任跃文 . 企业管理效率、政府补贴与技术创新 [J]. 统计与决策，2021，37（2）：181—184.

[54] 李宏贵，曹迎迎 . 新创企业的发展阶段、技术逻辑导向与创新行为 [J]. 科技管理研究，2020，40（24）：127—137.

[55] 朱郭一鸣，王婉婉，凌运 . 并购商誉与企业技术创新 [J]. 科研管理，2021，42（2）：77—87.

[56] 王鹏辉，王志强，刘伯凡 . 政府研发资助与企业创新效率——基于倾向得分匹配法的实证检验 [J]. 经济问题，2021（4）：87—95.

[57] 冯根福，郑明波，温军，等 . 究竟哪些因素决定了中国企业的技术创新——基于九大中文经济学权威期刊和 A 股上市公司数据的再实证 [J]. 中国工业经济，2021（1）：17—35.

[58] 许玲玲，杨筝，刘放 . 高新技术企业认定、税收优惠与企业技术创新——市场化水平

的调节作用 [J]. 管理评论，2021，33(2)：130—141.

[59] 李增福，黄家惠，连玉君 . 非国有资本参股与国企技术创新 [J]. 统计研究，2021，38(1)：119—131.

[60] 程承坪，陈志 . 非国有资本能否促进国有企业技术创新研究 [J]. 中国软科学，2021(2)：125—132.

[61] 储德银，刘文龙 . 政府创新补贴、企业文化与创新绩效 [J]. 经济管理，2021，43(2)：71—87.

[62] 鲁小凡，窦钱斌，宋伟，等 . 海归高管与企业创新效率：助力还是阻力？ [J]. 科技管理研究，2021，41(1)：143—150.

[63] 高岭，余吉双，杜巨澜 . 雇员薪酬溢价对企业创新影响的异质性研究 [J]. 经济评论，2020(6)：90—108.

[64] 吴松强，黄盼盼，曹新雨 . 企业关系资本、知识共享与企业创新能力——基于先进制造业产业技术联盟的实证研究 [J]. 科学管理研究，2021，39(1)：123—131.

[65] 宋凯 . 传动设备智能检测平台系统开发与应用 [J]. 中国设备工程，2019(11)：96—97.

[66] 张亚薇 . 网络关键设备安全检测平台研究 [J]. 信息通信技术与政策，2019(1)：76—80.